权威·前沿·原创

皮书系列为
"十二五""十三五""十四五"时期国家重点出版物出版专项规划项目

BLUE BOOK

智库成果出版与传播平台

北京市哲学社会科学研究基地智库报告系列丛书

中央商务区蓝皮书
BLUE BOOK OF CENTRAL BUSINESS DISTRICT

中央商务区产业发展报告（2022）
ANNUAL REPORT ON CBD INDUSTRIAL DEVELOPMENT (2022)

高端服务引领城市更新
High-End Service Leading Urban Renewal

张 杰 蒋三庚 等／著

社会科学文献出版社
SOCIAL SCIENCES ACADEMIC PRESS (CHINA)

图书在版编目（CIP）数据

中央商务区产业发展报告.2022：高端服务引领城市更新/张杰等著. --北京：社会科学文献出版社，2022.11
（中央商务区蓝皮书）
ISBN 978-7-5228-1003-4

Ⅰ.①中… Ⅱ.①张… Ⅲ.①中央商业区-经济发展-研究报告-中国-2022　Ⅳ.①F72

中国版本图书馆 CIP 数据核字（2022）第 205605 号

中央商务区蓝皮书
中央商务区产业发展报告（2022）
——高端服务引领城市更新

著　　者 / 张　杰　蒋三庚　等

出 版 人 / 王利民
组稿编辑 / 陈凤玲
责任编辑 / 李真巧
责任印制 / 王京美

出　　版 / 社会科学文献出版社·经济与管理分社（010）59367226
　　　　　 地址：北京市北三环中路甲29号院华龙大厦　邮编：100029
　　　　　 网址：www.ssap.com.cn

发　　行 / 社会科学文献出版社（010）59367028
印　　装 / 天津千鹤文化传播有限公司

规　　格 / 开　本：787mm×1092mm　1/16
　　　　　 印　张：17.5　字　数：258千字
版　　次 / 2022年11月第1版　2022年11月第1次印刷
书　　号 / ISBN 978-7-5228-1003-4
定　　价 / 149.00元

读者服务电话：4008918866

▲ 版权所有 翻印必究

本书是北京市社会科学基金研究基地重点项目"中央商务区产业蓝皮书（2022）——高端服务引领城市更新"（项目编号：21JCB065）的研究成果，同时也是北京市哲学社会科学CBD发展研究基地资助成果。

《中央商务区产业发展报告（2022）》
编委会

主 任
　　张卓元　中国社会科学院学部委员、教授、博士生导师

委 员
　　文　魁　首都经济贸易大学原校长、教授、博士生导师
　　丁立宏　首都经济贸易大学副校长、教授、博士生导师
　　张承惠　国务院发展研究中心金融研究所原所长、研究员
　　单菁菁　中国社会科学院生态文明研究所研究员、博士生导师
　　赵　弘　北京市社会科学院原副院长、研究员
　　连玉明　北京国际城市发展研究院院长、研究员
　　姚东旭　首都经济贸易大学教授、博士生导师
　　蒋三庚　首都经济贸易大学教授、博士生导师，北京市哲学社会科学CBD发展研究基地学术委员会主任
　　王曼怡　首都经济贸易大学金融风险研究院院长、教授、博士生导师
　　叶堂林　首都经济贸易大学特大城市经济社会发展研究院执行副院长、教授、博士生导师
　　张　杰　首都经济贸易大学研究生院副院长、教授、博士生导师

主要编撰者简介

张 杰 管理学博士，首都经济贸易大学教授、博士生导师、研究生院副院长。美国明尼苏达大学（University of Minnesota, Twin Cities）、罗格斯大学（Rutgers, The State University of New Jersey）访问学者。兼任中国城市经济学会理事，商务部服务贸易统计专家组顾问，北京市东城、朝阳等区人大财经委顾问等社会职务。主要研究领域为CBD发展战略、城市经济与战略管理等。主持国家社会科学基金项目、北京市社会科学基金项目等6项，承担中央机构编制委员会办公室、自然资源部不动产登记中心、北京市经济和信息化局、北京市商务局等政府部门委托研究项目以及北京、昆明、郑州、三亚等地规划项目60余项。出版专著《特大城市中央商务区发展研究：产业布局·管理路径·国际战略》《中央商务区（CBD）楼宇经济发展研究》《中央商务区（CBD）现代服务业发展研究》《中央商务区（CBD）战略管理研究》等8部，合著教材或著作20部。发表学术论文40余篇。研究成果曾获北京市哲学社会科学优秀成果奖二等奖、国土资源科学技术奖二等奖。北京市青年教学名师。

蒋三庚 经济学博士，首都经济贸易大学教授、博士生导师，北京市哲学社会科学CBD发展研究基地学术委员会主任。兼任中国城市经济学会常务理事、中国市场学会常务理事、中国商业经济学会理事、北京市金融学会常务理事等。曾为北京市学术创新团队"北京CBD研究"执行负责人和"北京金融中心建设研究"负责人。主要研究领域为金融学、中央商务区理论等。主持完成国家级、省部级基金课题10项，中共北京市委组织部、北京市教育委员会规划科研课题4项，政府委托横向课题16项。出版专著《中国主要中央商务区（CBD）发展及特色研究》《中央商务区研究》《中国区域金融及发展研究》《金融风险及其防范》等30余部，发表论文100余篇。成果曾获北京市第九届、第十一届哲学社会科学优秀成果奖二等奖。先后被评为北京市首批跨世纪理论人才"百人工程"成员、北京市千百理论人才成员以及首都经济贸易大学优秀教师、科研标兵及教学名师等。

摘 要

在当前新发展理念和新发展格局下,我国城市经济正在逐步深刻转型、城市发展正在步入更新升级进程,数字经济、服务贸易等高端服务逐步成为经济发展的动力源,中央商务区(CBD)高端服务引领城市更新升级的枢纽地位和动力作用日益凸显。

本报告以"高端服务引领城市更新"为研究主题,重点分析CBD高端服务引领城市更新的内在必然性,延续分析中央商务区发展数据,综合概括北京等7座超大城市的更新动态,遴选介绍六地CBD高质量发展实践,通过指标测算、实证研究、路径分析和实践总结,综合阐述我国中央商务区高端服务引领城市更新的特色与路径,并提出开放互动、数字创新、统一市场、高端消费、要素创新和营商环境优化等引领城市更新的具体对策建议。

立足"高端服务引领城市更新"主题,本报告通过构建中央商务区综合发展指数、区域辐射指数、楼宇经济指数和营商环境指数,采用熵值法确定权重,对选定的一线和新一线城市中央商务区的发展情况进行测度。数据测算表明,受新冠肺炎疫情影响,我国典型CBD经济发展增速减缓但保持稳健。从增长率看,CBD呈现"一线城市增长相对稳健,新一线城市强势崛起"之势。

为延续研究思路和深入学理思考,本报告对中央商务区高端服务引领城市更新的三维创新形态,即宏观路径创新、中观制度创新和微观企业创新三个方面进行详细分析,并形成了三篇专题研究报告。三篇报告均在前期研究基础上提炼而成,学术分析相对专业、理论思考相对深入,具有较高学术水平。

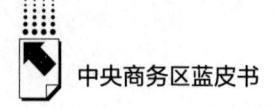

展示借鉴各地 CBD 发展经验、了解汇总 CBD 实际发展情况，也是本报告的重要内容和成果特色。本报告在编撰过程中，得到了广州天河 CBD、合肥庐阳 CBD 和海南三亚 CBD 等所在地政府机构的大力支持。广州天河中央商务区管委会、合肥市庐阳区商务局、海南三亚中央商务区管理局分别提供了深入实践、高度凝练、富有特色的专题分析报告。

作为国内主要研究 CBD 产业发展的蓝皮书，本报告对近期北京、上海、深圳等国内典型城市的 CBD 产业发展也进行了综合分析，发现北京 CBD 在科技赋能打造"两区"建设新高地、上海陆家嘴金融城在建设国际金融中心核心区、深圳湾区 CBD 在国土空间提质增效和更新升级等方面形成发展的新态势。通过上述比较分析，既可以观察未来 CBD 高端服务和城市更新的方向和路径，也可以思考各地 CBD 发展中的特色与经验，这为今后 CBD 发展和管理工作提供了不可多得的借鉴与参考。

关键词： 中央商务区　高端服务　城市更新

目 录

Ⅰ 总报告

B.1 中央商务区高端服务引领城市更新报告（2022） …… 张　杰 / 001
  一　引言 ………………………………………………………… / 002
  二　当前我国超大城市的更新动态 …………………………… / 013
  三　中央商务区高端服务引领城市更新数据支撑分析 ……… / 016
  四　2022年中央商务区高端服务引领城市更新路径
    分析 ………………………………………………………… / 025
  五　2022年中央商务区高端服务引领城市更新发展
    实践分析 …………………………………………………… / 036
  六　中央商务区高端服务引领城市更新面临的问题
    与对策建议 ………………………………………………… / 055

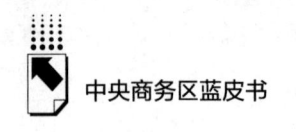

Ⅱ 指数评价篇

B.2 中央商务区综合发展指数分析（2022） ………… 范雨婷 / 060
B.3 中央商务区区域辐射指数分析（2022） ………… 李晓艳 / 090
B.4 中央商务区楼宇经济指数分析（2022） ………… 成思思 / 121
B.5 中央商务区营商环境指数分析（2022） ………… 孙　涛 / 144

Ⅲ 专题篇

B.6 我国 CBD 高端服务业的创新发展研究 ………… 苗婷婷 / 170
B.7 制度创新与北京 CBD 功能区高端服务业发展 ………… 苏二豆 / 185
B.8 北交所服务"专精特新"企业创新发展
　　　　　　　………………… 高杰英　黄素勤　曹　娜 / 205

Ⅳ 区域篇

B.9 广州天河中央商务区高端专业服务业引领高质量发展
　　　　　　　…………………………………………… 李彦君 / 216
B.10 合肥庐阳 CBD 高端商贸服务业创新引领城市更新 …… 张　慧 / 231
B.11 海南三亚 CBD 楼宇经济高质量发展研究
　　　　　　　………………………… 尹承玲　王　微　李介博 / 237

目　录

后　记 …………………………………………………………… / 247

Abstract …………………………………………………………… / 249
Contents …………………………………………………………… / 251

皮书数据库阅读**使用指南**

总报告
General Report

B.1
中央商务区高端服务引领城市更新报告（2022）

张 杰*

摘 要： 在当前新发展思路和新发展格局下，我国城市经济正在逐步深刻转型，城市发展正在步入更新升级阶段，服务贸易等高端服务逐步成为经济发展的动力源，中央商务区高端服务引领城市更新升级的枢纽地位和动力作用凸显。本报告立足中央商务区高端服务引领城市更新这一主题，重点分析中央商务区高端服务引领城市更新的内在必然性，延续分析中央商务区发展数据，综合概括北京等7座超大城市的更新动态，遴选介绍6地CBD高质量发展实践，通过指标测算、实证研究、路径分析和实践总结，综合阐述我国中央商务区高端服务引领城市更新的特色与路径，并提出开放互动、数字创新、统一市场、高端消费、要素创新和营商环

---

* 张杰，管理学博士，首都经济贸易大学教授、博士生导师，北京市哲学社会科学CBD发展研究基地副主任，主要研究领域为城市经济与战略管理、CBD发展战略。

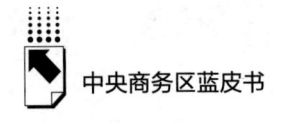

境优化等引领城市更新的具体对策建议。

关键词： 中央商务区　高端服务　城市更新

一　引　言

当前，城市更新已经成为我国城市发展的重要举措和现实行动。《中华人民共和国国民经济和社会发展第十四个五年规划和2035年远景目标纲要》（以下简称"十四五"规划纲要）明确提出，加快转变城市发展方式，实施城市更新行动，推动城市空间结构优化和品质提升。

国家统计局数据显示，2021年我国城镇常住人口为91425万人，城镇化率为64.7%。从超大城市看，北京城镇化率达到87.5%、上海89.3%、天津84.9%、重庆70.3%，均已处于高速城镇化中后期。这一时期，城市发展需要从增量型转向存量型或减量型，即从原来以大规模增量型外延式发展为主，转向存量提质、减量优化和增量结构调整并重的发展方式，实施城市更新行动。

城市更新，概而言之，就是通过对城市的空间形态和城市功能进行优化和完善，实现土地、市政基础设施和配套公建等的高效和便利使用。城市更新行动可以使城市土地得以经济合理的再利用，为特定地区带来经济、社会和环境的长期提升，推动城市结构优化、功能完善和品质提升，促进城市可持续发展。

显然，城市更新的内涵，本质上是"城市让生活更美好"，是城市产业结构的升级、产业功能的完善和产业发展的提升。而从产业发展序列来看，高端服务业则是城市产业发展的高端形态，是最贴近民众的生产性、生活性、生态性城市功能。从产业发展空间来看，高端服务业最集中的城市功能区就在中央商务区。因此，通过中央商务区高端服务引领城市更新，让城市生活更美好，具有重要的理论实践价值和时代意义。

具体分析，中央商务区高端服务引领城市更新的意义和途径，大致表现在以下五个方面。

第一，起步于现代服务业，以高端服务引领城市产业更新。

中央商务区由商而生、因商而兴，从商品流通到商业贸易再到商务办公，天然具有服务业属性。因此中央商务区自建立之初，即根据当时当地城市状态，以相对高端的服务引领城市服务业发展，进而推进制造业等产业升级。

以北京 CBD 为例。1993 年经国务院批复的《北京城市总体规划》中提出要建设具有金融、信息、咨询、商业、文化和商务办公多种服务功能的商务中心区。2005 年 1 月，国务院常务会议讨论并通过《北京城市总体规划（2004 年—2020 年）》，把 CBD 定位为北京三大城市功能区之一，并明确现代服务业为其主要发展方向。

2006 年 1 月，《北京市国民经济和社会发展第十一个五年规划纲要》提出建设六大高端产业功能区，要求把北京 CBD 建设成为以吸引跨国公司总部和地区总部为重点、以发展现代服务业为主导、北京重要的国际金融功能区和现代服务业的集聚地。2008 年 5 月，北京提出建立"一主一副三新四后台"的金融业发展空间布局，在 CBD 建设国际金融机构聚集中心。

随后，北京 CBD 高端服务业发展进入快车道。2022 年，北京 CBD 已成为北京市国际金融和现代服务业聚集地、首都对外开放的前沿阵地、国际交往的重要窗口，是"两区"建设的主阵地。北京 CBD 正积极打造中国（北京）自由贸易试验区国际商务服务平台，通过提供集"政务服务、金融服务、专业服务、消费服务、国际经贸合作"于一体的一站式、智能化综合服务，接入银行的国际单证和交易结算服务，有效促进外贸企业建立跨境贸易销售结算中心及财资中心，构建货物流转在区外、交易结算在区内的贸易格局，显著提升 CBD 乃至北京市的发展能级。

第二，规划于城市中心区，以总部经济促进城市能级更新。

超大城市 CBD 往往在城市发展布局和规划空间上充分考虑人流物流聚集因素、商业商贸流通通道、办公出行便利程度，因而多位于城市功能区的核心地区，通过市场发展吸引城市、全国乃至全球的公司总部集聚，从而推

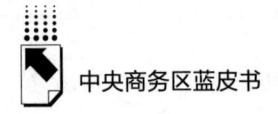

进整个城市的能级不断更新提升。

以上海陆家嘴CBD为例。1990年4月18日，国务院正式批准开发开放上海浦东新区，随即上海市人民政府浦东开发办公室、上海陆家嘴金融贸易区开发公司相继成立，标志着浦东新区的开发进入实质性启动阶段。1992年底，成立上海陆家嘴中心区规划深化工作组，按照"中国与外国结合、浦西与浦东结合、历史与未来结合"的原则，进行陆家嘴中心区的规划深化工作。1993年8月，正式完成《上海陆家嘴中心区规划设计方案》编制工作。

2019年，上海陆家嘴金融城除了总部企业数量和世界500强企业数量居全国CBD首位，还吸引了全球58家国际知名资管机构在陆家嘴设立了80家各类外资资管机构，其中全球资管规模前十的有9家，全国22家已获得私募管理人资格的外资独资资管公司有20家落户在陆家嘴，全国6家获批投资咨询业务资格的外资资管机构有5家位于陆家嘴，陆家嘴金融城已成为全球资管机构在华的重要集聚地和展业地。

2021年是上海国际经济、金融、贸易、航运中心基本建成之年，陆家嘴金融城作为上海国际金融建设的核心承载区，31.78平方公里的土地上集聚了285座商务楼宇，入驻企业4万多家。截至2022年2月，陆家嘴片区持牌金融机构占全市的60%，全国87%的期货公司、80%以上的证券公司、90%以上的外资资管公司均在陆家嘴设立了机构，上海证券交易所、上海期货交易所、中国金融期货交易所、中国国际黄金交易中心均坐落于此。此外，陆家嘴还集聚12家国家级要素市场和金融基础设施、6000多家中外金融机构，全球500强企业有340多家在陆家嘴设立机构，115家跨国公司在此设立地区总部[①]，助力上海成为全球经济枢纽。

第三，发展于交通枢纽处，以商务办公带动城市活力更新。

交通枢纽往往是城市资源的集聚之地、生产之源、辐射之处。由于交通

---

① 《陆家嘴：三十而变丨国之大者⑨》，搜狐网，2022年2月22日，http://news.sohu.com/a/524490938_100032554。

枢纽的集聚和辐射，所在地的企业可以最为便利、迅速地获取市场信息，发现市场机会，驱动市场交换。因此，城市尤其是国家级中心城市的交通枢纽及其附近区域，常常成为中央商务区的天然商务办公地点和跨国公司入驻的首选经营地址。

以广州天河CBD为例。广州天河CBD起步于1993年，2010年借助广州亚运会契机快速发展，2020年天河区高端专业服务业实现增加值521亿元。目前，广州天河CBD已成为华南地区金融、科技、商务等高端产业发达、城市综合配套设施较为完善的区域CBD。

1987年，天河体育中心落成。同年11月下旬，全国第六届运动会在天河体育中心举行。为配合运动会的举办，一批大型基础设施，包括广州大桥、广州火车东站、中山一路、天河路、天河北路、体育东路和体育西路相继建成，极大地提高了天河区的便利化程度，为"六运商都"的发展奠定了基础。1996年，天河城广场开业，成为国内第一家购物中心，天河北商圈逐渐发展成熟。1997年，"亚洲第一高楼"中信广场在广州的东边拔地而起，矗立在天河体育中心与广州东站的中间，形成了广州新的中轴线。

2005年广州地铁三号线开通，珠江新城成为其中一站。2010年亚运会开幕式在海心沙广场举行，助推珠江新城开发。2011年3月31日，广州天河CBD管委会正式挂牌成立。广州天河CBD从此开始了发展商务办公、促进城市更新的历程。

第四，形成于都市开发区，以绿色景观促进城市生态更新。

新兴都市开发区的中央商务区，往往注重在集聚现代服务业的同时，创造宜人宜居宜业的城市环境，通过绿色景观的构筑和布局增加CBD的活力，也在内涵上提升CBD的竞争力，引领城市生态不断更新。

以深圳福田CBD为例。《中央商务区产业发展报告（2020）》显示，楼宇经济发达、区域辐射能力持续增长、产业结构和科技创新环境不断优化是深圳福田CBD的显著特征。深圳银保监局、证监局、深圳证券交易所等监管机构和金融重要基础设施，国家开发银行、中国进出口银行和中国农业

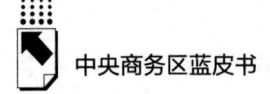

发展银行三大政策性银行深圳分行以及深圳第一高楼平安国际金融中心均落户于此。2019年，福田辖区仅金融业就完成税收近千亿元，占全区税收的60.5%，占全市金融业税收的64.7%，占全省金融业税收的26.3%。2020年，福田区市级总部企业净增加21家，占全市新增总部企业数量的四成以上，在全市各区遥遥领先。与此同时，2020年福田区市级总部企业达到79家，约占全市总部企业的1/3。

在探索超大城市可持续发展模式的过程中，深圳近年来坚持绿色发展。2015年以来，深圳开始全面创建国家森林城市，大力实施世界著名花城、森林质量精准提升、绿化景观提升、绿色生态水网、特色主题公园、森林小镇等52项重点工程。2000年，深圳被评为中国第一个国际花园城市，并荣获"城市建设奥斯卡"奖。

深圳福田CBD面积不足7平方公里，却是全国绿地率最高的CBD，同时也是全国实力最强的CBD之一。深圳福田CBD北区有莲花山公园、深圳市民中心、深圳图书馆、音乐厅、深圳现当代艺术馆等众多公共文化建筑，整个CBD看上去更像一座巨型公园。深圳福田CBD南区摩天高楼密集，也有不少屋顶花园。

在顶层设计层面，深圳福田CBD所在的福田区对标纽约、伦敦等世界著名城市，立足福田辖区实际，确定了绿化发展思路及框架，科学构建了"公园+绿道+立体绿化"三大生态系统。在土地资源比较紧缺的情况下，公园面积已达875.51公顷，占辖区总面积的10%以上；绿化覆盖面积达3384.48公顷，绿化覆盖率突破40%，立体绿化率达6.5%。

目前已建成各类特色公园128个，同时创造性地将封闭绿化带转化为亲民公园，打造了福强路益田花园段休闲公园带、福田区文化馆休闲公园带等一批优质绿道公园带，推出香蜜公园、诗园、礼园等一批精品名园。

此外，为化解"经济大区"与"环境容量小区"这一矛盾，通过优化绿道基础设施、增设服务驿站等系列工程，全面破除区域绿道、城市绿道、社区绿道、公园绿道之间的障碍，连接"公园-水系-森林"三大体系，兼顾"生态-游憩-社会文化"三大功能。

福田区既注重做优增量，又通过城市更新盘活存量，从城市生活、文化艺术、绿色品质、空间活力等多个方面重塑福田"中心性"，推动城区从"CBD"（中央商务区）向"CAZ"（中央活动区）转变，持续改善城市绿色生态。

第五，开放于国际引领地，以国际服务加速城市经济更新。

中央商务区基于商务办公和产业联系需要，对开放发展、国际交流有内在的需求。因此，超大城市CBD，往往也是该城市商务氛围最浓厚、时尚嗅觉最灵敏、国际交流最发达、国际服务最高端的功能区。通过国内外资源的交流与聚集，以高质量国际服务推动城市经济不断更新。

以重庆解放碑CBD"第一街"为例。1997年，重庆直辖后经济快速发展，餐饮娱乐业、酒店和零售服务业以及银行、证券、保险、信托等金融和商业机构聚集解放碑，中央商务区渐显雏形。资料显示，全球四大会计师事务所均在渝中区落户，同时，还有渣打银行重庆分行、利宝保险等外资金融机构35家，其中外资银行、保险机构占全市的90%。

据重庆市渝中区区长黄茂军介绍[①]，渝中是重庆母城，也是重庆的"根"和"源"。自19世纪末重庆开埠以来，渝中区就是重庆国际交流的窗口。改革开放后，英国、日本等11个国家的总领事馆相继入驻，中国香港贸发局、英国商会等一批境外商务机构纷纷落地，汇聚世界知名品牌270余个、离境退税商场26家、世界500强企业140余家、外资市场主体1100余家，国际范与重庆味交相辉映。

近代以来，重庆解放碑商贾云集、人文荟萃，囊括购物、旅游、商贸、金融等城市综合功能。"第一街"就是以解放碑为核心，东至朝天门，西至通远门，南至长滨路，北至嘉滨路，将面积约3.2平方公里范围打造成的"超级街区"。渝中区将形成立体山水都市"第一地脉"，营造未来巴渝烟火

---

① 《专访重庆市渝中区区长黄茂军：打造有"国际化基因"的重庆"第一街"》，中国新闻网，2022年1月20日，http://www.chinanews.com.cn/gn/2022/01-20/9657246.shtml。

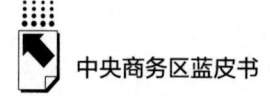

风韵"第一文脉",构建西部金融服务和国际消费"第一金脉",打造中西部地区国际交往"第一动脉"。

目前,"第一街"正在打造山城巷、白象街、十八梯、戴家巷、鲁祖庙等七大历史风貌区和山城老街区,推出后街支巷、云端天台、临崖步道、防空洞穴、惬意江岸等特色消费场景,植入精品商业、艺术小店、特色文创,在老山城中注入新味道。

建设"第一街"的目的,是让其成为国际资源进入重庆的首站。中国(重庆)自贸试验区、中新互联互通示范项目、解放碑CBD等开放优势叠加,还有多家驻渝总领事馆、境外机构、跨国公司在此聚集,"第一街"国际化建设的土壤肥沃。

"第一街"建设有着良好的国际化"环境"。截至2021年底,渝中区高质量承办"上海合作组织地方领导人会晤"等大型国际会议20余场,举办首届中国城市商圈发展大会、"一带一路"陆海联动发展论坛等会议及论坛50余场,组织开展"意大利美食节""英国嘉年华"等各类国际经贸文化交流活动180余场,年接待入境旅游商务人士达155万人次。

今后,渝中区还将高质量建设外国政党政要、境外知名人士重点参访区,争取更多外事重大活动在渝中区举办,扮靓重庆国际交往的"会客厅";进一步集聚驻渝领事机构、国际知名商会协会和跨国公司总部,打造来福士中新合作项目示范区,当好中西部地区国际交往的"排头兵"。同时,渝中区还将引进大数据、大健康、金融服务、智能产业等领域的外资企业,鼓励本土企业和区域企业参与国际产业链、供应链重构,加快布局和培育国际营销网络、境外采购企业等,推动陆海新通道国际消费中心、中新(重庆)东盟商务中心、中国-东盟(重庆)经贸合作产业园等重大项目落地,下好壮大开放型经济的"先手棋"。

综合来看,本报告所呈现的研究成果具有以下七大特色与亮点。

第一,聚焦我国城市经济和高端服务动力源泉。

国家统计局数据显示,2021年我国城镇常住人口为91425万人,城镇化率为64.7%。从超大城市看,北京城镇化率达到87.5%、上海89.3%、天津84.9%、重庆70.3%，均已处于高速城镇化中后期。这一时期，城市发展需要从增量型转向存量型或减量型，即从原来以大规模增量型外延式发展为主，转向存量提质、减量优化和增量结构调整并重的发展方式，实施城市更新行动。

城市更新的内涵，本质上是"城市让生活更美好"，是城市产业结构的升级、产业功能的完善和产业发展的提升。而从产业发展序列来看，高端服务业则是城市产业发展的高端形态，是最贴近民众的生产性、生活性、生态性城市功能。从产业发展空间来看，高端服务业最集中的城市功能区就在中央商务区（CBD）。

CBD地处城市经济发展核心区域，是城市尤其是超大城市的核心经济引擎和高端名片，也是城市高端产业集聚地和更新发展来源地。因此，针对CBD这一城市经济发展主阵地和动力源，本报告具体分析北京、上海、广州等地CBD的宏观路径创新、中观制度创新和微观企业创新，这对于通过高端服务引领城市更新、带动城市和区域发展与社会更新，具有重要现实意义。

第二，陈述CBD高端服务引领城市更新的内在机理。

中央商务区由商而生、因商而兴，从商品流通到商业贸易再到商务办公，天然具有服务业属性。因此CBD自建立之初，就根据当时当地城市状态，以相对高端的服务引领城市服务业发展，进而推动制造业等产业升级，引导城市产业集聚、空间扩大。例如，超大城市CBD往往在城市发展布局和空间规划上充分考虑人流物流聚集因素、商业商贸流通通道、办公出行便利程度，因而往往位于城市功能区的核心地区，通过市场发展吸引城市、全国乃至全球的公司总部集聚，从而推进整个城市的能级不断提升。

同时，新兴都市开发区的中央商务区，往往注重在集聚现代服务业的同时，创造宜人宜居宜业的城市环境，通过绿色景观的构筑和布局增强CBD的健康活力，也在内涵上提升CBD的竞争力，引领城市生态不断更新。并且，中央商务区基于商务办公和产业联系的需要，对开放发展、国际交流有

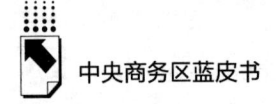

内在需求。因此，超大城市CBD，往往也都是该城市商务氛围最浓厚、时尚嗅觉最灵敏、国际交流最发达、国际服务最高端的功能区。通过国内外资源的交流与汇聚，以高质量国际服务推动城市经济不断更新。

本报告选取北京CBD等中国典型城市中央商务区，分别进行高端服务引领城市更新的内在机理分析，从而为城市经济发展和智慧城市建设提供理论分析和学术支撑。

第三，辨析区域经济首位城市CBD发展规律。

京津冀、长三角、粤港澳大湾区等区域经济的发展，构筑了当前我国区域经济发展的新格局。由此，区域经济框架中的首位城市（如北京、上海、广州）的产业发展规律和城市更新动向，就成为影响城市群发展格局及调整区域经济发展思路的主要驱动力量。

例如，首位城市往往位于区域交通中心或枢纽，地处城市群资源的汇集之地、生产之源、辐射之处。由于交通枢纽的汇集和辐射，所在地的企业可以最为便利和迅速地获取市场信息、发现市场机会、驱动市场交换。因此，城市尤其是国家级中心城市的交通枢纽及其附近区域，常常成为中央商务区的天然商务办公地点和跨国公司入驻的首选经营地址。

上述首位城市发展特色各有不同，但最能体现本地城市产业发展特色和城市更新态势的地区，则非CBD莫属。本报告遴选了13个城市CBD进行纵横比较分析，剖析各地CBD产业与市场情况、服务与渠道内容、业态与链条环节、环境与国际动态，从而对各地CBD发展的规律、特色与举措进行比较分析，以供各地城市发展借鉴和参考。

第四，注重CBD区域大数据翔实分析和立论研究。

在当前数字经济时代，研究城市经济、产业经济、区域经济，不能囿于一城一市一区，而必须通过相互关联的大量数据、多种类型的分析数据、具有透视力的价值数据和具体深入的真实数据，进行逻辑分析和科学判别，发现表面现象和数据背后的联系与规律。

从目前我国各大城市发展的实际情况来看，一城多个CBD共同发展的情况尤其普遍，CBD更新扩区的规划不断公示，城市中心区CBD在城市更新过程中产业转型和城市新区CBD逐步推出新型城市建设布局的交叉重叠发展态势经常发生。CBD作为城市高端发展金字招牌的现实情况，使得各地政府不断扩区扩建，这在很大程度上使得CBD的数据分析口径较难统一。在此情况下，基于CBD区域的大数据分析就显得相对客观、理性、实际。

本报告基于我国13个城市CBD区域大数据分析，在《中央商务区产业发展报告（2021）》的基础上，继续跟踪研究中央商务区发展的数据支撑体系，通过多关联、宽类型、高价值和真实性数据，具体探析中央商务区高水平发展的概况与趋势、特点和规律，并结合2022年城市更新发展动态，进行数据解读、模型验证和立论分析。

第五，展现我国城市中央商务区最新实践动态。

基于不同的发展历史、建设基础、市场氛围和人文环境等要素，我国城市经济发展千城千面。但同为城市经济，必然有其内在的一般发展规律，也必然在内在规律的基础上，通过城市定位、政策、人才、规划等诱因促发新的、极具本地特色的现实发展路径。

例如，北京、上海、广州、深圳四个一线城市的发展实践就各有不同。目前北京、上海、广州分别举办服贸会、进博会、广交会，同时三会又均凸显国际化、高端化、现代化，体现出三座超大城市不同的发展特色与共同的发展内涵即产业集聚、要素流通、路径依赖。因此，及时展现我国典型城市中央商务区的发展实践，具有重要的参考价值。

中央商务区因企业集聚、商务服务和国际交往而发展，最能体现城市发展的实践特色。本报告在延续多年中央商务区实践研究的基础上，总结分析了北京CBD科技赋能打造"两区"建设新高地、上海陆家嘴金融城建设国际金融中心核心区、深圳湾区CBD国土空间提质增效更新升级等新态势；同时遴选了广州天河CBD、合肥庐阳CBD和海南三亚CBD三地的新近发展实践，分别着眼于专业服务、高端商贸和楼宇产业发展战略，展示区域中心城市的CBD实践新动态。

第六，报告CBD基地专业学术团队最新研究成果。

1923年美国芝加哥大学社会学家E.W.伯吉斯教授提出中央商务区的

概念。百年来，全球各地CBD延续着区位发展、结构演化、国际渗透、功能发展四个阶段的发展进程，从概念到实践，由最初的区位划分逐步转向突出功能，由起步的规划建设逐渐转向现代服务业发展。如前所述，虽然我国CBD发展方兴未艾，但由于各地CBD建设大都起步于21世纪初期，距今不过二三十年时间，因此针对CBD进行的专业理论研究还较少。

2004年9月24日，经北京市哲学社会科学规划办公室和北京市教育委员会批准，依托首都经济贸易大学正式设立北京市哲学社会科学CBD发展研究基地。该基地是第一个，也是目前唯一一个专门以CBD发展建设为研究目标的省部级人文社科研究基地。CBD发展研究基地成立18年来，聚集了一批专业研究人员、形成了高水平学术研究团队、发布了多部学术专著。其中，2004~2017年每年出版一部CBD年度报告，2018年迄今每年出版CBD产业发展蓝皮书，18部专著先后聚焦规划建设、城市竞争力、现代服务业集群、文化创意产业、楼宇经济、特大城市、高质量发展、高水平开放、创新驱动、消费升级等主题，产生了广泛、良好的社会影响。

2022年"中央商务区蓝皮书"，继承18年CBD研究专业成果，通过大数据分析、学术学理研究、各地CBD发展实践，以高端服务引领城市更新为主题，继续推出专业学术团队研究最新成果，为我国CBD建设和城市可持续发展贡献力量。

第七，推进我国中央商务区城市更新。

中央商务区是所在城市的市场资源集中地和商务办公核心区。在当前新发展格局下，以CBD为切入点，通过高端服务引领城市更新，意义重大。

目前，我国各城市基本都在建设CBD。最具影响力的CBD如香港中环CBD、北京CBD、上海陆家嘴CBD、广州天河CBD、深圳福田CBD等，虽然均集聚商务贸易，但发展特色、发展路径和发展模式各有不同。如何在遵循一般性产业发展规律的基础上，通过高端服务引领城市更新，各城市也都在深入实践。

二 当前我国超大城市的更新动态

中央商务区的高端服务与城市更新，需要基于所在城市高质量发展的大背景、大趋势，在国家统筹指导下进行。城市更新在我国诸多城市尤其是北京、上海、天津、重庆、广州、深圳、成都等超大城市，正在进入发展快车道。

2021年11月4日，住房和城乡建设部办公厅发布《关于开展第一批城市更新试点工作的通知》，决定在北京等21个城市（区）开展第一批城市更新试点工作，要求积极稳妥实施城市更新行动，探索城市更新统筹谋划机制、可持续模式、配套制度等工作，引领各城市转型发展、高质量发展。

2022年5月18日，《北京市城市更新专项规划（北京市"十四五"时期城市更新规划）》公开发布，确立以街区为单元、以存量建筑为主体、以功能环境提升为导向的更新工作思路，推进小规模、渐进式、可持续的城市更新行动。

"十四五"时期，北京市聚焦178个城市更新重点街区，完成首都功能核心区平房（院落）10000户申请式退租和6000户修缮任务，以及全市2000年底前建成需改造的1.6亿平方米老旧小区改造任务等。此外，北京将重点推动500万平方米左右低效老旧楼宇改造升级，完成22个传统商圈改造升级，有序推进700处老旧厂房更新改造、低效产业园区"腾笼换鸟"等，通过区域统筹、整体把握，实现连片成林、和谐统一的城市风貌。[1]

2021年8月，《上海市城市更新条例》全文发布，提出建立全门类、全口径、全社会、全流程的一体化城市更新制度与技术体系，明确上海城市更

---

[1] 《北京市城市更新专项规划（北京市"十四五"时期城市更新规划）》，北京市人民政府网，2022年5月18日，http：//www.beijing.gov.cn/zhengce/gfxwj/sj/202205/W020220519628058514480.pdf。

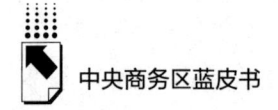

新要坚持"'留改拆'并举、以保留保护为主，遵循规划引领、统筹推进、政府推动、市场运作、数字赋能、绿色低碳、民生优先、共建共享"的原则。

上海市分别于2021年6月和12月成立了由国资公司牵头的城市更新引导基金，募集资金总规模达到900.02亿元。"十四五"期间上海城市更新将保持高速发展节奏，计划完成中心城区零星二级旧里以下房屋改造约48.4万平方米，预计2022年完成改造40余万平方米、2.2万户，基本实现中心城区成片改造。2022年7月24日凌晨，上海市黄浦区建国东路68街坊和67街坊东块的房屋征收签约率突破90%，这意味着上海中心城区成片二级旧里以下房屋改造全面收官。①

2022年7月，《天津市城市更新行动计划（2022—2025年）（征求意见稿）》正式发布。全市分区域制定城市更新策略。中心城区整体制定更新策略，探索项目自我更新、区内统筹更新、跨区统筹更新。以老城厢建设为起点，以海河为轴线，向外圈层发展，划定中心城区城市更新重点区域，面积约268平方公里，占中心城区总用地面积的80%；更新任务包括5项提升计划、16项更新行动。环城四区、滨海新区、远郊五区分区域制定更新策略。

2022年8月15日，重庆市政府印发《重庆市城市更新提升"十四五"行动计划》，以提升城市规划、建设、管理水平，提升城市经济、生活、生态和人文品质。"十四五"时期，拟实现建成区绿化覆盖率超过43%，城镇老旧小区改造达到1亿平方米；城镇新建建筑中绿色建筑占比达到100%，市级绿色示范社区达100个以上；城市人文魅力不断彰显，每万人拥有公共文化设施面积达到800平方米，实现公共数字文化服务全覆盖。

2021年7月，《广州市城市更新条例（征求意见稿）》出台，广州的

---

① 郑钧天、潘旭：《上海中心城区成片二级旧里以下房屋改造全面收官》，新华每日电讯，2022年7月25日，http://www.news.cn/mrdx/2022-07/25/c_1310645575.htm。

城市更新开始从过去简单的"三旧"改造向"存量与增量联动、产业与空间结合、文化与活力并重"转变。2022年3月25日，广州市住房和城乡建设局发布《关于在深化城市更新工作推进高质量发展中加强年度实施计划管理的指导意见》，明确均衡有序推进城市更新，坚持"补短板、惠民生、强弱项"，坚持维护土地市场稳定、保障房地产市场健康发展、支持重大战略平台建设。

2022年6月30日，广州市城市更新工作领导小组办公室印发了《广州市2022年城市更新项目年度计划》，对全市224个旧村和旧厂改造进行了全面统筹梳理。

2022年7月29日，深圳市规划和自然资源局、深圳市发改委印发《深圳市城市更新和土地整备"十四五"规划》，明确规划期内坚持"留改拆"并举，以保留提升为主，原则上城市更新片区内拆除建筑面积不大于现状总建筑面积的20%。规划期内深圳全市城市更新和土地整备实施规模不少于95平方公里。同时，规划期内保留提升100平方公里工业区，连片改造及整备45平方公里产业空间。打造一批集中连片高质量产业发展空间，力保重大产业项目落地，完成城市更新和土地整备固定资产投资总额不少于1万亿元。

2020年3月，成都市印发《成都市城市有机更新实施办法》。2021年，成都市入选住房和城乡建设部第一批城市更新试点名单。

成都市坚持以建设全面践行新发展理念的公园城市示范区为统领，构建"1+N"城市更新政策框架。以《成都市城市有机更新实施办法》为纲领，先后出台了《成都市中心城区城市有机更新保留建筑不动产登记实施意见》《成都市城市有机更新资金管理办法》《关于进一步推进"中优"区域城市有机更新用地支持措施》等配套政策措施，从规划、土地、建设、不动产登记、财政税务等方面形成了城市更新的政策支撑体系。

"十四五"期间，成都市计划推进173个老旧片区有机更新，统筹实施特色街区、公服设施、景观品质提升等项目；抓好城市更新全国试点工作，推进锦江区四圣祠片区、青羊区少城片区等16个国家试点项目建设。推进2242个老旧小区分类改造，2022年计划完成改造601个，并全面启动23个示范项目。计划完成棚户区改造约10000户，新增认定历史建筑120处，重点推进已认定历史建筑的修缮利用。构建"15分钟便民生活圈"，构建更加安全高效的基本公共服务体系。①

三 中央商务区高端服务引领城市更新数据支撑分析

本报告在《中央商务区产业发展报告（2021）》的基础上，以高端服务引领城市更新为出发点，继续跟踪研究中央商务区发展的数据支撑体系，包括中央商务区综合发展指数、区域辐射指数、楼宇经济指数和营商环境指数，从中探析中央商务区高水平发展的概况与趋势、特点和规律。

本报告共选取13个样本CBD，分别为北京CBD、上海陆家嘴CBD、广州天河CBD、深圳福田CBD、天津滨海新区CBD、重庆解放碑CBD、西安长安路CBD、武汉王家墩CBD、杭州武林CBD、南京河西CBD、成都锦江CBD、长沙芙蓉CBD、沈阳金融商贸CBD。

下文中提到的一线城市，均包括北京、上海、广州、深圳四个城市；其余样本CBD所在城市为新一线城市。

（一）中央商务区综合发展指数评价

中央商务区综合发展指数由五个方面的分指数组成，分别反映CBD发展的某个特定方面。本报告把经济发展分指数、经济驱动分指数、科技创新分指数、社会发展分指数、区域辐射分指数列为一级指标。报告按照熵值法计算原理，分别对2018~2020年13个CBD的综合发展指数及五个分指数进行测算，如表1所示。

---

① 《成都发布公园城市示范区建设5年行动计划》，成都市人民政府网，2022年5月19日，http://www.chengdu.gov.cn/chengdu/home/2022-05/19/content_2dea175368ec4638b346b6e32db684ab.shtml。

表 1　13 个 CBD 综合发展指数及分指数（2018~2020 年）

年份	类别	CBD	经济发展	经济驱动	科技创新	社会发展	区域辐射	综合发展	排名
2020	一线城市CBD	北京 CBD	10.245	10.612	9.338	10.216	17.418	57.829	3
		上海陆家嘴 CBD	11.185	11.587	9.267	9.306	17.903	59.248	1
		广州天河 CBD	10.377	9.982	11.023	10.875	15.542	57.799	4
		深圳福田 CBD	10.561	10.360	11.259	10.548	16.343	59.071	2
	新一线城市CBD	天津滨海新区 CBD	10.723	10.367	9.377	9.578	14.765	54.810	1
		西安长安路 CBD	9.779	9.321	10.424	9.825	13.395	53.351	5
		重庆解放碑 CBD	9.874	9.674	9.624	10.600	14.896	54.700	2
		杭州武林 CBD	9.740	9.495	9.278	10.318	14.928	53.092	7
		武汉王家墩 CBD	9.819	10.040	10.489	9.432	14.261	54.676	3
		成都锦江 CBD	9.299	9.756	9.954	9.965	14.002	53.796	4
		南京河西 CBD	9.474	9.648	10.673	9.931	14.822	53.121	6
		沈阳金融商贸 CBD	9.388	9.263	9.475	10.007	12.878	51.979	8
		长沙芙蓉 CBD	9.535	9.896	9.820	9.399	13.846	51.528	9
2019	一线城市CBD	北京 CBD	10.280	10.704	9.355	10.074	17.478	57.891	4
		上海陆家嘴 CBD	11.204	11.502	9.279	9.258	17.779	59.022	1
		广州天河 CBD	10.449	9.954	11.079	11.158	16.058	58.698	2
		深圳福田 CBD	10.544	10.361	11.226	10.335	16.184	58.650	3
	新一线城市CBD	天津滨海新区 CBD	10.698	10.399	9.360	9.431	14.955	54.843	1
		西安长安路 CBD	9.739	9.306	10.406	9.876	13.395	53.634	5
		重庆解放碑 CBD	9.898	9.629	9.711	10.553	14.772	54.173	3
		杭州武林 CBD	9.653	9.465	9.297	10.533	14.382	53.068	6
		武汉王家墩 CBD	9.892	10.218	10.423	9.393	14.120	54.698	2
		成都锦江 CBD	9.344	9.734	9.917	9.982	14.307	53.826	4
		南京河西 CBD	9.435	9.587	10.598	9.933	14.849	52.948	7
		沈阳金融商贸 CBD	9.316	9.332	9.439	9.956	12.737	52.028	8
		长沙芙蓉 CBD	9.548	9.810	9.913	9.517	13.985	51.525	9

续表

年份	类别	CBD	经济发展	经济驱动	科技创新	社会发展	区域辐射	综合发展	排名
2018	一线城市CBD	北京CBD	10.227	10.779	9.353	10.031	17.418	57.808	3
		上海陆家嘴CBD	11.054	11.392	9.288	9.209	16.807	57.750	4
		广州天河CBD	10.335	9.966	10.927	11.155	15.945	58.328	2
		深圳福田CBD	10.435	10.432	11.195	10.476	16.309	58.847	1
	新一线城市CBD	天津滨海新区CBD	11.032	10.479	9.352	9.490	15.567	55.920	1
		西安长安路CBD	9.677	9.356	10.094	9.841	13.589	53.241	5
		重庆解放碑CBD	9.870	9.569	9.824	10.588	14.596	54.292	3
		杭州武林CBD	9.634	9.461	9.297	10.511	14.441	53.030	6
		武汉王家墩CBD	9.917	10.220	10.426	9.434	14.127	54.593	2
		成都锦江CBD	9.389	9.685	10.231	9.909	14.273	53.913	4
		南京河西CBD	9.259	9.566	10.650	9.938	14.699	53.002	7
		沈阳金融商贸CBD	9.412	9.345	9.399	9.955	12.946	52.395	8
		长沙芙蓉CBD	9.759	9.750	9.964	9.462	14.284	51.881	9

根据综合发展指数结果，可以得到如下结论。

（1）2018~2020年，CBD的经济发展增速保持稳健。13个CBD的综合发展指数均值变化不大，表明我国城市CBD近年来保持稳定、持续发展。从增长率看，CBD呈现"一线城市增长相对稳健，新一线城市强势崛起"的态势。

（2）从2020年的发展情况来看，各CBD按综合发展指数从高到低排名如下。

一线城市CBD：上海陆家嘴CBD、深圳福田CBD、北京CBD、广州天河CBD。

新一线城市CBD：天津滨海新区CBD、重庆解放碑CBD、武汉王家墩CBD、成都锦江CBD、西安长安路CBD、南京河西CBD、杭州武林CBD、沈阳金融商贸CBD、长沙芙蓉CBD。

2020年一线城市CBD中深圳福田CBD逆势增长，排名从2019年第3

名提高到2020年第2名。北京CBD以及广州天河CBD的综合发展指数均有所下降。

（3）具体地，从经济发展分指数来看，受新冠肺炎疫情影响，CBD的经济发展增速有所减缓但保持平稳态势。一线城市CBD中，2020年上海陆家嘴CBD和深圳福田CBD的经济发展分指数高于北京CBD和广州天河CBD。这表明上海陆家嘴CBD和深圳福田CBD高端服务稳健发展，在城区GDP、人均GDP以及地方一般预算收入方面相对领先；北京、广州两地也正在逐步转型。新一线城市CBD中，2020年天津滨海新区CBD表现抢眼，与重庆解放碑CBD、武汉王家墩CBD处于相对优势地位。

从经济驱动分指数来看，2018~2020年一线城市CBD排名相对稳定。上海陆家嘴CBD外贸出口总额、北京CBD社会消费品零售总额、深圳福田CBD城镇人均可支配收入得分相对最高，显示上海外贸外资服务型、北京社会零售服务型、深圳潜在消费型经济驱动特色明显。新一线城市CBD中，2018~2020年天津滨海新区CBD全社会固定资产投资总额远超其他CBD，投资驱动经济增长特色明显。成都锦江CBD实际利用外资金额增幅最大。

从科技创新分指数来看，2020年一线城市CBD中，深圳福田CBD和广州天河CBD继续领先，北京CBD和上海陆家嘴CBD紧随其后。其中深圳福田CBD专利申请数和专利授权数、北京CBD技术合同成交数量和成交总额全国领先。新一线城市CBD中，南京河西CBD、成都锦江CBD、武汉王家墩CBD、西安长安路CBD科技创新能力突出。

从社会发展分指数来看，2020年一线城市CBD中广州天河CBD、深圳福田CBD相对领先，新一线城市中重庆解放碑CBD、杭州武林CBD排名靠前。从2020年教育支出占公共财政支出比重的角度分析，深圳福田CBD占比最高，其次是西安长安路CBD和广州天河CBD。

（二）中央商务区区域辐射指数评价

区域辐射指数是衡量中央商务区高水平开放、外向性发展的指标。本报告把CBD区域辐射指数分为辐射能力分指数、辐射行动分指数和辐射绩效分指数，从可操作性的角度具体细分为10项二级指标。

经测算，如图1所示，上海陆家嘴CBD和重庆解放碑CBD区域辐射指数连续稳定增长，显示出一线城市CBD和新一线城市CBD正充分发挥其引擎作用，通过聚焦高端服务业引领城市更新，推动城市向更高水平发展。

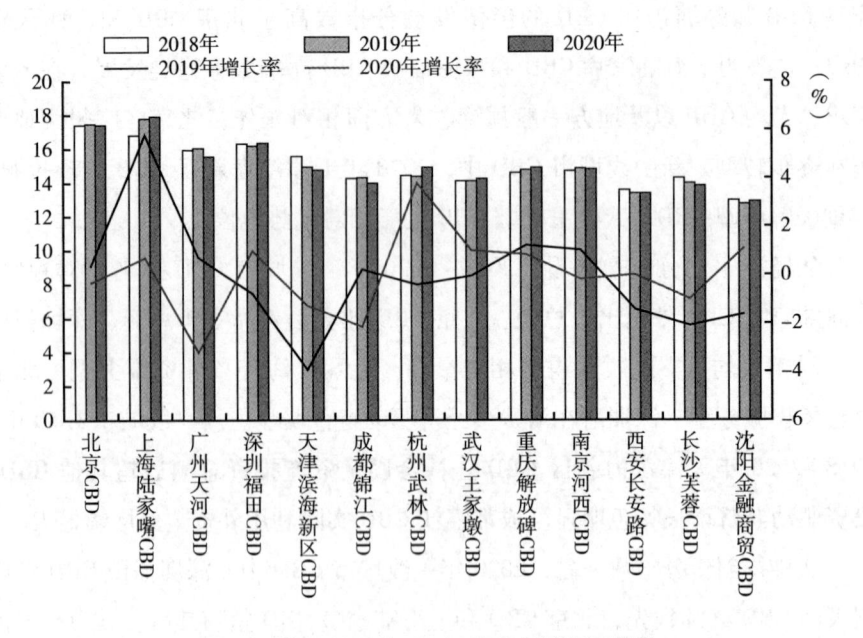

图1 2018~2020年13个CBD区域辐射指数

从2018~2020年13个CBD的区域辐射指数来看，一线城市CBD明显高于新一线城市CBD，表明CBD综合竞争优势分化，区域辐射效应的地域性差异较大。一线城市CBD中，上海陆家嘴CBD区域辐射指数2019年、2020年连续两年位居第一，北京CBD区域辐射指数2018年领先。新一线城市CBD中，2018~2019年天津滨海新区CBD区域辐射指数领先，2020年杭州武林CBD区域辐射指数排名靠前。

从区域辐射指数的变化情况来看，上海陆家嘴CBD和重庆解放碑CBD区域辐射指数逐年稳定提高，而天津滨海新区CBD和长沙芙蓉CBD区域辐射指数呈现连续下降趋势。

从2020年细分指标数据来看，上海陆家嘴CBD、天津滨海新区CBD辐射能力分指数突出；北京CBD、上海陆家嘴CBD辐射行动分指数领先；北京CBD、重庆解放碑CBD辐射绩效分指数领先。

（三）中央商务区楼宇经济指数评价

2018~2020年国内典型CBD楼宇经济稳步发展，2020年税收亿元楼中，上海陆家嘴CBD以110座继续领先。从税收亿元楼占比来看，广州天河CBD（59.00%）、深圳福田CBD（50.00%）、杭州武林CBD（42.97%）位列前三（见图2）。从总部企业数量来看，广州天河CBD一枝独秀。2020年广州天河CBD注册企业数量高达70000家，为全国注册企业最多的CBD；成都锦江CBD总部企业215家，世界500强企业入驻137家，在新一线城市CBD中遥遥领先。

如图2所示，2020年上海陆家嘴CBD税收亿元楼达110座之多，占商务楼宇总量的34.60%，其中有30座楼宇税收超过10亿元，经济效益位居全国第一。广州天河CBD和深圳福田CBD的税收亿元楼分别为71座和65座，广州天河CBD税收超10亿元楼宇有17座。北京CBD税收亿元楼高达140座，税收超10亿元楼宇有10座，其中单体最高纳税额楼宇年度纳税额高达57亿元。

新一线城市CBD中杭州武林CBD税收亿元楼有55座，为新一线城市CBD之首，武汉王家墩CBD、南京河西CBD、成都锦江CBD税收亿元楼也都超过了20座。其中，南京河西CBD税收亿元楼占比三年间由10%上升至34.48%，发展势头良好。

从企业入驻态势分析，由于既有城市资源、公共服务水平、商务氛围、信息获取等方面的优势，一线城市CBD依然是总部企业和世界500强企业首选之地。新一线城市CBD营商环境大有改善，其中成都锦江CBD总部企业占比最高，而南京河西CBD以其便利交通和优惠政策的优势也逐渐受到企业青睐。

如图3所示，2018~2020年，一线城市CBD依然是总部企业入驻首选。

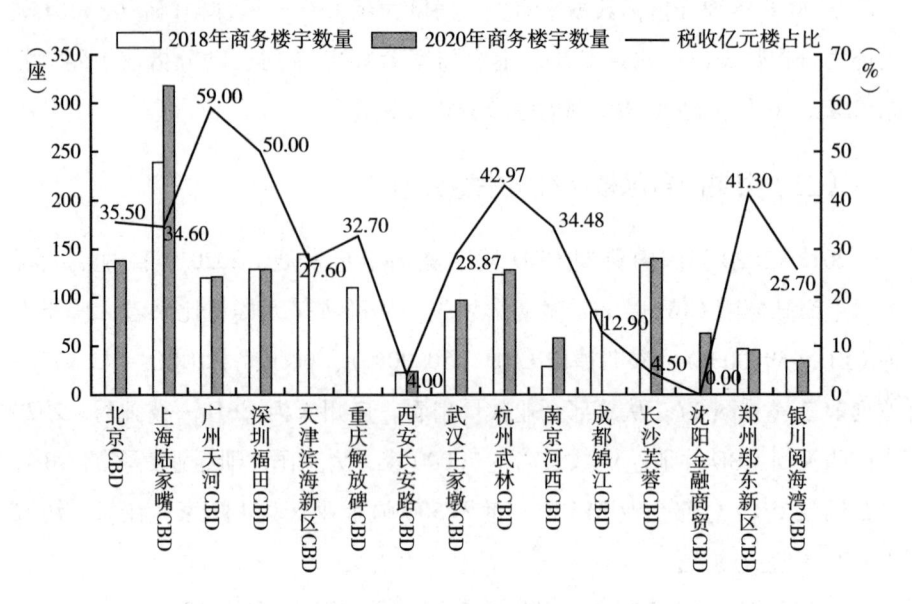

图 2　2018 年和 2020 年中国部分 CBD 商务楼宇情况
（商务楼宇数量、税收亿元楼占比）

注：部分 CBD 所在城市或城区的数据缺失，故未在图中展示。
数据来源：郭亮、单菁菁主编《中国商务中心区发展报告 No.7（2021）》，社会科学文献出版社，2021；郭亮、单菁菁主编《中国商务中心区发展报告 No.5（2019）》，社会科学文献出版社，2019。

截至 2020 年，北京 CBD 总部企业入驻 456 家，新增世界 500 强企业 78 家，其中 4 家为跨国公司地区总部，三年间超 50 家金融机构落户，同时新增资本超亿元的文化企业超过 50 家。上海陆家嘴 CBD 在 2020 年新增持牌金融机构 32 家，新增外资资产管理机构超 100 家，与 41 家企业达成战略合作。广州天河 CBD 截至 2020 年注册企业数量高达 70000 家，为全国注册企业最多的 CBD。2020 年累计有 204 家世界 500 强企业入驻天河区，较 2018 年增加了 61 家，同时新增高新技术企业超 3000 家，经济实力与创新活力依然强劲。截至 2020 年，深圳福田 CBD 企业总量超过 9800 家，有超过 400 家总部企业选择在此落户，新增总部企业 86 家、世界 500 强企业 72 家、"本土制造"世界 500 强企业 4 家。

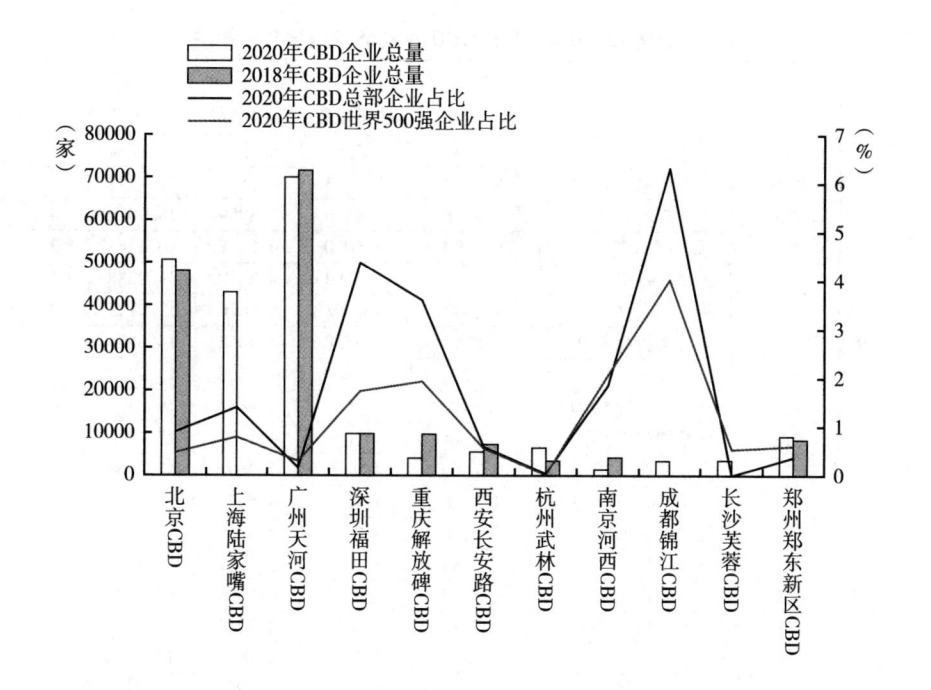

中央商务区高端服务引领城市更新报告（2022）

图3　2018年和2020年中国部分CBD总部企业数量及世界500强企业数量

在新一线城市CBD中，截至2020年，重庆解放碑CBD入驻企业4025家，其中总部企业145家、世界500强企业78家。成都锦江CBD企业总量3405家，其中总部企业215家、世界500强企业137家，为新一线城市CBD之首。郑州郑东新区CBD企业总量9169家，数量接近深圳福田CBD，相较2018年新增企业824家。该CBD目前有总部企业34家、世界500强企业55家。

（四）中央商务区营商环境指数评价

营商环境指数分为经济与产业结构环境指数、人口与生活环境指数以及商业运作环境指数，详见表2。

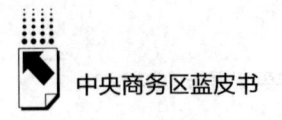

表 2　2018~2020 年 13 个 CBD 营商环境指数及分指数

年份	类别	CBD	经济与产业结构环境指数	人口与生活环境指数	商业运作环境指数	营商环境指数	排名
2020	一线城市CBD	北京CBD	5.6167	5.7384	5.5212	16.8764	2
		上海陆家嘴CBD	5.1683	5.1923	6.6566	17.0172	1
		广州天河CBD	5.6238	5.4614	4.8959	15.9812	4
		深圳福田CBD	6.1090	5.5000	4.8277	16.4367	3
	新一线城市CBD	天津滨海新区CBD	4.4154	4.7594	4.8540	14.0288	5
		西安长安路CBD	4.2143	4.8903	4.1676	13.2721	9
		重庆解放碑CBD	4.8747	5.3528	4.4358	14.6633	3
		杭州武林CBD	5.4380	5.0444	4.8508	15.3332	2
		武汉王家墩CBD	4.3912	4.7954	5.4453	14.6319	4
		成都锦江CBD	4.6514	4.1039	4.7370	13.4923	8
		南京河西CBD	5.1160	4.9803	5.4699	15.5663	1
		沈阳金融商贸CBD	4.5708	4.8587	4.5147	13.9442	6
		长沙芙蓉CBD	4.8104	4.3227	4.6234	13.7565	7
2019	一线城市CBD	北京CBD	5.6353	5.7804	5.4701	16.8858	2
		上海陆家嘴CBD	5.7195	5.6269	6.5968	17.9432	1
		广州天河CBD	5.7572	5.3946	4.9214	16.0732	4
		深圳福田CBD	6.0313	5.3740	4.7977	16.2030	3
	新一线城市CBD	天津滨海新区CBD	4.2914	4.6904	4.7963	13.7780	6
		西安长安路CBD	4.1954	4.8525	4.1980	13.2460	8
		重庆解放碑CBD	4.8260	5.2485	4.4301	14.5046	4
		杭州武林CBD	5.2792	4.9867	4.9212	15.1871	2
		武汉王家墩CBD	4.2123	4.8480	5.6017	14.6620	3
		成都锦江CBD	4.7221	3.5686	4.8152	13.1059	9
		南京河西CBD	4.9822	4.9524	5.4394	15.3741	1
		沈阳金融商贸CBD	4.5142	4.6530	4.4894	13.6566	7
		长沙芙蓉CBD	4.8339	5.0238	4.5227	14.3804	5
2018	一线城市CBD	北京CBD	5.5895	5.8029	5.4847	16.8771	2
		上海陆家嘴CBD	5.7287	5.5919	6.6115	17.9321	1
		广州天河CBD	5.7406	5.4146	4.9398	16.0950	4
		深圳福田CBD	5.9881	5.4078	4.8282	16.2241	3
	新一线城市CBD	天津滨海新区CBD	4.4530	4.7619	4.6187	13.8336	5
		西安长安路CBD	4.2302	4.8717	4.2704	13.3723	7
		重庆解放碑CBD	4.8097	5.1747	4.4713	14.4557	4
		杭州武林CBD	5.3194	5.0359	4.8771	15.2323	1
		武汉王家墩CBD	4.1777	4.8685	5.6321	14.6784	3
		成都锦江CBD	4.7851	3.6111	4.8416	13.2377	8
		南京河西CBD	4.7480	4.9715	5.4812	15.2007	2
		沈阳金融商贸CBD	4.5777	4.4403	4.4505	13.4686	6
		长沙芙蓉CBD	4.8521	3.7290	3.2636	11.8448	9

数据分析表明，2018~2020年我国典型城市CBD营商环境均有显著提升。

一线城市CBD中，上海陆家嘴CBD、北京CBD、深圳福田CBD继续领先。上海陆家嘴CBD商业运作环境指数领先，北京CBD人口与生活环境指数表现突出，深圳福田CBD经济与产业结构环境指数表现优秀，这主要得益于区域良好的产业结构和科技创新环境。

2020年，上海陆家嘴CBD商业运作环境指数居首位。上海陆家嘴CBD金融机构本外币贷款余额、实际利用外资金额、财政收入支持能力、货物运输量均排名第一。北京CBD人口与生活环境指数居首位。深圳福田CBD城镇居民人均可支配收入领先，且人均GDP、每万人专利授权量两个指标表现突出，反映出深圳福田CBD经济环境良好，创新氛围浓厚。广州天河CBD货物运输量指标表现良好。

9个新一线城市CBD的营商环境形成梯级发展态势。杭州武林CBD、重庆解放碑CBD、天津滨海新区CBD、南京河西CBD等逐步形成新一线城市CBD中的第一梯队，排名靠前。杭州武林CBD经济与产业结构环境指数在2018年、2019年、2020年均位居新一线城市CBD第一。

四　2022年中央商务区高端服务引领城市更新路径分析

2022年，面对新发展阶段和新发展格局，我国各CBD深入推进高端服务创新发展，着重从高端服务路径创新、制度创新和企业创新三方面引领城市产业更新和优化发展。

其中，CBD高端服务路径创新，以对外开放、产业升级、业态发展、模式创新为线路，研判当前宏观形势下CBD高端服务引领城市高质量发展的思路和举措；CBD高端服务制度创新，以制度性交易成本、市场竞争、人力资本和资金支持四种影响机制为分析角度，探讨提升CBD高端服务业竞争力以引领城市功能区更新发展的对策；CBD高端服务企业创新，则以

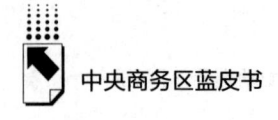

北京证券交易所服务"专精特新"企业为分析原点，探讨发展递进融资、私募股权、成果转化、权益配置等专业服务，从而引领城市微观企业高质量发展。具体分析路径如图4所示。

```
                    2022年中央商务区高端
                    服务引领城市更新三维
                           形态
       ┌───────────────────┼───────────────────┐
     路径创新              制度创新              企业创新
  对外开放、产业升级、   制度性交易成本、市场    递进融资、私募股权、
   业态发展、模式创新    竞争、人力资本、资金支持  成果转化、权益配置
```

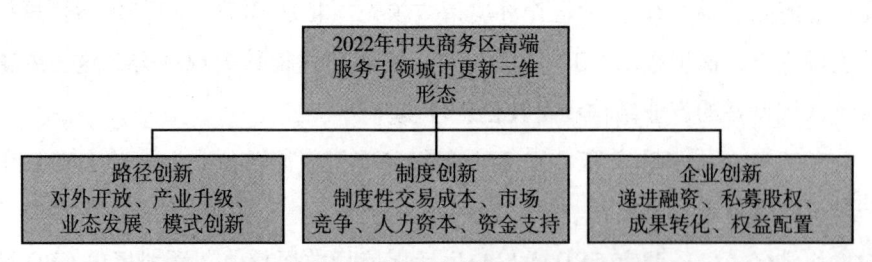

图4　2022年中央商务区高端服务引领城市更新路径

（一）CBD高端服务路径创新引领城市更新

高端服务依托高端服务业，包括金融业、科技服务业、信息服务业、商务服务业和文体娱乐业等产业而向社会提供高端、特需、个性化服务，具有高层次、较强外溢效应和低能耗等现代服务业特征，被认为是未来产业发展的重点方向和新增长极，并被赋予带动全国服务业和其他产业转型发展的重要使命。

高端服务以一定的功能区为依托。CBD是城市功能核心，在经济体量、产业结构、城市配套、营商环境等方面具备显著优势，资金流、信息流、知识流和服务流汇集，是高端服务的重要发展载体和依托平台。因此，CBD高端服务和产业增长对新常态阶段的经济高质量发展以及引领城市产业升级更新具有重要战略意义。

近几年来，在我国经济步入新常态的背景下，各地典型CBD充分发挥区位优势，以加快改革开放和实施供给侧结构性改革来对冲压力，高端服务业从中获得更多发展机遇，在对外开放、产业升级、业态发展、模式创新等方面取得了显著成效。

1. 对外开放成效显著

面对国家现代服务业对外开放和国内自由贸易区不断发展的现实情况，CBD先后尝试注重高端服务业开放与创新体系建设，不断加强自贸试验区

国际商务与区域平台建设，探索简化准入前国民待遇、外资准入、负面清单管理、外企备案管理、商事制度改革等市场环节，不断完善知识产权保护与快速反应机制，营造良好的国际人才评价与服务保障等营商环境，逐步健全以贸易便利、投资便利为重点的服务业扩大开放政策制度体系，建设与国际高标准经贸规则相衔接的服务业开放体系和制度创新体系，CBD服务业对外开放和制度创新取得显著成效。

近年来，各地CBD充分利用高能级开放载体及平台（见表3），拓展对外交流渠道，全球功能性机构不断集聚，金融、商务服务、文化、科技、信息等现代服务深化发展，有力加快了我国全球服务层级和服务平台的构建进程，对外开放日益深入，外资利用成效显著。例如，2020年北京CBD外资利用规模达到55亿美元，显示了CBD高水平对外开放的层次和规模。

表3 代表性CBD列入自贸试验区情况

代表性CBD	自贸试验区
北京CBD	北京自贸试验区国际商务服务片区
上海陆家嘴CBD	上海自贸试验区陆家嘴金融片区
深圳前海CBD	广东自贸试验区前海蛇口片区
天津滨海新区CBD	天津自贸试验区滨海新区中心商务片区
郑州郑东新区CBD	河南自贸试验区郑州片区
重庆江北嘴CBD	重庆自贸试验区两江片区
四川天府总部CBD	四川自贸试验区成都天府新区片区
长沙经开区CBD	湖南自贸试验区长沙片区

2.产业能级稳步提升

党的十九大以来，各CBD高端服务业集聚水平不断提高，经济效益一直保持在较高水平。目前，CBD已经成为国际组织、跨国公司、总部机构等高端服务载体的集聚地。例如，北京CBD目前聚集了北京全市30%的五星级酒店、50%的国际会议、70%的国际金融机构、80%的国际组织与国际商会、90%的国际传媒机构、90%的国际商务展览，高端服务集聚效应突出。

在经济效益层面，2020年广州天河CBD、深圳福田CBD和北京CBD地区生产总值分别为 3328 亿元、2400 亿元、1795 亿元，分别以 0.16%、4.00%、0.48%的空间创造了全市约 13.30%、8.70%、4.97%的生产总值[①]，是当之无愧的城市和区域经济增长极。

同时，高端服务业处于服务业价值链高端环节，通过产业关联向相关行业提供信息服务、研发服务和技术咨询等高端服务，有效带动了城市和区域的产业结构优化升级，形成了对区域经济的辐射与带动。

3.新兴业态加快发展

面对第四次工业革命机遇，各地 CBD 充分利用数字贸易、跨境电商等新兴产业和网络信息技术对传统服务业进行全面赋能与升级改造（见表4）。北京、上海等城市数字经济发展成效显著，信息产业与服务业的全面融合成为 CBD 经济发展的重要特征及新动能。

其中，上海虹桥 CBD 以数字贸易为突破，依托"全球数字贸易港"，已建成上海阿里中心智慧产业园、虹桥跨境贸易数字经济中心、长三角电子商务中心等园区，正在打造成为我国数字贸易成长中心。依托国家数字服务出口基地，广州天河 CBD 正积极推动数字技术与服务贸易深度融合，搭建科技并购国别服务节点。北京城市副中心运河商务区积极吸引国内国际新一代信息技术、软件与信息服务、人工智能等产业要素，依托国家网络安全产业园打造全国网络安全产业聚集区。

表4 代表性 CBD 数字经济发展情况

代表性 CBD	发展情况
北京城市副中心运河商务区	立足国家网络安全高端产业集聚示范基地以及网络安全领军人才培育基地，主要承担网络安全产业集聚发展、产品服务创新及应用、网络安全人才培育等任务
上海虹桥 CBD	依托长三角电子商务中心、临空经济示范区国家数字服务出口基地、阿里智慧贸易园区等发展数字贸易
广州天河 CBD	依托国家数字服务出口基地，打造数字服务出口支撑平台，扩大数字服务行业对外开放，发展离岸数字服务贸易

① 数据来源于 2021 年广州、深圳、北京三市统计年鉴。

续表

代表性 CBD	发展情况
广州琶洲 CBD	基于琶洲人工智能与数字经济试验区,集聚数字科技、人工智能及文化传媒头部企业,推动"数字+会展+总部+高端商贸"融合发展
杭州武林 CBD	推进数字零售模式创新,鼓励大型商贸零售企业开展智能化、场景化改造
银川阅海湾 CBD	依托中阿经贸合作先行区以及中阿跨境贸易电商交易平台及支付平台,推进跨境贸易的专业化、高效化和便利化
四川天府总部 CBD	助力国家数字经济创新发展,以成渝(兴隆湖)综合性科学中心为统揽、三大国防领域实验室为核心,支撑成都数字经济产业形成核心竞争力,奋力打造引领中西部的数字经济新高地

4. 服务模式不断创新

为培育服务业发展新动能,CBD推出首店经济、夜间经济、网红经济、体验经济等新型服务模式,着力推动服务业高质量发展。

例如,为创造需求,北京CBD大力引进高端品牌"首店"、概念店、主力店,加大首发首秀活动的支持力度,吸引众多国内外一线品牌总部机构在CBD落地,不断汇聚全球高端知名品牌,建立了"首店"优势。截至2021年上半年,北京CBD引入亚洲首家史瓦兹玩具旗舰店、法国高端香氛品牌凯立安、Pierre Marcolini、蒂芙尼咖啡等品牌首店175家,约占北京全市的40%[①],在各大商圈中占据明显领先地位。自2018年以来,上海明确提出"打造全球新品首发地",上海虹桥CBD积极出台首发经济支持政策,对新品首发等进口贸易高端活动费用最高支持80万元。

为发展夜间经济和网红经济,杭州武林CBD积极推广"潮武林不夜城""运河湾国际风情港",打造了"延安路武林商圈"以及"新天地活力PARK"两大夜地标。长沙芙蓉CBD则从特色餐饮入手,于"长沙不夜街"和"长沙不夜城"打造了IFS、万家丽国际MALL、沁园美食街等一系列知名夜间经济"名片",吸引了全国各地游客来长沙消费,提升了夜

---

① 《壮大首店经济 繁荣城市消费》,中国商务新闻网百家号,2020年10月1日,https://baijiahao.baidu.com/s?id=1712297392678354694&wfr=spider&for=pc。

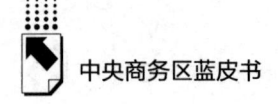

间经济集聚区影响力，而湖南米粉街也成为网红消费新热点。宁波南部商务区创新经营模式，由专业商业运营团队负责策划及运营，政府则强化政策支持、基础设施服务和监管保障，以政企合作模式成功打造"鄞州之夜"夜市，形成了一个集美食、文创、音乐于一体的市集综合体，网红效应突出。

在体验经济方面，上海虹桥CBD积极打造以松下居住体验中心等为代表的形象店、体验店，同时支持设立市场化运作的零售创新孵化平台和商业技术应用服务平台，促进智慧零售、跨界零售及绿色零售等新零售、新模式发展。北京CBD高端百货的代表SKP创新购物模式，为顾客提供沉浸式购物体验。在零售业普遍面临挑战的今天，北京SKP逆势成为全球最具标志性的时尚奢侈品百货之一，被誉为"中国高端商场的示范性样本"。

（二）CBD高端服务制度创新引领城市更新

制度创新主要指社会政治、经济和管理等方面制度的革新，具体内容包括对人们行为关系规则、组织与其外部环境相互关系的变更等。随着制度的更新和演变，社会资源被重新配置，资源配置的优化将推动经济稳步增长。当前，北京"两区"建设是我国新一轮制度创新试验的前沿，其目的是打造对外开放与制度创新新高地。

以北京CBD为例。根据《北京自由贸易试验区国际商务服务片区朝阳组团实施方案》（以下简称《方案》），北京CBD中心区旨在建立与国际通行规则相衔接的国际性贸易促进体系，畅通国际化商务通道，打造国际金融开放前沿区、跨国公司地区总部和高端商务服务集聚区。自2021年《方案》印发实施以来，已有一系列政策和重点产业项目落地。

《方案》推动建立了五大便利化制度创新体系：一是投资便利化，全面落实外商投资准入前国民待遇加负面清单管理制度；二是人才服务便利化，设立北京CBD国际人才一站式服务平台，便利海内外人士办理工作和居留许可，推行来华外籍人才薪酬购付汇便利化业务，开展国际保险实时结算等；三是数据交互便利化，建立北京国际大数据交易所，创新交易模式，打造数字贸易生态；四是贸易便利化，搭建全市首家跨境贸易投资风险管理与法律综合服务平台；五是资金流动便利化，北京市首批、北京 CBD 首个本外币一体化试点账户落地，实现各币种统一账户收付款管理。

一系列制度创新成果在一定程度上促进了北京 CBD 功能区高端服务业的发展，影响机制主要包括以下几个方面。

1. 制度性交易成本渠道

高端服务业发展受到营商环境的制度性制约较强。营商环境越好的地方，规章制度的科学性越高，制度摩擦越低，从而制度因素给高端服务业企业带来的不必要支出也越低，企业的活力将越强。

北京 CBD 功能区针对优化区域营商环境的问题进行了一系列制度创新，从而有效降低了高端服务企业面临的制度性交易成本，为其发展营造了良好的生存环境。例如，创新推进"一窗式"改革，全力为企业提供集成式服务，减少了办理环节、缩短了办理时限。当前，实现一窗通办的主题事项已经超过 200 个，企业在"联动联办"服务现场最长 4 个小时就可以领到营业执照。推出"跨省通办"服务，企业无须线下亲自跑，只需要通过"一网通办"服务平台便可以跨省办理 91 个政务服务事项。优质高效、规范透明、宽松便捷的营商环境为高端服务业的发展营造了良好的外部环境。

2. 市场竞争渠道

扩大高端服务业开放是驱动国内高端服务业企业发展的一个重要渠道。由于服务业涉及"商业存在"，同时面临着"市场准入"与"市场规制"的问题，开放难度较大。

北京 CBD 是服务业重要聚集区，是服务业开放的关键阵地。通过先行先试一系列制度创新，北京 CBD 功能区高端服务业有序发展。在 2019 年 1 月国务院批复《全面推进北京市服务业扩大开放综合试点工作方案》后，北京率先推出服务业开放"3.0 方案"，旨在对标伦敦、纽约等服务业发达城市，探索新的开放路径。随着方案的实施，北京 CBD 先后成立了北京国际 CBD 生态联盟、世界 500 强与跨国公司智库联盟等组织；中意财产保险、ABB（中国）投资有限公司等国际投资公司，德勤创新孵化中心等国际企

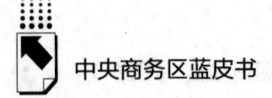

业也相继落户；落实支持跨国公司自建或共建研发机构、在境外设立孵化基地等政策，创新性地推出了外资审批登记一体化、面向服务业外籍人才出入境"新十条"等，在服务领域全面推进更深层次的扩大开放，构建开放型经济新体制。

3. 人力资本渠道

高端服务业依托信息技术发展，具有技术密集性特征，其发展离不开具备专业知识的高技能、创新性、国际化的高素质人才。因此，培养和引进一批拥有专业知识的高层次人才便成为我国发展高端服务业的关键。

为支持"两区"建设，北京CBD构建了人才"引用育留"全链条服务体系，为北京CBD高端服务业的发展提供了充足的人才资源。在人才政策方面，实施分层分类"凤凰计划"，评选认定具有国际影响力和知名度的"杰出人才"，在科技、商务、金融等领域处于领先水平的"领军人才"，以及具有发展潜力的"青年拔尖人才"；专门打造"CBD国际人才港"和"国际人才一站式服务平台"，拓展国际人才服务机制，便利国际人才的跨境流动；此外，定期举办北京CBD人才发展双月坛，专门围绕CBD区域如何引才留才的问题展开深入探讨，为北京CBD功能区高端服务业发展提供了有力支撑。

4. 资金支持渠道

为支持高端服务业发展，北京CBD推出了若干与产业发展相关的资金支持政策。在商务服务业方面，对落户本区的新设立或新迁入的国际知名商务服务企业，按照区级可控财力的50%给予企业一次性奖励，并提供办公用房补贴，对于贡献排名靠前的企业给予资金奖励，对于开办会展和构建商务服务平台的企业也提供了不同金额的资金支持。在金融业方面，对于新注册、新迁入的金融机构总部，根据其实收资本规模给予一次性落户奖励；结合"国际再保险中心"定位，对外资再保险公司提供补助；支持外资金融类亚太区、大中华区控股公司及外资金融机构集聚发展；推动金融机构设立专营机构或专业子公司，对经国家金融监管部门批准在朝阳区新注册设立或新迁入的独立纳税的银行专营机构，给予500万元一次性落户奖励；为金融机构提供购房和租房补贴等。一系列资金支持政策有利于缓解企业资金压力，对吸引更多国际优质企业落户、助力北京CBD打造国际一流商务区具有重要作用。

（三）CBD高端服务企业创新引领城市更新

微观企业创新是中观产业更新和宏观城市更新的源头活水。当前，"专精特新"企业发展已经成为创新经济和城市活力更新的重要组成部分。自2021年9月3日注册成立以来，北京证券交易所（以下简称北交所）市场规模与融资需求快速扩张。据统计，一年来北交所上市企业达到110家，且战略性新兴产业及先进制造业等重点领域占比达到80%。此外，国家级专精特新"小巨人"企业达到23家。110家上市企业累计融资规模超过了235亿元[①]，且借助注册制的试点优势，北交所上市企业的平均发行上市时间明显缩短，为不少中小企业拓宽了融资渠道。

北交所在与主板、创业板、科创板、新三板、区域股权市场共同构建的多层次资本市场体系中，定位为服务创新型企业，其典型代表为"专精特新"企业。北交所力图解决"专精特新"企业面临的融资难、孵化资金退出难以及创新成果转化难的问题，为企业提供递进式融资、对接私募股权完善多层次资本市场、促使成果转化并为居民理财提供权益资产配置选择。

1. 提供递进式融资

北交所充分考虑"专精特新"企业特征，设置四套上市标准，突出"更早、更小、更新"的定位，体现了北交所与创业板、科创板的对照和补充，有利于解决"专精特新"企业孵化"最后1公里"的问题。截至2022年6月14日，北交所上市企业中有21家属于国家级专精特新"小巨人"企业，占比超20%[②]。

新三板企业在北交所通过"基础层—创新层—精选层—转板"的路径

---

① 《北交所成立一周年"成绩单"：110家上市企业融资超235亿元》，新浪财经百家号，2022年9月1日，https://baijiahao.baidu.com/s?id=1742789393207655235&wfr=spider&for=pc。
② 北交所上市企业名单来源于Wind，"专精特新"三批企业名单来自工信部。

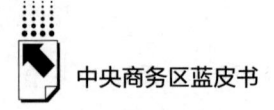

完成上市。北交所上市的企业可直接转板至科创板或创业板上市，转板制度与精选层转板制度基本一致。基础层、创新层和北交所递进式的融资结构可以对不同阶段的中小企业进行培育。数据显示，截至2022年5月末，北京股权交易中心已完成基金份额转让21单、交易份额37.41亿元、交易金额34.02亿元。①

2. 对接私募股权

2020年12月，国务院复函同意在北京区域性股权市场开展私募股权基金份额转让试点，拓宽股权投资和创业投资的退出渠道。北交所上市退出渠道是连接私募股权市场与创业板和科创板的另一条通道，提供了私募退出的多层级递进式选择，由此也提供了多元化投资标的与差异化的估值定价体系。

（1）已投项目有了多层级退出选择。"专精特新"企业不仅可以通过进入新三板"精选层"在北交所上市，再通过北交所转板至科创板或创业板，也可以在"精选层"孵化后直接进入科创板或创业板。由此，北交所给了企业更多的上市选择以应对孵化过程中的不确定性，从而有更多的企业愿意在新三板孵化，也为私募股权投资机构提供了更多的退出方式。

（2）多层次市场培育更多优质标的。有效的退出机制将促使"基础层—创新层—精选层—转板"机制更为顺畅，由此多层次市场能培育更多优质项目，私募股权基金也有了更多通过定增或交易所买入来获得优质资产的选择。

3. 促进创新成果转化

北交所的发展将带动创新资源集聚和创新生态营造，提高科技成果转化效率。同花顺iFinD数据显示，截至2022年6月28日，A股337家"专精特新"企业共有96149项专利，其中专利数量超100项的企业有260家，占比达到77.15%，反映了"专精特新"企业的科技底色。创新成果转化呈现

---

① 《全国首部明确区域性股权市场开展私募股权的地方立法出台》，天府股交，2022年7月7日，https://www.tfse.com.cn/news/news_detail/infoid/24397。

两个特征。

第一，创新成果转化主要集中在补短板、强民生领域。从行业分布情况来看，目前"小巨人"上市企业分布于21个细分行业，其中机械设备制造业的"小巨人"上市企业最多，达92家；电子设备制造业和基础化工制造业分列第二和第三，分别有49家和48家。从专利总量来看，机械设备制造业专利有27382项，位居第一；电子设备制造业专利总数为11328项，排在第二位；基础化工制造业专利总数为7978项，排在第三位。

第二，创新成果转化主要集中于经济发达地区。截至2022年6月28日，全国专利总量前十名中，中东部省份占据7名，尤其以江苏、广东、北京、上海最多，专利总量分别为14391件、12695件、10848件、9754件，企业数分别为68家、51家、25家、35家。

4. 提供权益资产配置选择

目前A股投资者数量已突破2亿，即每7人中有1人是股票市场投资者。北交所的成立与发展开拓了投资者资产配置渠道。北交所上市的企业具有"更早、更小、更新"的特点，这意味着投资这些企业将获得更多成长性红利。从投资企业成长性角度看，"小"就是机遇。2004年6月16日，腾讯在港股上市市值为62亿港元，到2022年7月4日市值已达3.34万亿港元（按照当日收盘价），是18年前的539倍，这给投资者带来了丰厚的回报。

在北交所上市的企业在转板后流动性水平也有显著改善。在北交所连续上市一年以上（精选层挂牌时间与北交所上市时间合并计算）且符合科创板或创业板上市条件的可以申请转板，因此有转板预期的企业具备一定的投资机会。

此外，北交所给投资者提供了打新与战略配售的机会。科创板与创业板在网下投资者询价环节最高价剔除比例已由此前的10%调整为1%~3%，而北交所在网下投资者询价环节最高价剔除比例为5%，超额申购15倍以上时为10%。剔除机制上存在的博弈空间，意味着具备较高的打新收益率。

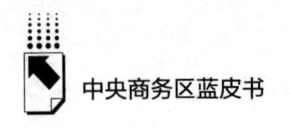

五 2022年中央商务区高端服务引领城市更新发展实践分析

2022年，立足新发展格局，我国各地CBD深入推进高端服务业发展引领城市更新，在工作顶层设计、产业更新升级、区域功能完善、城市形象提升以及机制体制深化等方面，都展开了特色丰富的发展实践。

（一）北京CBD：科技赋能打造"两区"建设新高地

近年来，北京CBD充分发挥中央商务区高端服务的经济核心作用，通过科技赋能等工作，不断推进"两区"建设等城市更新行动。

1. 科技赋能北京CBD创新转型和区域更新

北京CBD所在的朝阳区以"为CBD注入科技元素"为导向开展创新转型，通过布局望京新经济活力区、文创园等不同主题的新空间载体，为经济发展注入新科技、新动能、新活力；牢牢抓住冬奥会等重大机会，形成高精尖产业体系；按照腾退拆除、改造升级、转移疏解的思路，利用空间更新为文创产业注入创新元素，为CBD提升了发展空间。

北京CBD所在朝阳区创新转型的主要路径有以下三个方面。[①]

（1）推动高精尖产业和高端服务融合发展。

突出中关村朝阳园的创新引领核心地位，大力发展大数字经济产业集群，在工业互联网、集成电路、人工智能、网络安全、空间地理信息领域形成发展优势。吸引国际高端企业和总部企业资源集聚，在奔驰、西门子、默沙东、阿里等一批龙头企业的带动下，推进全球创新资源集聚，形成电子信息、先进制造、生物工程与新医药等高精尖产业布局。

---

① 岑贝：《北京朝阳区：以科技创新赋能CBD高质量发展》，长城战略咨询公众号，2022年5月23日，https://mp.weixin.qq.com/s?__biz=MjM5MTA4ODU4MQ==&mid=2656580670&idx=1&sn=637b562b5a17123e63a0e3e8a8b05994&chksm=bd167e948a61f7825d4dce28c862302e7017d92c4ab75bc6823af443fac1544dc11cc22e146c&scene=27。

加快产业转型，在原有 CBD 布局中注入科技元素。北京 CBD 加快产业升级步伐，加强科创元素导入，以培育数字产业集群为引领，以赋能传统产业升级为重点，聚焦新一代信息技术与 CBD 优势产业的融合方向，大力发展互联网金融、金融科技、数字文娱等新业态，推动产业功能延伸、产业业态重组，全力打造数字经济示范区。强化金融投资基础支撑，建设高质量创投集聚区。已建成红杉中国科技创新孵化中心等创投区，共有 24 个创投项目和 3 个专业服务机构入驻。

除此之外，持续强化高端商务、高端文化品牌建设。北京 CBD 结合首都对外交往窗口定位，高频组织中外跨国公司 CEO 圆桌会议、世界城市建设国际论坛、跨国公司中国论坛等一系列深层次国际性商务活动，以全球化视野开展艺术季、影像季、云展厅等文化艺术活动，连续 22 届举办北京 CBD 论坛，将其打造成北京市最具影响力的国际交流活动之一。

功能承接，嵌入"新经济活力区"增长极，承接北京 CBD 产业功能溢出。大望京科技商务区等新兴产业园作为承接北京 CBD 产业功能外溢的主要区域，凭借低成本的办公空间、成熟的产业集群、高水平的创业人才和浓厚的国际化商业氛围，成为新潮互联网科技企业和文化企业首选区。

大望京科技商务区作为朝阳区创新转型中的一个重要的经济增长极，聚焦科技人士、外籍人士、文化人士宜居宜业需求，规划建成 1.3 平方公里高品质空间，打造了保利国际广场、望京 SOHO 等一批低成本办公空间，以及以"望京小街"为代表的高品质网红商圈，成功吸引了北京约 1/3 的外籍人士和高达 65% 的高收入人群，吸引了众多新潮互联网科技与文化企业集聚，成为助力朝阳区发展的"新经济活力区"、跨国公司总部级研发中心集聚地、北京独角兽企业第三集聚地。

（2）以新场景、新企业、新基建加快衍生技术创新和新兴产业发展。

新场景开放。发挥特大城市场景资源丰富的优势，2020 年朝阳区发布《朝阳区加快新场景建设行动方案（2020—2022 年）》，聚焦重点区域，建设场景新示范，重点建设"科技冬奥"智能体验园区，提升数字化消费场景。利用区内国家速滑馆、国家游泳中心、国家体育馆共 3 家冬奥会竞赛场馆，推动云计算、数字化3D重建等技术落地，为数字创新产品提供合适的验证场地和广阔的展示舞台，助力智慧场馆打造。

新企业培育。近年来，朝阳区独角兽企业发展态势良好，数量和质量均位居北京乃至全国前列。2021年9月，朝阳区推出"独角兽企业加速计划"，进一步激发区内企业活力，提升新经济产业能级。截至2020年底，朝阳区拥有独角兽企业27家，总估值662.4亿美元，分别占全市的32.9%和13%。这些企业主要分布在科学研究和技术服务业以及信息传输、软件和信息技术服务业（共21家）。其中，猿辅导估值170亿美元，上榜超级独角兽名单。百信银行、元气森林、Keep、火花思维、十荟团、雪球财经、美术宝7家新晋独角兽企业，占全市新晋独角兽企业的四成以上[1]。

加快新基建。2020年朝阳区发布《朝阳区加快新型基础设施建设行动方案（2020—2022年）》，利用云计算等新基建项目，吸引了AI、人工智能等高精尖产业集聚。目前全区累计开通5G基站4000余个，长安街延长线、北京CBD核心区、奥林匹克公园等重点区域已实现专项覆盖。

（3）以文化科技融合塑造城区形态和内容。

作为全国老旧厂房的重要聚集区和保护利用先行区，朝阳区以建设国家文化产业创新实验区为抓手，实施"文化+科技+金融"全面改革创新，通过工业厂房改造利用等方式，在保留原有空间特色与工业设施的基础上，为载体植入新内容。

同时，出台文创园转型保障措施与鼓励文创园文化产业发展措施。建立全国首个老旧厂房协同发展联盟，发挥朝阳区的引领和辐射带动作用；实施文化产业"百园工程"，打造文化产业集群，鼓励、引导园区或基地建设文化科技产业园区、文化科技企业总部基地；进一步提升文化产业能级，鼓励文创产业园区建设创意办公空间、城市书屋等，打造产业生态。

目前已有60余家老旧工业厂房升级改造为文创产业园区。以文创园建

---

[1] 《朝阳区21家科技企业上榜2020年中国独角兽企业名单》，搜狐网，2021年4月30日，https：//www.sohu.com/a/463949482_121106842。

设为基础，朝阳区文化创意产业集群和新兴赛道规模引领全国，培育出了数字内容、新媒体、电子竞技等领域的一大批独角兽企业。

2."两区"建设推进开放更新

北京CBD依托国家服务业扩大开放综合示范区和中国（北京）自由贸易试验区，积极开展各项工作，通过高端服务不断引领CBD和北京城市更新升级。

（1）积极推进高端产业发展和商务功能提升。

强化顶层设计。积极研究编制重点园区三年行动计划，聚焦"高水平投资+消费升级+高水平贸易"的新需求，结合"贸易投资便利化+跨境资本收支便利化"等"两区"制度创新推进供给侧改革。结合全市"两区"重点园区建设要求，突出"三个一批+四个一套"（即一批园区三年行动计划、一批体制机制改革、一批功能提升行动，一套园区服务体系、一套招商推介体系、一套形象提升工程、一套园区评价体系），以"谋划布局产业赛道、激发培育经济增长点"为抓手，实现"战略-路径-项目-政策"的闭环，促进北京CBD到CAZ的跨越式升级。

深化体制机制。一是推动CBD国际招商公司市场化、专业化运营，构建精简高效的管理机制。金盏国际合作服务区管委会成立平台公司，搭建"管委会+平台公司"管理架构，全面参与园区规划、建设、招商及服务等各项工作。二是筹建北京CBD总商会。充分发挥区域企业资源优势，强化政企交流，促进"以商招商"，创新"区域共治"。三是创新利益共享机制。联合专业招商机构（比如世邦魏理仕、仲量联行等）、国内行业协会、外国商会等第三方机构建立合作机制，与政府"七清单"（比如空间资源清单、政策清单、目标企业清单等）联动，形成利益共享机制，促进"协会招商"。

完善设施建设。一是强化基础设施建设。东坝大街（东区段）、金盏纵十二路已竣工通车，东高路、东苇路等重点道路将陆续开工或竣工，区域内部道路骨架初步成型；地铁M3线北岗子站、M12线东风站已进场，R4线（一期）也由远期轨道线路调整至近期。二是提升城市环境景观。加强公共服务保障，实行区域片长制，提升保洁、绿化等基础运维项目服务水平；充分利用现有空间资源，打造北京CBD骑士驿站，成立骑手党支部和志愿者组织，实现共管、共治、共享。三是保障使馆区建设。积极对接外交部相关司、局，严格把控第四使馆区工程建设进度，按照"基础先行，配套跟进、分期建设"的思路，聚焦土地移交、道路及市政基础设施建设、使馆区及周边环境治理提升等工作，紧跟项目建设节奏。四是积极打造第二个"三里屯"和"千亿级商圈"。完成第二个"三里屯"产业规划、城市设计等多项专项研究；联合区域内国贸、华贸等15个重点商业项目，华为等12家知名品牌及京港地铁、北京服装学院等成立北京CBD商圈联盟；创新成立"国货、国潮、国牌"孵化器，积极开展北京CBD美食节、咖啡节、商务美食评选等标志性活动。

优化服务体系。一是推进金盏国际合作服务区政企服务中心建设，提供区域"政务、商务、商业"等多种服务，未来可承接园区招商推介、新闻发布等活动。二是建立线上线下"一站式"服务窗口。在现有的CBD招商服务大厅中增开"AEO高级认证""原产地证明打印"等服务窗口，并将全部政务服务线上化，提升企业办事的便捷水平。三是搭建全球招商联络体系。目前已建成上海、香港、新加坡、广州、深圳5个分站，累计组织活动50余次。四是持续践行"管家式"服务。推行"楼宇会客厅"，实现"园区+楼宇"合力招商；定期开展政策宣讲，及时对接企业诉求，为企业提供落户咨询、注册办理、问题协调等服务。

做优做强主导产业。一是大力发展数字经济。紧抓北京国际大数据交易所设立契机，金盏园区已实现近20家数字领域企业落户，推动数字经济产业园落地。在全球数字经济大会上揭牌成立"北京CBD跨国企业数据流通服务中心"，积极构建数据安全产业体系和数据跨境生态体系。发布北京CBD全球创新创业云中心，开创Web3.0时代创新创业新模式，打造创新创业基地。二是打造科技创新生态，推进"中科院（北京自贸试验区）科技成果转化中心"和"中科科技金融国际服务创新中心"建设。三是集聚汽车特色产业，围绕懂车金港汽车项目，带动京港双能、菱云科技等企业落户,常态化举办平行进口车、新能源汽车等主题活动。

实施形象工程。强化企业"自贸试验区"标识,积极支持自贸试验区企业或专营自贸试验区业务的金融机构加注"自贸试验区"字样或成立专营机构。目前区域内已有13家自贸试验区银行、1家保险机构、1家证券机构。

强化宣传推介。一是制作"两区"建设宣传片。围绕区域优势、产业资源、发展成果、未来发展等方面制作宣传片,并借助公共媒体进行传播。二是广泛宣传区域发展情况。积极组织"企业走近CBD"等系列活动,广泛宣传CBD建设发展情况,为园区增加关注度和曝光度。三是拓宽境外宣传渠道。依托中国国际电视台(CGTN),通过多语言进行宣传报道。

(2)持续推进"两区"建设和消费中心城市建设。

下一步,北京CBD将继续加快推进"两区"建设,着力加快推进数字经济、科技创新、现代金融等产业发展,持续做好国际化文章,全力打造未来经济发展新动能。重点开展以下工作。

一是持续推进"两区"建设。积极对标国际高标准和国内先进地区,持续创新研究制度;创新发展路径,围绕区域主导产业和重点产业,加大招商引资工作力度,提升市场化招商格局。

二是加快重点项目建设。积极推进第四使馆区及东金片区中区建设,加快推进金盏基础设施建设。推动CBD核心区重点项目建设,力争公共绿地广场年底前实现景观亮相;持续优化文化设施项目的功能布局,完善项目社会化运营管理实施方案。

三是持续聚焦国际消费中心城市建设,率先打造千亿级商圈。积极办好北京国际合作高峰论坛暨北京CBD国际商务节系列活动及影像季、音乐季等特色文化品牌活动,提升区域公共文化品质,赋予商圈新内涵。

四是持续加快建设数字经济生态,探索未来经济新增长点。完善数字孪生CBD平台建设,打造更加真实、更具吸引力的CBD"云购物"虚拟空间。挖掘新应用场景,与企业建立合作共享机制,推动平台自发生长,拓展虚拟会议、政务办理、旅游等场景应用。

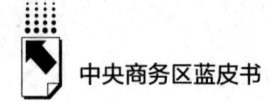

五是持续构建全球招商联络体系，构建全民招商生态。与国际组织、行业协会等深度合作，逐步扩大招商体系，形成招商生态环境；梳理"国际金融、高端商务、科技创新"等产业上下游重点关联企业，结合GaWC的研究数据，精准获取具有良好发展潜力或高成长性的企业的名单，绘制"产业链图谱"和"招商引资地图"，培育一批具有创新活力的科技型企业，打造一批具备国际化创新视野的总部企业。

（二）上海陆家嘴金融城建设国际金融中心核心区

2021年8月12日，《自贸试验区陆家嘴片区发展"十四五"规划》（以下简称《规划》）正式发布。《规划》显示，"十四五"时期，陆家嘴将进一步强化国际化水平最高、生态功能最完整、营商服务最优三大优势，加快建设全球人民币金融资产配置中心、世界级总部功能集聚高地和国际化一流营商环境示范区，将陆家嘴金融城建设成为上海国际金融中心核心区和与中国国际地位相匹配的国际一流金融城。①

1. 经济总量突破5000亿元

"十三五"时期，陆家嘴全力推进产业功能集聚提升，全面优化综合营商环境，经济社会发展取得显著成效。2020年，陆家嘴区域经济总量突破5000亿元，其中金融业增加值达到3585亿元，较"十二五"期末增长123.2%，吸引内、外资企业数量和金额均较"十二五"期末实现较大增长。总部经济、楼宇经济实现跨越式发展，陆家嘴金融城品牌国际影响力显著提升。

截至2020年底，陆家嘴集聚了12家国家级要素市场和金融基础设施、6000多家中外金融机构，其中持牌类金融机构901家，占全市60%，集聚了全国40%的外资法人银行，36%的中外合资公募基金管理公司以及23%的保险资管机构，全国87%的期货公司和76%的证券公司在陆家嘴都设有机

---

① 《浦东新区人民政府关于印发〈自贸试验区陆家嘴片区发展"十四五"规划〉的通知》，上海市浦东新区人民政府网，2021年7月28日，https://www.pudong.gov.cn/ghjh_zxgh/20211211/340186.html。

构。全国首家新设外资控股券商（摩根大通证券）、首家外商独资公募基金公司（贝莱德基金）、首家外资保险控股公司（安联保险控股）等一大批标志性金融领域开放项目落地陆家嘴。

74家国际资管机构在陆家嘴设立102家各类外资资管公司，占全国90%以上，全球资管机构集聚构筑头部优势。融资租赁企业达216家，融资租赁资产总额超过1.15万亿元，占全国1/6，高能级总部型融资租赁集聚区逐渐形成。陆家嘴跨国公司地区总部达124家，占全市1/6，成为上海跨国公司地区总部集聚程度最高的区域。

陆家嘴已培育税收亿元楼110座，其中税收10亿元以上楼宇32座、税收20亿元以上楼宇20座、税收60亿元以上楼宇4座，陆家嘴成为全国楼宇经济密度最高的中央商务区之一。

2. "十四五"时期强化三大优势

陆家嘴已经集聚了30多万名金融从业人员和3000多家各类专业服务机构，全球资管规模排名前十名公司有9家，已经成为中国金融市场体系最完善、金融机构最集聚、专业人才最丰富、国际化水平最高的中央商务区。

《规划》明确了陆家嘴金融城的三大功能定位和优势。首先，国际化水平最高，打造我国国际化与开放度最高的金融贸易区；其次，生态功能最完整，形成全产业链、全要素市场的金融发展环境和国际总部生态服务链；最后，营商服务最优，提供"具有全球视野、通晓国际规则、精通市场语言"的服务团队，营造国际化一流营商环境示范区。

《规划》明确了陆家嘴金融城在"十四五"时期的发展目标，即加快建设全球人民币金融资产配置中心、世界级总部功能集聚高地和国际化一流营商环境示范区，着力增强陆家嘴全球资源配置力，进一步强化金融核心功能，进一步提升陆家嘴的全球影响力和核心竞争力，将陆家嘴金融城建设成为"金融机构集聚、金融人才密集、要素市场完备、资本集散功能集中、金融科技应用丰富、金融产业生态完整"的上海国际金融中心核心区和与中国国际地位相匹配的国际一流金融城，为上海深化"五个中心"建设和

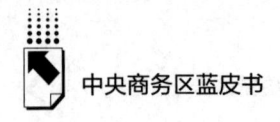

浦东打造社会主义现代化建设引领区做出重要贡献。

3.加快增量空间扩展

"十四五"时期,浦东推动城市更新和楼宇升级以不断扩展城市空间体量。陆家嘴提升"一核(金融城核心商务区)、一线(世纪大道沿线)、一环(生态景观环)"空间布局功能,强化金融业、航运业等高端服务产业,持续提升总部经济、文化创意、资产管理、大宗商品、融资租赁、专业服务"六大服务经济"能级。到2025年,航运服务类机构达1550家,航运保险规模占全国的80%以上,积极响应上海国际航运中心建设规划,力争航运保险规模位居全球前三。到2025年,各类专业服务机构突破3500家。推动专业服务业进一步向新经济、新业态、新领域拓展,在人工智能、智慧城市、区块链、云计算、数据安全、隐私计算等领域,积极构建良好生态,赋能新经济,推动数字化转型。

陆家嘴将以制度型开放为引领,参与全球经济治理,培育国际合作和竞争新优势。对标CPTPP、RCEP等国际最新经贸规则,依托全球检测认证理事会等各类国际组织,针对金融、总部、专业服务和科技服务四大领域构建国际化、专业化合作交流平台,发挥"业界共治"优势,构建区域发展命运共同体,实现在改革创新、产业发展和环境优化各领域的共商共议、共建共管、共享共促;深化与伦敦金融城等国际金融中心的合作,鼓励在陆家嘴以设立论坛常设地、秘书处等方式,搭建高端、深度、专业合作平台,开展面向全球的宣传推介、主题招商和品牌推广,凝聚国际共识,推进高端服务业发展,引领城市更新。

(三)深圳湾区CBD国土空间提质增效

2019年2月,中共中央、国务院印发《粤港澳大湾区发展规划纲要》,深圳宝安区建设发展进入"湾区时代"。三年多以来,矗立于珠江口东岸拥有50公里环珠江口海岸线的宝安,有82.75平方公里土地被纳入前海深港现代服务业合作区,辖区总面积达397平方公里,建有1403个产业园区,拥有雄厚的产业基础、强劲的科创能力和庞大的经济社会体量,对湾区建设发展起到了重要的支撑作用。①

自宝安区第七次党代会，特别是区委七届二次全会以来，宝安对空间要素进行深层次梳理，2022年根据"422133"工作主框架，主动对接粤港澳大湾区建设发展所需，从规划上优化城区布局，从结构上健全城区功能，从形态上提升城区美感，全力将宝安打造成为"湾区CBD、深圳主城区"。

1. 格局提升，以"422133"推动土地价值兑现

宝安的发展史，就是一部从"边缘"走进"中心"的历史。改革开放初期，宝安作为深圳的"关外""郊区"，低廉的土地成本是其引进外资的重要优势。通过大量引进"三来一补"企业，宝安迅速建立起产业基础，推动辖区快速走过了城市化的上半程，成为深圳工业基本盘。随着粤港澳大湾区建设的推进，宝安一跃成为湾区的地理核心。与区位优势相辅相成的，往往是交通优势，随着机场、深中通道等重大交通设施在宝安聚集，宝安成为湾区的交通枢纽，并迅速步入"主轴时代"。

2021年9月，"前海方案"公布，宝安82.75平方公里被纳入前海合作区实施范畴，至此，宝安的1/5是前海，前海的2/3是宝安，辖区实现了从"毗邻"前海到"融入"前海的巨大转变。前海是推进全面深化改革开放的国家级战略平台，对宝安而言机遇空前。宝安在推动上述82.75平方公里土地对接前海发展规划的基础上，进一步主动将辖区其余片区作为服务前海建设发展的"腹地"来谋划，提出要全面服务"前海方案"、更好承接湾区战略。

在区第七次党代会上，宝安面向湾区，提出未来五年要打造世界级先进制造城、国际化湾区滨海城、高品质民生幸福城；在区委七届二次全会上，宝安谋划"422133"工作主框架，空间规划是重中之重，提出要做实四大制造业片区"基本盘"、打造两大总部"根据地"、做强两大中心区"主引擎"、全力推动市政化改造107国道"主动脉"、实施工业园区提质增效专

---

① 《宝安着力以国土空间提质增效打造湾区CBD》，宝安区人民政府网，2022年7月15日，http://www.baoan.gov.cn/xxgk/xwzx/tpxw/content/post_9956058.html。

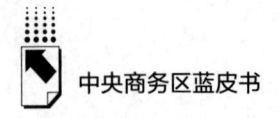

项行动等重点工作,迅速塑造发展新优势,奠定宝安身居湾区之心、引领湾区之先、挺立湾区之巅的坚实基础。

2022年,湾区一体化进程再度加快,广东省第十三次党代会提出要打造环珠江口100公里"黄金内湾",拥有环珠江口50公里海岸线的宝安再次迎来重大机遇。在"422133"工作主框架的牵引推动下,宝安的国土空间规划、土地出让、产业空间供给等工作全面对接湾区所需与"黄金内湾"所需,从启动产业空间提质增效,到加快实施燕罗整街统筹,再到为新桥东片区平方公里级"工改工"城市更新引入市属国资力量,一系列工作迈出新步伐。

2. 规划提升,建设"湾区CBD、深圳主城区"

湾区时代,香港"北上",深圳"西移",前海"扩区",珠江口东西岸加快融合,"黄金内湾"勾勒未来。宝安适时提出以"湾区CBD、深圳主城区"的高标准建设崭新宝安。

"湾区CBD、深圳主城区",其服务对象是湾区、深圳。宝安是湾区地理核心、"黄金内湾"一极,交通方面拥有深中通道、"六位一体"机场枢纽,产业方面拥有6759家国家级高新技术企业、5万多家工业企业,工业实力和科创能力连续多年稳居全国前列。2021年,宝安实现地区生产总值4422亿元,拥有常住人口447万人,从经济体量、人口规模、产业配套、基础设施等多方面考量,宝安是最具成熟条件支撑"湾区CBD"规划建设、促进各类资源聚集的综合城区。

在"422133"工作框架下,宝安重点部署了打造两大总部"根据地"、做强两大中心区"主引擎"等城区规划工作。两大总部"根据地",指的是九围国际总部和机场东临空经济总部区,前者着眼建设对外开放门户,积极推动九围2平方公里优质空间释放,加快周边6平方公里升级改造,打造依山傍水、面向世界500强企业和国际机构的"总部院子";后者则旨在充分发挥机场内外联通功能,统筹机场东4.6平方公里连片土地,加快空港型国家物流枢纽建设,全力构建"双循环"关键节点。

两大中心区"主引擎",指的是宝安中心区和深圳西部市级中心。宝安中心区是深港"双城三圈"发展格局中"深圳湾优质发展圈"的核心区域。2022年5月，《宝安中心区城市设计优化国际咨询》发布，宝安中心区统筹设计范围达719公顷，重点设计范围约201公顷。在深圳西部、宝安北部，一个服务深莞两城约150万人的城市新中心正在建设之中，宝安计划统筹沙井、新桥、松岗片区，汇聚优质资源要素，努力在湾区建设大局中发挥支撑高端产业发展和商贸活动开展的承载作用，成为深圳都市圈与广州都市圈交汇相融的重要枢纽。

两大中心区将成为"黄金内湾"的核心组成部分，发挥支撑现代服务业和先进制造业、科技创新产业相融发展的区域功能使命，成为打造湾区一体化空间形态秩序、刻画世界一流湾区城市中心新形象的关键区域。

3. 功能提升，重塑产业优势

长期以来，宝安都是深圳的工业基本盘，亦是广东"制造业立省"、深圳"制造业立市"的重要支柱。对制造业而言，空间的重要性尤为突出。经过数十年的快速城市化，宝安已进入存量空间时代。对此，区委七届二次全会部署"422133"工作主框架，提出全面推动存量产业空间整体统筹、连片整备、科学规划，以规模化的优质空间落地优质项目。全会闭幕后，宝安立即启动产业园提质增效大会战，计划2022年内至少新增建筑面积200万平方米的产业空间、优化250万平方米的产业空间，3年内力争打造十个示范性园区、百万平方米产业保障房、千万平方米产业空间增量和万亿级产业生态，助力制造业原址升级。

2022年6月，深圳发布《关于发展壮大战略性新兴产业集群和培育发展未来产业的意见》，将20个战略性新兴产业集群中的15个重点布局在宝安，总数居全市首位；配套出台的《20大先进制造业园区空间布局规划》，将其中4个园区落在宝安，总数仍居全市首位。宝安于2022年7月初一次性发布5宗重点产业项目土地使用权出让公告，年内累计挂牌8宗产业用地，单次挂牌宗数和同期累计挂牌宗数均创历史之最。

与此同时，在"422133"工作推动下，宝安加快实施全市首个平方公里级"工改工"城市更新项目——新桥东项目，计划2023年起供应产业空间，满足自有产权、规模化、产研一体的科技型头部企业对制造基地的核心空间需求；全力实施深圳史上力度最大的燕罗整街统筹项目，推动36.5平方公里整街统筹，2022年将完成3.2平方公里土地整备。

目前，宝安区正以空间"二次开发"为抓手，面向湾区所需，塑造城市功能群、中心城区和产业集群，通过湾区CBD的发展不断推进城市更新。

（四）高端专业服务引领广州天河CBD高质量发展

广州天河区主导产业是高端服务业。该产业是打造现代服务业新经济增长点、支撑实体经济创新发展、提升城市能级的重要抓手，也是广州天河CBD高质量发展和城市更新的关键内驱力。

2021年，广州天河CBD建成区实现生产总值3471.42亿元，增长9.5%，每平方公里GDP达289.3亿元，每万平方米写字楼GDP达2.46亿元。①

截至2022年9月，广州天河CBD拥有持牌金融机构242家，占全市70%，其中银行机构78家（外资银行39家）、证券期货基金机构88家、保险公司71家。广东证监局、广东银保监局、上交所南方中心、中证报价南方总部均落户于此。广州天河CBD集聚了全市1/3的会计师事务所、1/3的律师事务所、1/5的地产中介公司、70%的人力资源机构，以及占华南地区70%以上的外国总领事馆，是华南地区高端专业服务业辐射能级最强的区域。

天河路商圈商业面积达240万平方米，日客流量约150万人次。15家大型商业综合体、6家数字消费产品综合体、3家地下商业综合体、2家文化体育活动载体汇聚广州天河CBD。珠江新城商圈总面积约6平方公里，商业面积77万平方米，集聚K11、天汇igc等9个大型商业综合体。

1. 经济规模持续扩大，区域经济贡献能力提升

2020年，天河区高端服务业实现增加值521亿元，增速连续五年高于

---

① 《非凡十年丨天河区：十年完成四次"千亿级"跨越 争创新时代高质量发展典范》，广州日报百家号，2022年8月8日，https://baijiahao.baidu.com/s?id=1740546287788324176&wfr=spider&for=pc。

全区GDP增速。天河区拥有四上企业749家,实现营收788.46亿元,企业营收和企业数量分别占全市的1/4和1/3;拥有35家全市营收排名前100的高端服务业企业,13家10亿元以上企业,占全市41%。高端专业服务业对天河区和广州市的区域经济支撑作用日益增强。

2. 产业结构持续优化,四大百亿集群效应显现

天河区高端服务业不断深化。2020年,天河区商务服务业拥有四上企业540家,实现营收514.24亿元;科学研究和技术服务业拥有四上企业209家,实现营收274.22亿元。天河区基本形成了工程技术与设计服务、人力资源服务、咨询服务、广告服务4个年营业收入超百亿元的优势细分产业集群,法律服务呈现向百亿级集群发展态势。

工程技术与设计服务是高端专业服务业中产业规模最大的细分领域(见图5),2020年实现营收244.5亿元,约占全市同行业营收的30%。

人力资源服务业2020年实现营收168.9亿元,约占全市同行业营收的3万。该行业拥有29家营收过亿元企业,服务种类包括测评、招聘、租赁、咨询等,主要面向华南地区提供服务,部分机构服务范围拓展至全国和海外,年服务人才超300万人,人力资源服务机构在全市高端服务市场份额中的占比约为70%。

咨询服务业2020年实现营收131.3亿元,占全市同行业营收的17.18%。该行业拥有28家营收过亿元企业,全球四大会计师事务所、五大国际地产行均在区内设有分支机构。

广告服务业是天河区的传统优势高端服务业,2020年实现营收114亿元,约占全市同行业营收的1/4。该行业拥有28家营收过亿元企业,奥美、阳狮等全球五大广告传媒集团均在区内设有分支机构。

法律服务业2020年实现营收46.5亿元,近五年年均增长率超20%,是天河区近年来发展最迅猛的行业之一,营收占全市同行业的近7成。该行业拥有13家营收超亿元企业,位于广东的23家香港律所驻内地代表机构有9家在天河区落户。区内律师事务所数量和律师总人数居全市第一位,万人律师比远高于全市平均水平。

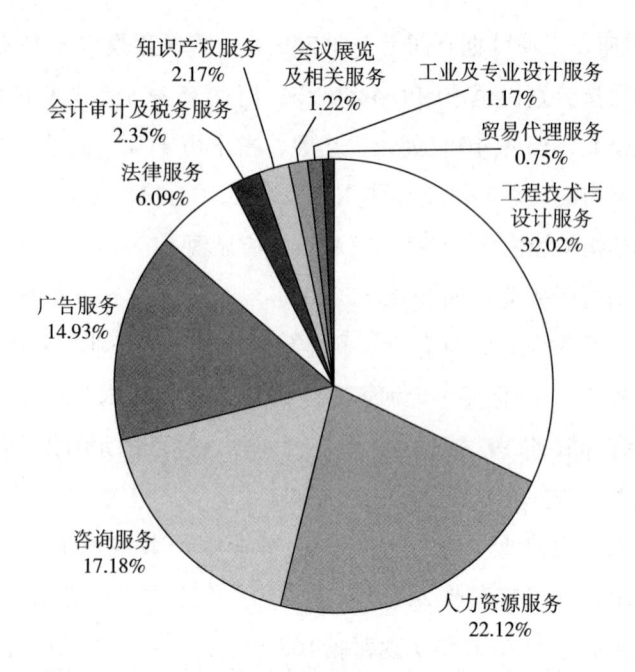

图 5　2020 年广州天河 CBD 高端服务业各细分行业规上企业营收占比

知识产权服务 2.17%
会议展览及相关服务 1.22%
工业及专业设计服务 1.17%
会计审计及税务服务 2.35%
贸易代理服务 0.75%
法律服务 6.09%
工程技术与设计服务 32.02%
广告服务 14.93%
咨询服务 17.18%
人力资源服务 22.12%

3. 空间溢出效应凸显，区域辐射能级日益提升

天河区进一步推进粤港澳大湾区服务贸易自由化示范区、中国广州人力资源服务产业园天河核心园区、广州法律服务集聚区、知识产权服务业集聚发展试验示范区等建设，形成了若干高产值、高税收的"广告大厦""律师大楼"等特色主题楼宇，空间集聚效应不断强化，对周边地区的带动和溢出效应明显。从空间集聚特点来看，天河区高端服务业集聚形态以高端商务楼宇为主，全区65%以上的高端服务业企业位于广州天河 CBD。这里集聚了全球四大会计师事务所、五大国际地产行、4A 广告公司等国内外知名机构，企业服务范围遍及广东乃至港澳地区，部分机构服务范围拓展至全国和海外，天河区是华南地区高端专业服务业辐射能级最强的区域之一。

（五）合肥庐阳 CBD 高端商贸服务引领城市更新

安徽合肥庐阳区通过打造高端化、高品质的中央商务区，促进金融机构、区域总部和新兴金融业态向庐阳聚集，推动区域高质量发展与产业转型、业态升级、服务创新等紧密结合，为城市加装新的发展主引擎，打造城市"磁极"新空间，培育城市发展新动能。

1. 立体科学商业布局

合肥庐阳CBD突破四牌楼、三孝口两大传统商圈发展局限，积极打造以环城路为核心，以北一环、临泉路、北二环为轴线，包含四牌楼商圈、淮河路商圈、城隍庙商圈、三孝口商圈、濉溪路商圈、四里河商圈、临泉路商圈、五里商圈的"一核三轴八商圈"。目前，"一核"中的淮河路商圈、城隍庙商圈、三孝口商圈、四牌楼商圈已成为全市商贸、金融、文化和旅游集聚区，"三轴"中的濉溪路商圈、四里河商圈、临泉路商圈具有较强产业号召力。

在此基础上，庐阳区基本形成了多层级商圈布局。以长江中路为轴，淮河路街区、四牌楼区域、三孝口区域组团形成全省核心商圈；以万科广场、华润万象汇、恒信汽车城、苏宁广场（在建）、宜家家居（在建）为载体，北部新兴商圈初具规模；以便利店、生鲜店等社区级商业为载体，"一刻钟便民商圈"基本形成。坚持政府引导、市场运作，庐阳区还建成了特色商业街18条，其中国家级1条、省级3条、市级9条，一街一品各具风格。

中央商务区内零售企业量多质优，拥有一万平方米以上的商业综合体16家，汇聚国际国内一线品牌428个，国际一线品牌和各级首店90余个，其中四牌楼商圈高端消费市场份额占全省的90%以上。

2. 有机更新智慧城市

作为合肥市的老城区，庐阳区深入探索实施老城保护更新，以淮河路步行街创建国家级示范步行街和逍遥津公园提升改造等项目为重点，相继完成天街、鼓楼巷、撮造山巷、拱辰街（一期）等多条街巷改造，有效串联起淮河路步行街主街与周边后街群落的有机生态圈，给市民带来了全新的消费体验。

淮河路步行街实现了街区5G全覆盖，建成"智慧街区"一期工程，搭建信息数据采集和智能监控管理双平台；建成"智慧街区"二期工程，开发"线上淮河路"程序，研发"智慧停车"系统，聚焦游客体验、商户引流和商业管理，打造吃住游购娱一体的线上平台；建成华东地区最大的室外3D裸眼大屏，增设24小时自助服务设施。智能灯杆、智慧厕所、智能垃圾桶等智慧化设施配比超过60%，智慧警车、无人零售车、无人售卖柜等智慧自助服务设施随处可见。

目前，淮河路步行街区联动四牌楼商业圈和三孝口文化圈，正在形成商旅文融合示范带；寿春路—蒙城路—淮河西路以北区域，以拱辰街市井文化区为枢纽，东接逍遥津公园，西连杏花公园，激活工大北区，一个生态休闲区跃然眼前；长江路以南区域连接红星路文艺街，逐步串联老报馆、女人街等特色街区，激活省政府原办公区、省委原办公区等，打造时尚文创区……围绕把老城区建成全省消费核心枢纽的总要求，庐阳区正逐步建立老城区"一带两区"战略格局，让老城区成为宜购宜游宜居宜业的"宝藏之地"。

3.首位集聚高端金融

庐阳区形成了"一路一带一城"金融产业布局，即除长江中路沿线外，还逐渐形成了北一环—肥西路—临泉路或阜南路集聚带，同时，金融广场成为金融科技布局的重要载体。

近年来庐阳区金融业态逐渐丰富。一方面，传统金融保持优势，截至2021年底，拥有银行、保险、证券省级及区域总部47家，约占全省50%；另一方面，新兴金融业态丰富，涵盖消费金融、商业保理、企业金融、融资租赁、融资担保、商业保理、股权投资基金等多种业态。全省首个理财子公司——徽银理财有限责任公司、全省仅有的两家法人信托公司——国元信托和建信信托、全市首家批准设立的商业保理公司——正奇国际商业保理均落户庐阳。

目前，全区金融实力保持领先。2021年，庐阳区金融业增加值为341.9亿元，占全市金融业增加值的32.1%，居全市各区县之首；全区金融业增加值占全区GDP的27.7%，金融业已成为庐阳区第一主导产业。庐阳区获得全省金融总部集聚区、保险业绿色发展示范区等称号。

4. 力推庐阳特色经济

积极发展"首店经济",近两年引入圣罗兰、宝格丽等国际一线品牌和区域首店110余家。传承创新"老店经济",拥有中华老字号1家(张顺兴号)、省级老字号14家、庐阳老字号28家。大力发展"夜间经济",淮河路步行街是全市夜间经济核心区,老报馆街区被评为合肥最年轻时尚的夜经济打卡地。抢先推广"直播经济",举办"云购庐阳"官方直播活动,2020年以来累计开展官方平台直播22场,带动销售额增长超亿元。打造高品质促消费活动,依托"庐阳欢乐购"新零售平台,联合街区和品牌商户举办主题活动。2021年以来,多次依托淮河路步行街承办"皖美消费 乐享江淮""品质生活 徽动消费"等省、市政府主办的高品质促消费活动,均获中央、省市主流媒体点赞。

(六)海南三亚CBD楼宇经济战略推进城市更新

海南三亚CBD是海南省十一个重点园区之一,也是一个年轻的CBD,承担了更新三亚城区形象、推动三亚产业升级的重要使命。目前,园区土地总规划面积450.8公顷(合6762亩),分为凤凰海岸(3057亩)、东岸(1450亩)、月川(747亩)、海罗(1508亩)四大片区,以及阳光金融、中信南航、保利中环等8座楼宇。

目前,海南三亚CBD楼宇经济与中央商务区定位高度契合,并且具有五个方面的发展优势。

一是有利于拓展发展空间。园区规划可出让土地2149亩,2019年以来,园区共出让1001亩,占可出让用地的47%。土地资源稀缺逐渐成为发展的关键制约因素。发展楼宇经济则可以立体拓展发展空间,最大限度挖掘土地潜能。

二是地均效益突出。楼宇经济以现代服务业为核心,集合了高新科技产业与现代化企业,具有集聚效应,并产生一定的经济辐射效果。据三亚中央商务区管理局统计,以园区为例,6762亩的土地2021年亩均营收4129.47万元、亩均税收收入260.9万元、亩均投资量为864.46万元,均

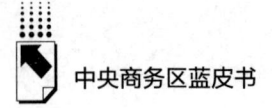

位列全省重点园区前三。随着园区楼宇经济和现代服务业的发展，亩均税收、营收将进一步提升，为三亚带来巨大的税收红利，带动城市整体经济发展。

三是壮大总部经济。总部经济能够吸引大企业大集团落户，推动实现产业链上下游的集聚，形成总部经济集聚区。以园区企业紫金国际控股有限公司为例，其在园区设立国际运营总部，2021年实现产值237亿元。公司计划在园区实施黄金进口—精炼深加工—黄金珠宝销售全产业链项目和铜精矿全球配送中心项目，打造集团国际贸易平台、国际投资平台、国际人才服务平台等，将为园区引来大量的人流和资金流。

四是促进现代服务业尤其是集约、集聚、集散式的生产性服务业的培育与发展。目前，园区共有建成楼宇5座，2021年实现税收22.78亿元，一批符合园区"4+2"现代服务体系的高质量公司落地（其中，阳光金融入驻企业165家，实现税收4.975亿元；保利中环入驻企业690家，实现税收7.187亿元；中信南航入驻企业433家，实现税收1.1755亿元；中铁置业入驻企业217家，实现税收9.388亿元；荣耀大厦15家，实现税收591万元），有力支撑了现代服务产业发展。

五是提升城市品位、服务功能、发展氛围和营商环境知名度。目前，园区正加快推动城市地标工程建设。比如，东岸片区中粮大悦城将建设200米高层+10万平方米商业综合体，打造三亚市区新的最高建筑+商办综合体"双地标"。世茂国际金融中心将打造产业与生态相融合的总部办公、商业综合体地标集群，建成琼港合资示范区。中国海南国际文物艺术品交易中心和三亚文化艺术中心共同选址凤凰海岸单元，推进建设三亚文化商务区。海南国际游艇交易中心项目将打造集游艇（含水上用品）展示、销售、设计及教育、培训、文化创意、高端餐饮、商务办公、会议会展等业态于一体的游艇销售综合体，努力建设世界级的城市会客厅。同时，紫金国际中心、太平金融产业港等重点项目稳步推进，建成后将极大拓展园区物理空间，提升三亚整体城市形象。

六 中央商务区高端服务引领城市更新面临的问题与对策建议

2022年9月5日，2022年中国国际服务贸易交易会闭幕。507家世界500强及行业龙头企业线下参展，71个国家和国际组织以国家或总部名义设展参会。服务合作促发展，绿色创新迎未来，服贸会为全球服务贸易恢复发展注入新活力。

高端服务在城市发展的功能区域就是CBD。目前，尽管我国CBD在高端服务引领城市更新的过程中，亮点纷呈、成效显著，但总的来看，还存在一些亟待重视、迫切需要提升的问题。例如，如何以CBD高端服务引领城市高端产业布局和规划建设，如何通过城市设施更新优化CBD高端服务环境，城市营商环境如何促进CBD高端服务进而推动城市营商环境、服务环境、人文环境和地理环境更新，如何协同城市群CBD有序推进城市更新等。

针对以上现实问题，基于我国新发展阶段，考虑数字经济、跨境电商等高端服务发展趋势，提出以下CBD高端服务引领城市更新的对策建议。

（一）推进CBD高端服务业扩大开放，开放互动引领城市更新

中央商务区以聚集大量的高端服务业为主要特征。在新发展格局下，服务业开放是中国构建全面开放新格局、加快由贸易大国向贸易强国转变的重要路径，也是推动国内产业结构升级和城市经济高质量发展的着力点。各城市的中央商务区应总结以往服务业扩大开放的经验和典型案例，有序增加服务业开放的范围和领域。此外，各地的要素禀赋不同，产业结构和发展基础也各具特色，各城市的中央商务区应结合自身特色，实现区域差异化发展，增强自身竞争力，从而提升服务业扩大开放的广度和深度，对城市中心旧商圈的更新改造发挥辐射带动作用。

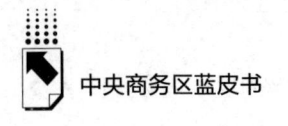

（二）增强CBD数字科技创新能力，提高城市更新驱动力

数字科技的发展为中央商务区引领城市高质量发展注入了新的动力。为提升数字科技创新能力，各城市应制定完备的服务业科技人才扶持政策，为科技创新人才提供完备的配套服务。营造中央商务区数字科技促进城市更新的环境就要营造良好的科技人才集聚环境和创新创业环境。因此，各个城市地方政府应合理高效利用财政资金，并吸引社会资金进入中央商务区，提升本地中央商务区的发展潜力，为吸引科技人才提供良好的发展环境。最后，发挥数字科技创新知识外溢效应，通过中央商务区高端服务产业的数字化发展带动城市商圈的更新和升级。

（三）培育统一服务市场，引领城市市场更新

培育构建统一的全国大市场。CBD集聚了国内外众多企业的总部，这些总部在不同地区设有分支机构，总部在服务标准、资源配置方面对分支机构进行指导和管理。在目前存在市场分割的情况下，可以从服务标准、服务流程、关键资源等方面入手，利用CBD总部与分支机构之间的关系，推动不同地区的市场一体化建设。另外，为稳步推动不同区域服务业市场相互开放，可以先以省内城市群服务业市场的一体化发展为试点，再推广到跨省城市群、跨区域城市群，也可以先从经济发展水平较高的长三角、粤港澳、京津冀、成渝、长江中游等城市群入手推进服务业市场一体化建设，然后再在全国范围内推动服务业市场一体化发展。

（四）着力塑造CBD新型高端消费服务体系，引领城市消费更新

顺应CBD数字技术创新和服务业加速数字化转型的发展趋势，全面探索服务业的数字化转型，并鼓励新型服务和新消费模式发展，以新服务带动新消费，为广大市民提供高品质、多样化、便捷的生活服务。

培育新型消费业态。CBD需积极引导区域内的企业适应消费升级新趋势，支持企业借助5G技术、互联网、智慧基础设施，加快开发新的网络消

费形态和服务场景,增加高端优质服务供给,满足国内高端消费市场的需求。

建设新型消费体系。联合商务局、发改委等主管部门和金融、文化、零售等行业协会,加快完善CBD首店经济、数字经济、活力经济等新型业态的配套发展环境和市场环境,从土地、资本、人才、科技、网络等要素出发,激发新型消费活力,不断引领消费升级进而推动城市产业提升和城市更新。

(五)深化CBD高端服务创新发展,引领城市要素更新

CBD应着眼于城市更新的高端要素,基于自身优势和需求,加强基础设施建设,加快培育高能级市场主体,促进高端人才集聚,推动城市高端服务创新发展。

加强数字基础设施建设。聚焦CBD"商务、金融、科技"三大重点领域,细化"政策、项目、空间"三张清单,加大数字基础设施如高速网络、通信设备、数据云存储和云计算设备等基础设施和资源的共享,提高城市现代化基础设施利用率。

加快培育CBD高能级贸易主体。强化总部经济建设,引进国际经贸组织总部等机构入驻,推动跨国公司地区总部向亚太总部、全球总部升级,提升CBD服务贸易竞争力。增强服务支撑力度,结合当前国际政治经济形势,推动发达国家现代制造业总部落户CBD。

(六)持续优化营商环境,引领城市环境更新

推进营商环境市场化。切实保障市场主体平等进入权利,简化企业开办与注销流程,完善企业生命周期服务。全面实施"证照分离""一照通行",着力打破"准入容易准营难、办照容易办证难"的隐性壁垒,持续提升企业投资项目建设审批便利度,实施企业注销清税"承诺制",畅通市场退出通道。建立健全产业用地准入退出、盘活利用、绩效评估等机制。支持推动公共数据开放共享,深入开展公共数据资源开发利用试点。严格落实国家各

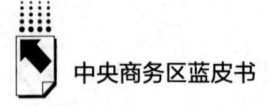

项减税降费政策，及时研究解决政策落实中的具体问题，确保减税降费政策全面、及时惠及市场主体。

推进营商环境法治化。依法推动境外知名仲裁及争议解决机构设立业务机构，着力构建与国际接轨的商事争议多元解决机制，探索遵循低价有偿原则的市场化调解服务机制。构建亲清政商关系，建立常态化的政企沟通机制，听取市场主体意见，为市场主体提供政策信息，协调解决市场主体的困难和问题。优化一体化政务服务自助机布点，将网上政务服务向银行网点智能自助终端深度延伸，利用党群服务站、政务小屋等载体打造10分钟政务服务圈。通过新型互联网手段打造全时段、多渠道、全方位、更主动、更高效的智慧政务服务模式。

推进营商环境国际化。对标国际一流标准和经贸规则，探索参与城市可持续发展等国际标准化工作，抢抓国家营商环境创新试点城市建设和改革政策红利，积极争取国家支持授权事项在中央商务区先行先试。加快优化CBD营商环境，推进我国各地自由贸易区建设。以服贸会、进博会、广交会等渠道为契机，不断提升营商氛围，引领城市发展环境的特色化、国际化、更新化。

参考文献

[1]《2021年政府工作报告》，中国政府网，2021年3月5日，http://www.gov.cn/zhuanti/2021lhzfgzbg/index.htm。

[2]《中华人民共和国国民经济和社会发展第十四个五年规划和2035年远景目标纲要》，中国政府网，2021年3月13日，http://www.gov.cn/xinwen/2021-03/13/content_5592681.htm。

[3] 张杰等：《中央商务区产业发展报告（2021）》，社会科学文献出版社，2021，第111~114页。

[4] 蒋三庚等：《中央商务区产业发展报告（2020）》，社会科学文献出版社，2020，第16~17页。

[5] 王晗、何枭吟：《服务业开放试点对城市经济高质量发展的影响研究——基于

合成控制法的实证分析》，《城市问题》2021年第7期，第61~72页。

［6］王博娅、刘志成：《城市更新背景下北京市中心城区生态网络的优化策略》，《城市发展研究》2022年第1期，第113~120页。

［7］谭洪波：《双循环下中央商务区服务业对内开放的意义与路径》，《江西社会科学》2021年第9期，第59~68页。

［8］《2019年中国CBD发展评价》，载郭亮、单菁菁主编《中国商务中心区发展报告No.6（2020）》，社会科学文献出版社，2020。

［9］《2020年中国CBD发展评价》，载郭亮、单菁菁主编《中国商务中心区发展报告No.7（2021）》，社会科学文献出版社，2021。

［10］王燕青、杜倩倩、赵福军等：《北京CBD发展之路回顾与解析》，《中国发展观察》2019年第9期，第48~56页。

［11］陶建强：《上海陆家嘴中央商务区规划开发回眸》，《城市管理》2004年第6期，第9~10页。

［12］陶峻：《北京商务中心区现代服务业创新发展研究》，载蒋三庚等主编《中央商务区产业发展报告（2020）》，社会科学文献出版社，2020。

［13］王冠凤：《中国高端服务业发展驱动因素研究》，复旦大学出版社，2017。

［14］湛军：《供给侧结构性改革背景下中国高端服务业创新发展研究》，上海交通大学出版社，2019。

［15］钟勇：《首都功能定位下北京高端服务业发展问题研究》，中国社会科学出版社，2021。

［16］朱晓青：《北京市高端服务业发展研究报告2017》，中国社会科学出版社，2018。

指数评价篇
Evaluation Index Reports

B.2
中央商务区综合发展指数分析（2022）

范雨婷*

摘 要： 本报告选取中国13个主要CBD作为研究对象，重点测度了CBD的综合发展情况。总体上看，我国CBD发展平稳，在构建的指标体系中，经济发展、科技创新以及区域辐射是影响CBD发展的重要指标。但是，各CBD发展过程中的核心影响因素存在显著异质性。2018~2020年，北京CBD的发展主要来自经济驱动，深圳福田CBD的发展主要来自科技创新，上海陆家嘴CBD的发展主要来自经济发展和经济驱动，广州天河CBD发展的驱动力主要来自科技创新和社会发展。本报告在此基础上提出了推进CBD高端服务业扩大开放、增强CBD数字科技创新能力、加大CBD高端服务消费激励等推动城市更新的建议。

---

* 范雨婷，首都经济贸易大学博士研究生，主要研究领域为城市CBD产业发展。

关键词： 中央商务区　经济驱动　科技创新

一　引　言

中国经济发展由追求总量增长阶段迈向追求经济和社会高质量发展阶段。2021年政府工作报告和"十四五"规划纲要都明确提出实行城市更新，这是"十四五"时期乃至今后一段时期中国推动城市高质量发展的主要策略和途径。2021年我国的城镇化率已达到64.72%，在新型城镇化背景下，中央提出城市发展要转向调整内部结构，注重内部更新，提高城市的质量和承载能力，"管住存量、严控增量、盘活存量"将成为城市空间增长的新常态①，这使得城市发展从外延式扩张转向内涵式质量提升阶段。城市更新是一项十分复杂的社会系统工程。目前，北京、上海、广州、南京、深圳、厦门等多个经济社会发展较好的城市在积极开展和推进城市更新和都市再造工作。作为经济发达城市中承担高端服务产业功能的重要系统空间单元，中央商务区（CBD）需要发挥以城市商务区产业升级带动城市更新再造进而实现城市内涵式高质量发展的排头兵作用。

本报告力求通过对2019~2021年中国划定的一线城市、新一线城市的中央商务区总体发展情况及经济驱动力、经济发展、社会文化发展、科技发展和创新以及地域辐射等进行跟踪和评估，从而评价中国CBD发展的新近动态、实际情况与趋势，为我国中央商务区的长期高质量和创新性发展提供科学的建议。

二　综合发展指数构建

遵循历年中央商务区蓝皮书综合发展指数指标体系的构建原则与方

---

① 《"十四五"城市发展新动能：高质量的城市更新》，搜狐网，2020年12月21日，https://www.sohu.com/a/439489955_748530。

法，本报告中的中央商务区综合发展指数包含五个一级指标以及23个二级指标（见表1）。五个一级指标分别体现了所选CBD的经济水平、经济驱动力、科技创新、社会发展、区域辐射方面的发展程度。各一级指标中又包含了数量不等的二级指标。本报告的主要调查对象是CBD，分析数据的基础空间范围为CBD所在城区。若无特别指出，使用区县级别的数据进行综合指标统计。当采用城市级别数据时，一般会进行说明，例如每百人公共图书馆藏书、每万人拥有公交车辆等指标。由于这些指标并不具有严格的区级界定，是相互流动、彼此共享的，因此采用了城市级别的统计数据。

为使CBD的综合发展指数更具有客观性，所用数据均来源于2018~2020年各一线和新一线城市的年度统计年鉴、国民经济和社会发展统计公报、城市统计年鉴等权威性资料，没有依靠个别专家的主观评定，而是采用了尽可能可靠的客观资料。

表1 中央商务区综合发展指数指标体系

一级指标	二级指标	指标解释
经济发展分指数	城区GDP	CBD所在城区生产总值
	人均GDP	CBD所在城区生产总值/城区常住人口
	地方一般预算收入	CBD所在城区列入公共预算管理的地方财政收入，不包括政府性基金收入
	人口密度	CBD的常住人口/行政面积
	城区GDP占城市GDP的比重	CBD所在城区的GDP/城市GDP
经济驱动分指数	全社会固定资产投资总额	CBD所在城区以货币表现的建造和购置固定资产的工作量
	城镇人均可支配收入	反映居民家庭全部现金收入中能用于安排家庭日常生活的那部分收入的人均量
	社会消费品零售总额	批发和零售业、住宿和餐饮业以及其他行业直接售给城乡居民和社会集团的消费品金额
	外贸出口总额	出口总额
	实际利用外资金额	批准的合同外资金额实际执行数、外商投资企业实际缴付的出资额等

续表

一级指标	二级指标	指标解释
科技创新分指数	专利申请数	使用城市级数据
	专利授权数	使用城市级数据
	万人高校在校生数	使用城市级数据
社会发展分指数	教育支出占公共财政支出的比重	用常住人口计算,使用城市级数据
	每百人公共图书馆藏书	用常住人口计算,使用城市级数据
	每千人拥有医疗机构床位数	用常住人口计算,使用城市级数据
	每千人拥有执业医师数	用常住人口计算,使用城市级数据
	每万人拥有公交车辆	用常住人口计算,使用城市级数据
	人均城市道路面积	路面宽度在3.5米以上的道路面积与常住人口的比值,使用城市级数据
	人均公园绿地面积	绿地面积与常住人口的比值,使用城市级数据
区域辐射分指数	辐射能力分指数	参见本蓝皮书《B.3 中央商务区区域辐射指数分析（2022）》
	辐射行动分指数	
	辐射绩效分指数	

注：数据来源于CBD所在城区或城市统计年鉴、国民经济和社会发展统计公报等；指标解释中未注明的,均指城区数据。

三　测度结果与综合分析

（一）综合发展指数

本报告具体依据熵值法测算原理,分别对2018~2020年中国13个CBD的综合发展指数和五个分指数进行估算,详见表2。

根据综合发展指数结果,可以得到如下结论。

（1）总体来看,一线城市和新一线城市的13个CBD在2018~2020年的综合发展指数差距依旧明显（见表2）,其中一线城市CBD的综合发展指数更高。2020年13个CBD综合发展指数提升较快,其均值从2019年的52.922提升至58.487。2018~2020年,新一线城市CBD中,指数均值最高的是天津滨海新区CBD,为55.191。另外,2020年新一线城市CBD的综合

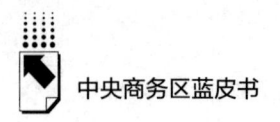

表2　2018~2020年13个CBD的综合发展指数和分指数

年份	类别	CBD	经济发展	经济驱动	科技创新	社会发展	区域辐射	综合发展指数	排名
2020	一线城市CBD	北京CBD	10.245	10.612	9.338	10.216	17.418	57.829	3
		上海陆家嘴CBD	11.185	11.587	9.267	9.306	17.903	59.248	1
		广州天河CBD	10.377	9.982	11.023	10.875	15.542	57.799	4
		深圳福田CBD	10.561	10.360	11.259	10.548	16.343	59.071	2
	新一线城市CBD	天津滨海新区CBD	10.723	10.367	9.377	9.578	14.765	54.810	1
		西安长安路CBD	9.779	9.321	10.424	9.825	14.002	53.351	5
		重庆解放碑CBD	9.874	9.674	9.624	10.600	14.928	54.700	2
		杭州武林CBD	9.740	9.495	9.278	10.318	14.261	53.092	7
		武汉王家墩CBD	9.819	10.040	10.489	9.432	14.896	54.676	3
		成都锦江CBD	9.299	9.756	9.954	9.965	14.822	53.796	4
		南京河西CBD	9.474	9.648	10.673	9.931	13.395	53.121	6
		沈阳金融商贸CBD	9.388	9.263	9.475	10.007	13.846	51.979	8
		长沙芙蓉CBD	9.535	9.896	9.820	9.399	12.878	51.528	9
2019	一线城市CBD	北京CBD	10.280	10.704	9.355	10.074	17.4776	57.891	4
		上海陆家嘴CBD	11.204	11.502	9.279	9.258	17.7793	59.022	1
		广州天河CBD	10.449	9.954	11.079	11.158	16.0584	58.698	2
		深圳福田CBD	10.544	10.361	11.226	10.335	16.1841	58.650	3
	新一线城市CBD	天津滨海新区CBD	10.698	10.399	9.360	9.431	14.9547	54.843	1
		西安长安路CBD	9.739	9.306	10.406	9.876	14.3068	53.634	5
		重庆解放碑CBD	9.898	9.629	9.711	10.553	14.382	54.173	3
		杭州武林CBD	9.653	9.465	9.297	10.533	14.1199	53.068	6
		武汉王家墩CBD	9.892	10.218	10.423	9.393	14.7724	54.698	2
		成都锦江CBD	9.344	9.734	9.917	9.982	14.8489	53.826	4
		南京河西CBD	9.435	9.587	10.598	9.933	13.3947	52.948	7
		沈阳金融商贸CBD	9.316	9.332	9.439	9.956	13.9848	52.028	8
		长沙芙蓉CBD	9.548	9.810	9.913	9.517	12.7365	51.525	9

续表

年份	类别	CBD	经济发展	经济驱动	科技创新	社会发展	区域辐射	综合发展指数	排名
2018	一线城市CBD	北京CBD	10.227	10.779	9.353	10.031	17.418	57.808	3
		上海陆家嘴CBD	11.054	11.392	9.288	9.209	16.807	57.750	4
		广州天河CBD	10.335	9.966	10.927	11.155	15.945	58.328	2
		深圳福田CBD	10.435	10.432	11.195	10.476	16.309	58.847	1
	新一线城市CBD	天津滨海新区CBD	11.032	10.479	9.352	9.490	15.567	55.920	1
		西安长安路CBD	9.677	9.356	10.094	9.841	14.273	53.241	5
		重庆解放碑CBD	9.870	9.569	9.824	10.588	14.441	54.292	3
		杭州武林CBD	9.634	9.461	9.297	10.511	14.127	53.030	6
		武汉王家墩CBD	9.917	10.220	10.426	9.434	14.596	54.593	2
		成都锦江CBD	9.389	9.685	10.231	9.909	14.699	53.913	4
		南京河西CBD	9.259	9.566	10.650	9.938	13.589	53.002	7
		沈阳金融商贸CBD	9.412	9.345	9.399	9.955	14.284	52.395	8
		长沙芙蓉CBD	9.759	9.750	9.964	9.462	12.946	51.881	9

注：区域辐射分指数采用《B.3 中央商务区区域辐射指数分析（2022）》的测算结果，其他分指数及综合发展指数为作者测算，下同。

发展指数也存在差异。其中，重庆解放碑 CBD 和武汉王家墩 CBD 分别居新一线城市 CBD 的第 2 名和第 3 名。

（2）从一线城市 CBD 来看，2020 年北京 CBD 以及广州天河 CBD 的综合发展指数均下降（见表 2）。其中，广州天河 CBD 从 2019 年的 58.698 下降到 2020 年的 57.799，排名也从 2019 年的第 2 名下降到 2020 年的第 4 名。这是因为广州天河 CBD 的社会发展分指数和区域辐射分指数明显下降。其中，社会发展分指数的下降主要来自五个二级指标的下降，包括教育支出占公共财政支出的比重、每百人公共图书馆藏书、每千人拥有医疗机构床位数、每千人拥有执业医师数、每万人拥有公交车辆。上海陆家嘴 CBD 在 2019～2020 年均居一线城市 CBD 的第 1 名。北京 CBD 从 2019 年的第 4 名上升至 2020 年的第 3 名，这主要得益于北京 CBD 社会发展分指数的提升。2020 年，深圳福田 CBD 的综合发展指数实现增长，从 2019 年的 58.650 上升到 2020 年的 59.071，其在一线城市 CBD 中的排名也从 2019 年的第 3 名提高到2020年的第2名，这归功于经济发展分指数、科技创新分指数、社会发展分指数以及区域辐射分指数的明显提高。从二级指标来看，社会发展分指数的上升主要来源于每千人拥有医疗机构床位数、每千人拥有执业医师数、每万人拥有公交车辆、人均城市道路面积等指标的上升。

（3）从分指数来看，2018~2020年，一线城市CBD的各项分指数变动不大（见图1）。其中，经济发展分指数由10.513上升到10.592；经济驱动分指数由10.642下降为10.635；科技创新分指数从10.191上升到10.222；社会发展分指数从10.218上升为10.236；区域辐射分指数从16.620上升到16.802。一线城市CBD总体上的提升得益于五个分指数的联合推动。在新一线城市，CBD发展也呈现相似的特点，五个分指数在2018~2020年的变动并不大，如图2所示。

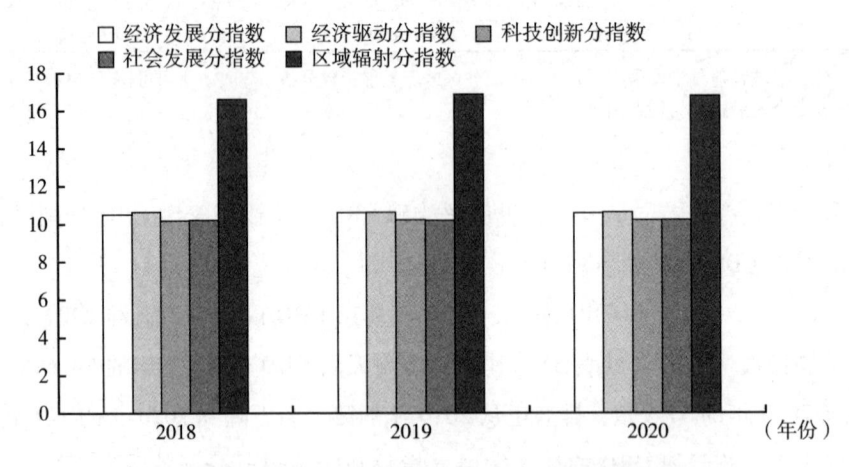

图1　2018~2020年一线城市CBD分指数的变化

数据来源：各区或城市统计年鉴、国民经济和社会发展统计公报等，下同。

（4）从五个分指数的贡献角度看，2018~2020年，五个分指数对13个CBD的贡献度相对稳定，与2021年中央商务区蓝皮书的测算结果一致。在13个CBD中，区域辐射分指数对经济发展的贡献最大（见图3），这是13个CBD的一致性特征。但与2019年相比，除区域辐射分指数外，2020年其他四个分指数对各CBD发展具有异质性影响。第一，一线城市CBD中，北

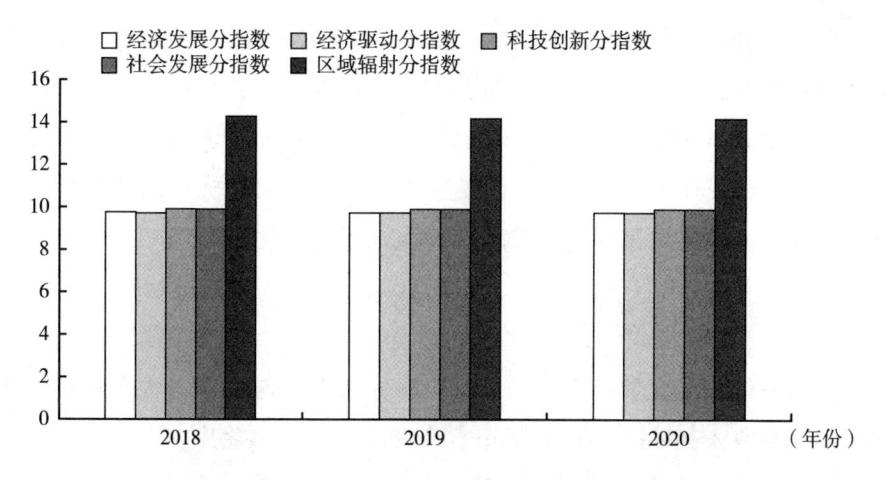

图 2 2018~2020 年新一线城市 CBD 分指数的变化

京 CBD 和上海陆家嘴 CBD 的经济驱动分指数占比最高，说明这两个 CBD 的人均收入、零售业以及外贸等方面有较好的发展成绩，而 2020 年广州天河 CBD 和深圳福田 CBD 的科技创新分指数占比最高，说明这两个 CBD 的发展

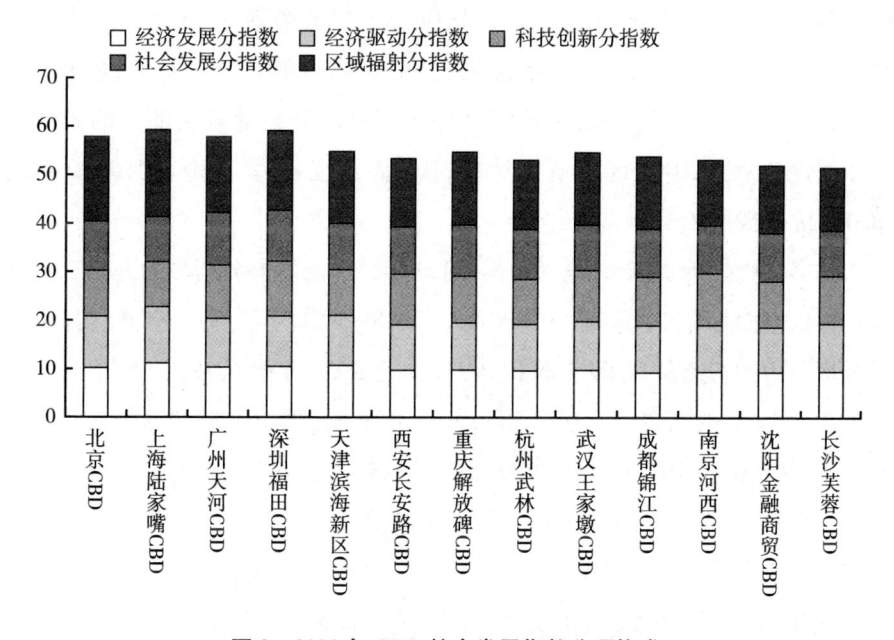

图 3 2020 年 CBD 综合发展指数分项构成

更依赖科技创新。第二，新一线城市CBD中，经济发展分指数占比最高的是天津滨海新区CBD；经济驱动分指数占比最高的是长沙芙蓉CBD；科技创新分指数占比较高的是西安长安路CBD、武汉王家墩CBD、南京河西CBD；社会发展分指数占比较高的是重庆解放碑CBD、杭州武林CBD、沈阳金融商贸CBD。可见新一线城市CBD发展的异质性更大。

（二）经济发展分指数

经济发展分指数共有5项二级指标，分别为人均GDP、城区GDP、地方一般预算收入、城区GDP占城市GDP的比重和人口密度。

首先，从经济发展分指数来看，在一线城市CBD中，2020年上海陆家嘴CBD的经济发展分指数最高，为11.185，如图4所示。其主要原因是上海陆家嘴CBD在城区GDP、人均GDP以及地方一般预算收入等指标上都是最高的。经济发展分指数排名第2的是深圳福田CBD，这主要得益于人均GDP较高。广州天河CBD和北京CBD的经济发展分指数分别排名第3和第4。在新一线城市CBD中，天津滨海新区CBD的经济发展水平最高，其经济发展分指数也是新一线城市CBD中最高的，为10.723。2020年，新一线城市CBD中经济发展分指数排名前5的依次为天津滨海新区CBD、重庆解放碑CBD、武汉王家墩CBD、西安长安路CBD、杭州武林CBD。

其次，就指标贡献来看，2018~2020年，经济发展分指数的五个二级指标在权重方面存在不同变化（见图5）。2018~2020年，城区GDP在经济发展分指数中的权重从2018年的0.199下降至2020年的0.196，人均GDP的权重从2018年的0.202上升至2020年的0.206，地方一般预算收入的权重则从2018年的0.195下降到2020年的0.194，人口密度的权重从2018年的0.207下降到2020年的0.206，城区GDP占城市GDP的比重的权重则从0.197上升至0.198。这说明，在CBD的发展过程中，人均GDP和城区GDP占城市GDP的比重的重要性上升，其他指标的重要性则在不同程度上有所下降。从总体上看，各个二级指标的权重变动不大。

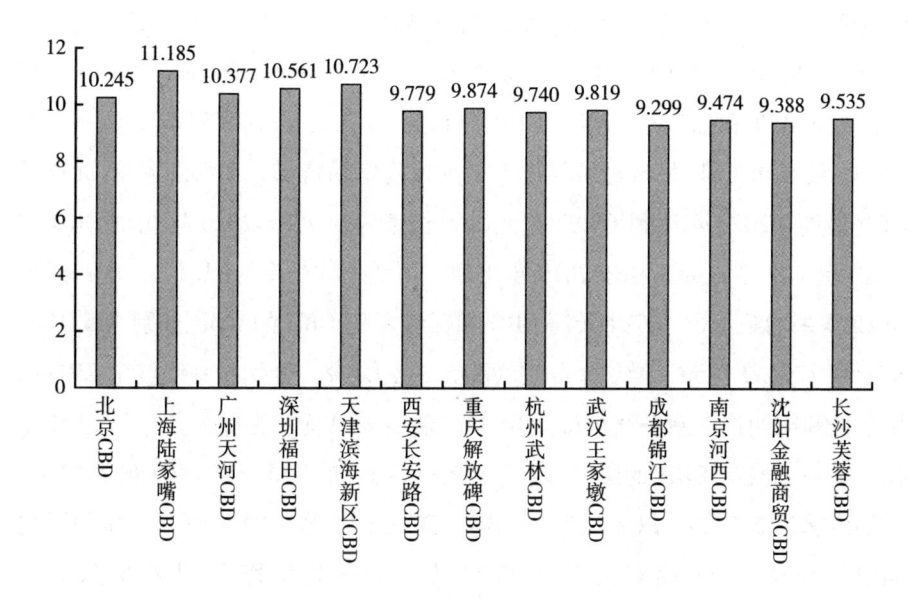

图 4 2020 年 13 个 CBD 经济发展分指数

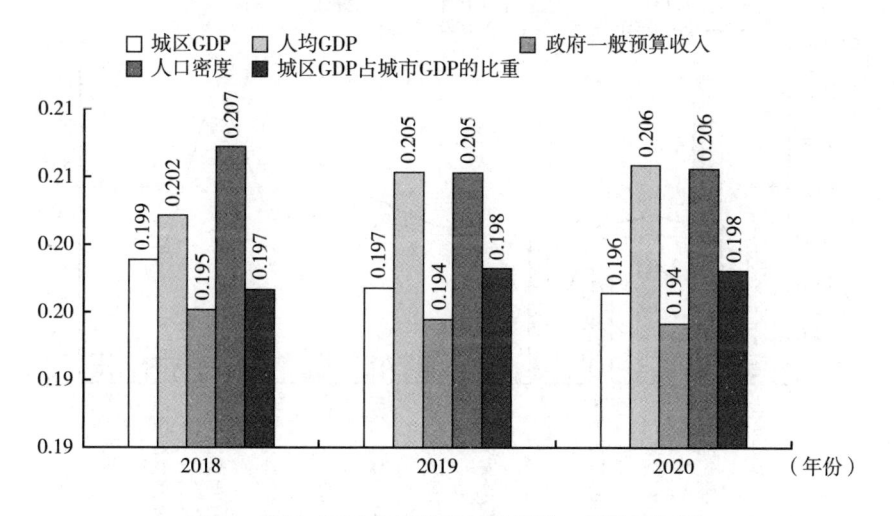

图 5 2018~2020 年经济发展分指数二级指标权重

最后，从五个二级指标来看可以得到如下结论。

第一，从城区 GDP 来看，2018~2020 年，13 个 CBD 总体保持了增长态势（见图6），从43296亿元增长到45464亿元。从GDP增长率来看，2018~2020年13个CBD的GDP增速放缓，2019年和2020年的平均增长率分别为6.06%和2.73%，年均GDP分别为3413.8亿元和3497.2亿元。其中，一线城市CBD呈现经济规模大、增速稳定的特点。上海陆家嘴CBD的GDP最高，2020年达到13207亿元，增长率为3.7%。2020年北京CBD的GDP为7037.9亿元，相较2019年出现了下滑，增长率为-1.1%，居一线城市CBD中的第二位。广州天河CBD和深圳福田CBD的GDP分别为5312.8亿元和4754.2亿元，增长率分别为9.5%和7.0%，分别居一线城市CBD的第三位和第四位。新一线城市CBD则呈现经济规模小的特点。与2019年相比，新一线城市CBD的GDP增速放缓，逐渐向一线城市CBD增速收敛，平均增速为2.73%。以成都锦江CBD、武汉王家墩CBD为例，三年的平均GDP分别为1100.97亿元和1350.58亿元，平均增速分别为5.28%和0.94%。部分CBD的GDP降幅较大，例如武汉王家墩CBD，2019年和

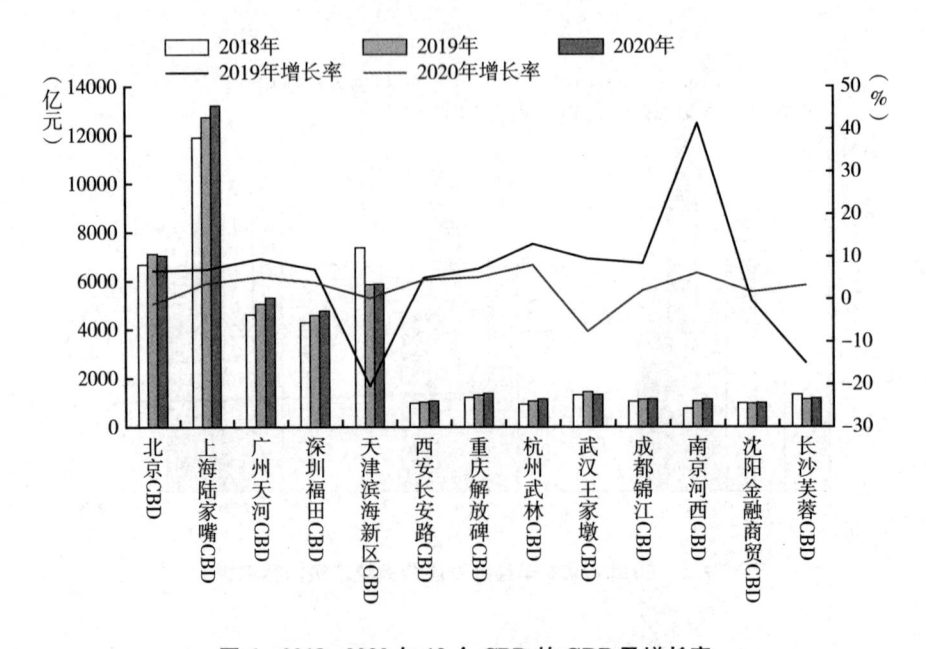

图6 2018~2020年13个CBD的GDP及增长率

2020年的增幅分别为9.53%和-7.66%，究其原因是新冠肺炎疫情冲击致使CBD发展受阻。总体而言，受新冠肺炎疫情的影响，CBD的经济发展速度有所减缓，但是因为样本中的13个CBD都具有扎实的经济基础和相对合理的产业结构，经济发展潜力和韧性也比较大，所以长期发展趋势仍然乐观。

第二，从人均GDP来看，2018~2020年，排在前4位的CBD是天津滨海新区CBD、深圳福田CBD、广州天河CBD和上海陆家嘴CBD，它们的人均GDP均保持在20万元以上（见图7）。相较于2019年，按全年平均人口计算，2020年13个CBD的人均GDP之和为2700396.48元，下降了0.05%。2019年，13个CBD中有10个处于正增长态势，到2020年有8个实现正增长，5个则是负增长。一线城市CBD中北京CBD和深圳福田CBD实现了正增长，增幅分别为2.45%和3.11%。2020年，深圳福田CBD的人均GDP突破了30万元，达到30.81万元。按照当年的平均汇率可折算为4.74万美元，按照世界银行公布的划分标准①，深圳福田CBD依然保持在发达地区收入水平（高收入水平）。排在后3位的CBD分别是为西安长安路CBD、成都锦江CBD、沈阳金融商贸CBD，人均GDP分别为13.99万元、12.69万元和12.44万元。

第三，从地方一般预算收入来看，上海陆家嘴CBD在2018~2020年的总量最高（见图8）。其中，仅2020年上海陆家嘴CBD的地方一般预算收入就超过1000亿元，达到1077亿元；排在第二位的则是天津滨海新区CBD，达到515.49亿元；北京CBD排在第三位，规模为511.64亿元。2020年，实现地方一般预算收入正增长的CBD有5个。其中，上海陆家嘴CBD继续突破千亿元，增长率为0.51%，实现小幅增长；天津滨海新区CBD增长率达到2.55%；重庆解放碑CBD为44.09亿元，增长率达到5.22%；沈阳金融商贸CBD和长沙芙蓉CBD分别为79.80亿元和40.70亿元，分别实现了

---

① 《按收入水平划分的最新国别分类（2020~2021）》，世界银行博客，2020年7月1日，https://blogs.worldbank.org/zh-hans/opendata/new-world-bank-country-classifications-income-level-2020-2021。

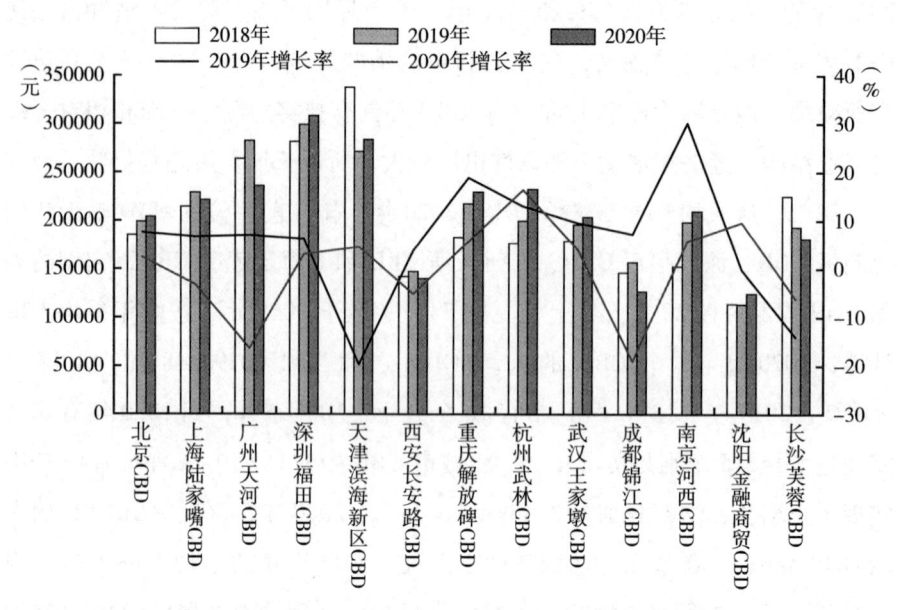

图7 2018~2020年13个CBD人均GDP及增长率

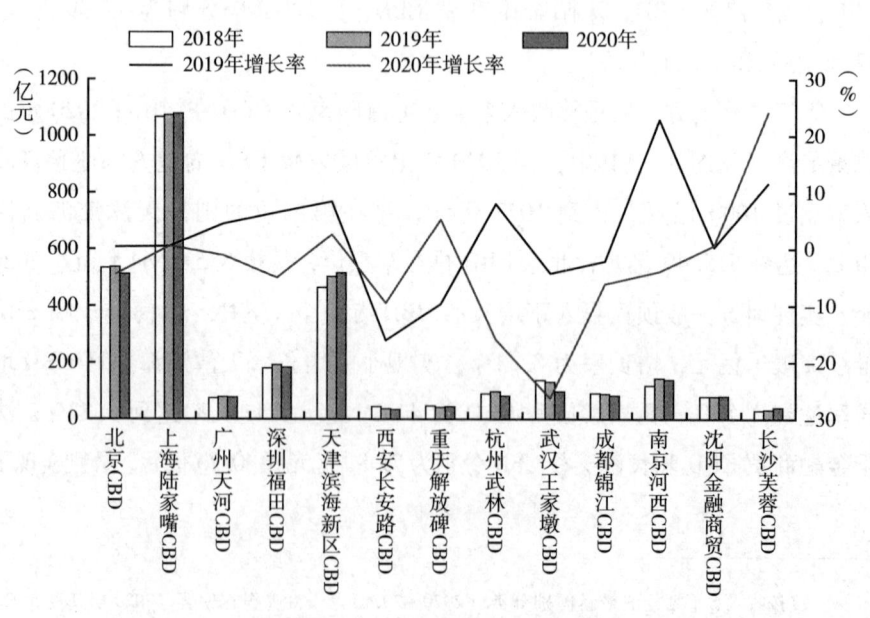

图8 2018~2020年13个CBD地方一般预算收入及增长率

0.63%和24.23%的增长。长沙芙蓉CBD的税收收入为30.29亿元，增长了35.53%，显示了市场主体的强大活力。杭州武林CBD和武汉王家墩CBD的地方一般预算收入下降明显，分别下降了15.89%和26.34%，受疫情影响，武汉王家墩CBD降幅最大。

第四，从以常住人口计算的城区人口密度来看，西安长安路CBD、重庆解放路CBD、武汉王家墩CBD位居前三（见图9）。可能是因为上述三个CBD所在区的行政面积都相对较小，所以人口密度较高。而相对较高的人口密度会给当地带来更多的劳动力资源、更大的消费市场、更高的市场活力，这也就意味着更多的"人口红利"。一线城市CBD中，2020年广州天河CBD和深圳福田CBD的人口密度分别为每平方公里23368人和21100人，远超过北京CBD（每平方公里7856人）。与上海陆家嘴CBD对比来看，北京CBD受人口调控政策影响，常住人口逐年小幅减少，人口密度也相应下降。2020年，北京CBD的人口密度降幅为3.48%，是一线城市中唯一负增长的区域。天津滨海新区CBD的人口密度最小，2020年人口密度为每平方公里922人，其主要原因是行政区面积较大。人口密度下降最快的是武汉王家墩CBD，2020年下降了11.22%。

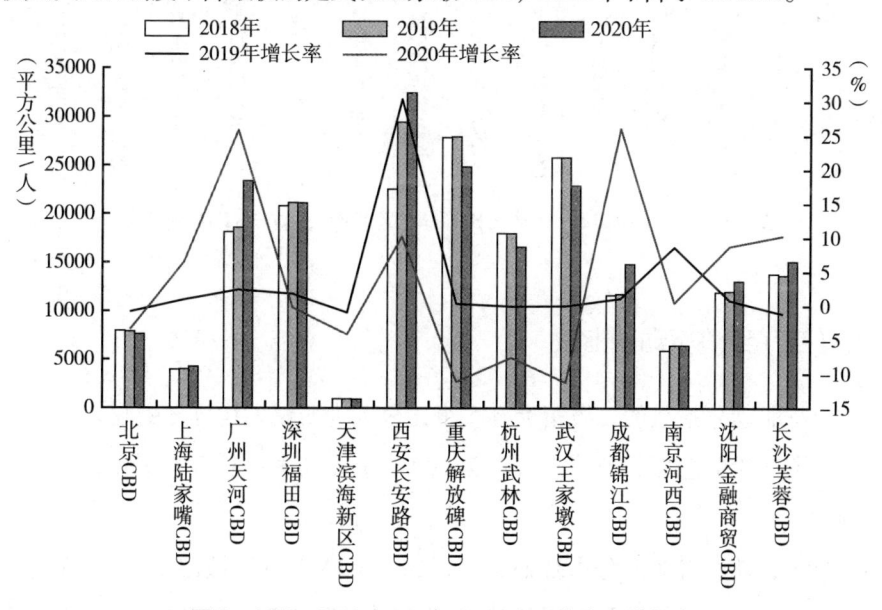

图9 2018~2020年13个CBD人口密度和增长率

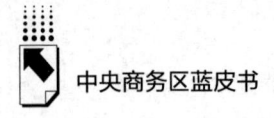

第五，从城区 GDP 占城市 GDP 的比重来看（见图10），虽然 2018~2020 年各 CBD 的计算结果略有差异，但在总体上仍相对稳定。在所选的 13 个 CBD 中，2020 年城区 GDP 占城市 GDP 的比重最高的是天津滨海新区 CBD，占比为 41.69%。就 2020 年的数值来看，四个一线城市 CBD 中，上海陆家嘴 CBD 的 GDP 约占整个上海市 GDP 的 1/3，而北京 CBD 和广州天河 CBD 占比均在 20% 左右。重庆解放碑 CBD、成都锦江 CBD 和南京河西 CBD 的 GDP 占所在城市 GDP 的比重均略低一些，分别为 5.43%、6.47% 和 7.57%。

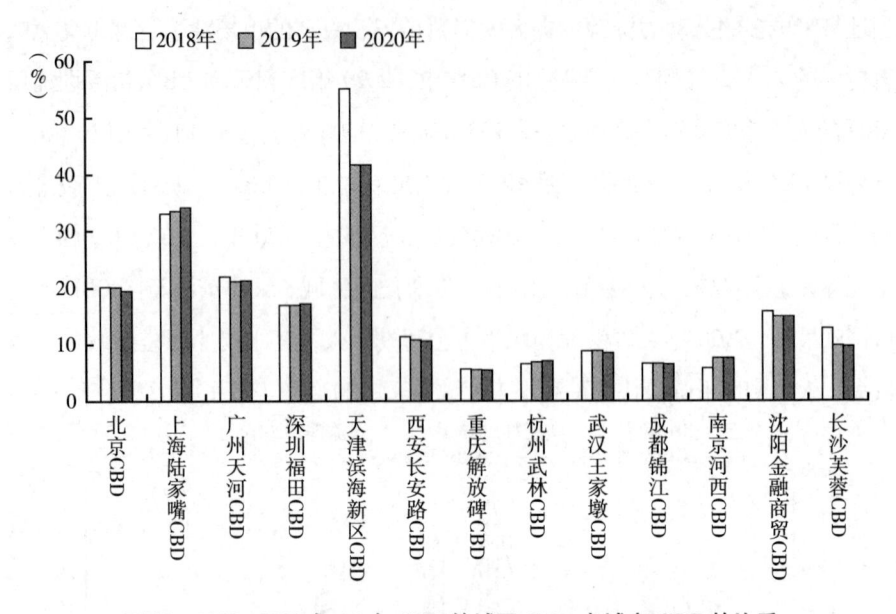

图 10　2018~2020 年 13 个 CBD 的城区 GDP 占城市 GDP 的比重

（三）经济驱动分指数

经济驱动分指数的二级指标有 5 个，分别为城镇人均可支配收入、全社会固定资产投资总额、外贸出口总额、社会消费品零售总额和实际利用外资金额。

首先，就经济驱动分指数而言，2018~2020 年一线城市 CBD 的排名相对稳定，从高到低分别是上海陆家嘴 CBD、北京 CBD、深圳福田 CBD 和广州天河CBD。其中，较为亮眼的是上海陆家嘴CBD，其经济驱动分指数从2018年的11.392上升到2020年的11.587，分指数的提升主要来源于5个二级指标的共同提升。在新一线城市CBD中，2020年天津滨海新区CBD的经济驱动分指数居第一位。就2020年的计算结果而言，新一线城市CBD经济驱动分指数排名前5的分别为天津滨海新区CBD、武汉王家墩CBD、长沙芙蓉CBD、成都锦江CBD、重庆解放碑CBD（见图11）。

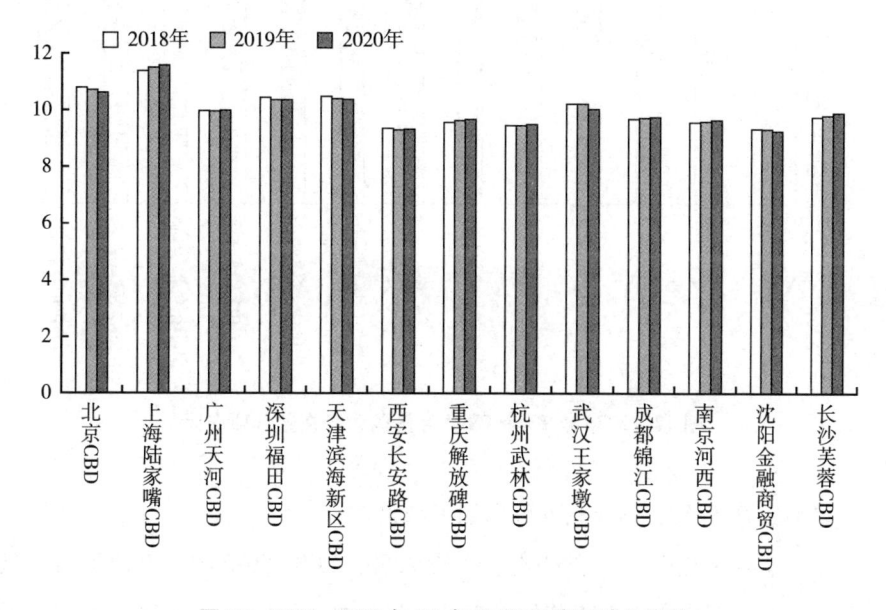

图11 2018~2020年13个CBD经济驱动分指数

其次，从二级指标来看，在本报告选取的13个CBD中，影响CBD发展的核心因素略有差别。如图12所示，2020年上海陆家嘴CBD的外贸出口总额分指标占比仍保持最大，为21.95%，对经济和社会发展起了较大的促进作用。北京CBD的社会消费品零售总额占比最大，为22.57%，这表明城市居民的消费水平能够助力经济驱动指数的提高。北京CBD城镇人均可支配收入占比处于第二位，为21.12%，表明北京CBD经济驱动分指数主要受社会消费品零售总额和城镇居民人均可支配收入的影响。深圳福田CBD的城镇人均可支配收入占比最大，为22.51%，表明城市居民潜在的消费能力比较高。新一线城市 CBD 中，天津滨海新区 CBD 主要依靠全社会固定资产投资驱动国民经济发展，该指标占比达 25%（见图 12）。

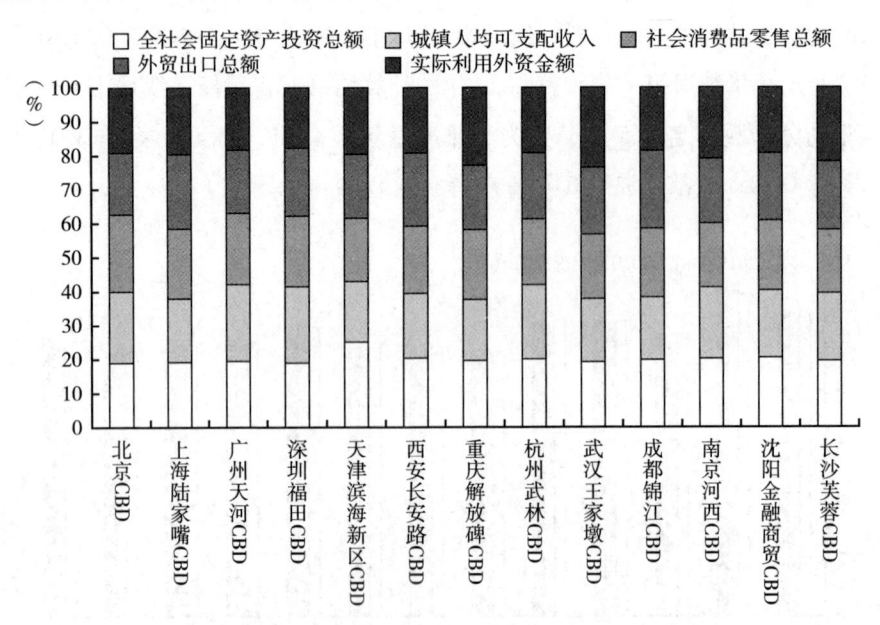

图 12　2020 年 13 个 CBD 经济驱动分指数分项占比

最后，从 5 个二级指标可得到如下结论。

第一，从全社会固定资产投资总额来看，2018~2020 年，天津滨海新区 CBD 的投资总额均明显高于其他 CBD，三年的投资均值达到 4817 亿元（见图 13）。战略性新兴产业快速布局和落地，中石化南港 120 万吨乙烯及下游高端新材料、长城汽车新平台、纬湃科技混合动力及电动汽车系统亚太总部等一批重量级大项目成为经济稳增长新引擎。单 2020 年，天津滨海新区 CBD 全社会固定资产投资总额同比增长 4.9%，其中第一产业投资增了 1.5 倍，第二产业投资同比增长 8.5%，第三产业投资同比增长 2.0%，而房地产开发投资则同比下降了 12.7%，表明当地政府坚决落实了"稳地价、稳房价、稳预期"的要求。

从城市的横向对比来看，2018~2020 年，一线城市 CBD 的全社会固定资产投资总额保持普遍高于新一线城市 CBD 投资总额的态势。一线城市 CBD 中，上海陆家嘴 CBD 投资总额最多，并呈逐年递增趋势，三年的均值为 2193

亿元；北京CBD排在第二位，但2020年下降了18.3%，均值为1113亿元；深圳福田CBD投资总额均值为544亿元，虽然投资规模较小，但其增长率较高，2020年增长了16.5%，其经济增长逐渐不依赖投资推动，特色经济蓬勃发展；广州天河CBD的投资总额在四个新一线城市CBD中处于最低水平。

在新一线城市CBD中，除天津滨海新区CBD以外，2020年成都锦江CBD和南京河西CBD的全社会固定资产投资总额均超过400亿元。2020年，成都锦江CBD的全部产业投资中，第二产业投资增长了81%，其中大部分来自工业投资的增加。而第三产业投资则比2019年下降了18%，公共投资和民间投资占比分别为35.7%和23.9%。民间投资在第三产业投资中的占比上升激发了成都锦江CBD的发展活力，加速了成都锦江区乃至全市的经济动力升级转换，促进了新经济新动力的加速形成。南京河西CBD的全社会固定资产投资总额为460.5亿元，2020年增长率为4.37%，房地产投资占比较高，达到84.3%，工业投资增长较快，增幅为11670.9%。受疫情影响，13个CBD全社会固定资产投资总额增长率的极差较大，其中杭州武林CBD增幅达到33.15%，而沈阳金融商贸CBD则降幅明显，下降了34.7%。

第二，从城镇人均可支配收入来看，一线城市和新一线城市存在显著的差异。2018~2020年，深圳福田CBD、上海陆家嘴CBD、北京CBD和广州天河CBD比新一线城市CBD的人均可支配收入要高（见图14）。2020年一线城市CBD的城镇人均可支配收入的均值达到79314元（由年鉴数据计算得出），而新一线城市CBD城镇人均可支配收入平均值为56643元（由年鉴数据计算得出），一线城市CBD比新一线城市CBD高出大约2.3万元。从一线城市CBD内部来看，深圳福田CBD城镇人均可支配收入最高，三年的平均值为80275元。从新一线城市CBD内部来看，按照2018~2020年的平均值排名，处在前三位的依次是杭州武林CBD、南京河西CBD、长沙芙蓉CBD，平均城镇人均可支配收入分别是65302元、62123元、58457元。2020年，所有样本CBD中，除武汉王家墩CBD以外，城镇人均可支配收入都保持了正增长。各CBD的人均可支配收入及其增长情况如下：北京CBD为78721元，增长了2.32%；上海陆家嘴CBD为74627元，增长了4.16%；

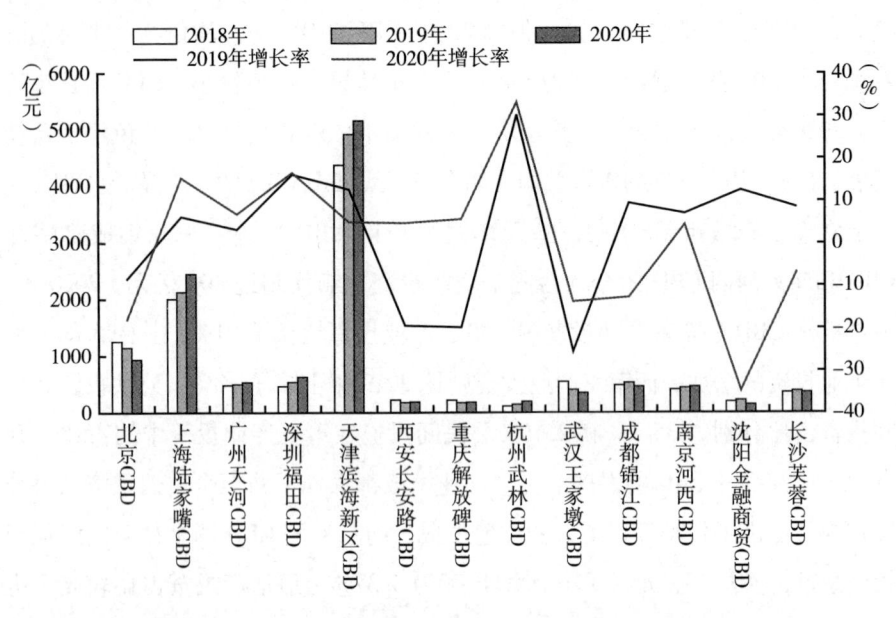

图 13 2018~2020 年 13 个 CBD 全社会固定资产投资总额及增长率

深圳福田 CBD 为 84473 元，增长了 3.97%；广州天河 CBD 为 79435 元，增长了 6.11%；杭州武林 CBD 为 68666 元，增长了 3.93%；南京河西 CBD 为 65857 元，增长了 5.00%；长沙芙蓉 CBD 为 61985 元，增长了 5.00%；天津滨海新区 CBD 为 55026 元，增长了 3.40%；沈阳金融商贸 CBD 为 53822 元，增长了 2.50%；成都锦江 CBD 为 51306 元，增长了 5.58%；西安长安路 CBD 为 50040 元，增长了 4.30%；重庆解放碑 CBD 为 46994 元，增长了 6.30%。武汉王家墩 CBD 受到 2020 年新冠肺炎疫情的冲击，其城镇人均可支配收入为 56090 元，和 2019 年相比，同比下降了 2.82%，是 13 个 CBD 中唯一一个负增长的地区。

第三，就社会消费品零售总额而言，受疫情的影响，2020 年 13 个 CBD 中仅有 4 个是正增长（见图 15）。一线城市 CBD 中，上海陆家嘴 CBD 社会消费品零售总额为 3183.22 亿元，增长率为 0.72%。北京 CBD、广州天河 CBD、深圳福田 CBD 的社会消费品零售总额分别为 3221.7 亿元、1781.43 亿元、2046.98 亿元，增长率分别为 -8.61%、-7.41%、-6.99%。可见，一线

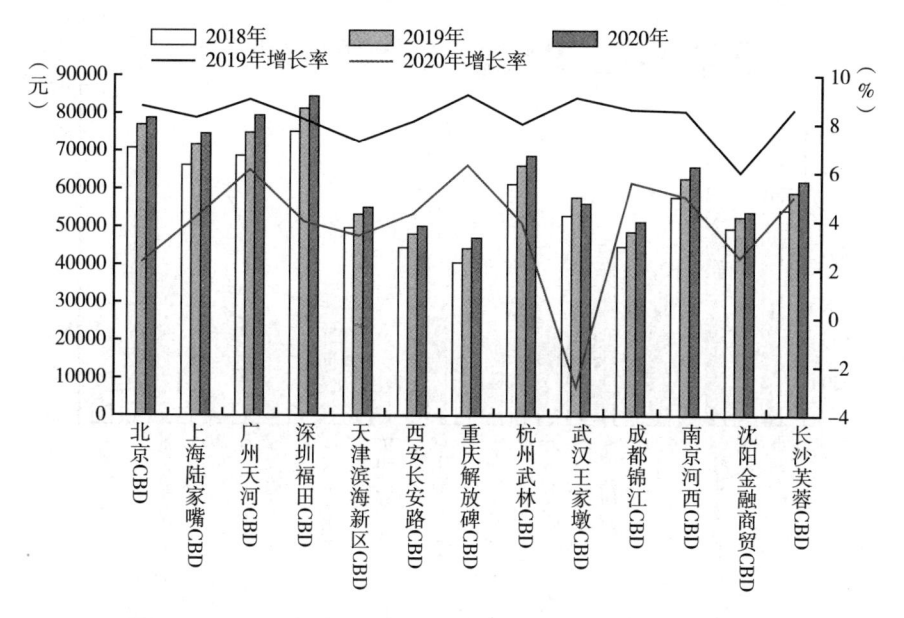

图 14　2018~2020 年 13 个 CBD 城镇人均可支配收入及增长率

城市 CBD 中上海陆家嘴 CBD 零售业的抗冲击能力较强。

2020 年，新一线城市 CBD 中有 3 个实现了社会消费品零售总额的正增长，分别为南京河西 CBD、重庆解放碑 CBD、杭州武林 CBD，它们的社会消费品零售总额分别为 394.63 亿元、1275.24 亿元、538.05 亿元，增长率分别为 1.4%、0.8%、0.7%。其他 6 个 CBD 降幅最大的是武汉王家墩 CBD，2020 年总额为 823.96 亿元，降幅为 31.93%，是国内受疫情冲击较大的地区。其次是沈阳金融商贸 CBD，2020 年社会消费品零售总额为 830.88 亿元，降幅为 28.71%；天津滨海新区 CBD 总额为 970.12 亿元，降幅为 17.3%；西安长安路 CBD 总额为 556 亿元，降幅为 10.65%；长沙芙蓉 CBD 总量为 575.74 亿元，降幅为 3.25%；成都锦江 CBD 为 1164.57 亿元，降幅为 2.52%。但从该二级指标可以粗略地看出，在突发公共卫生事件冲击下，相比一线城市 CBD，新一线城市 CBD 的零售业韧性不足。当然，这与疫情下居民的消费和储蓄观念有关。在疫情防控常态化的背景下，预计 CBD 消费水平下降的幅度会逐步收窄。

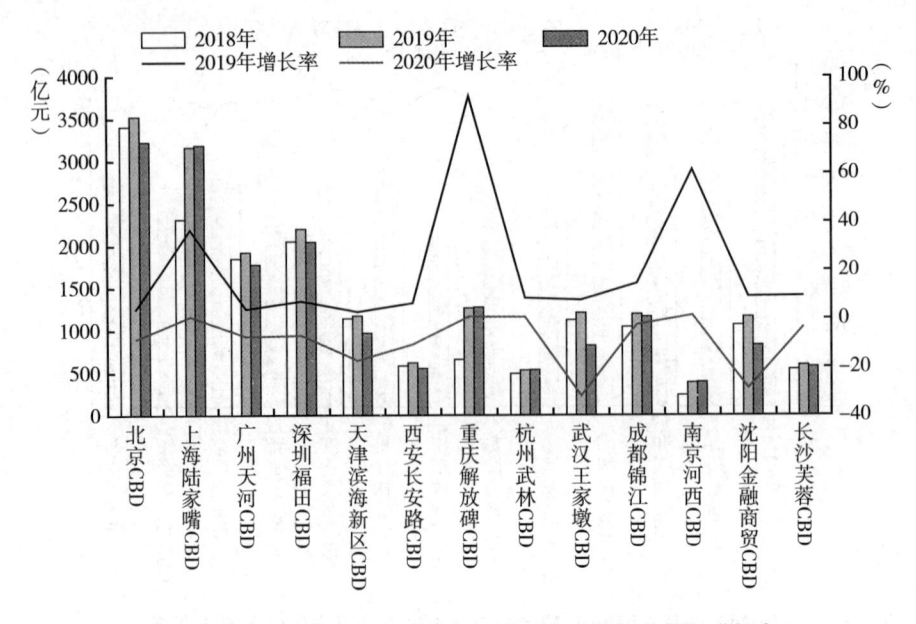

图15　2018~2020年13个CBD社会消费品零售总额及增长率

第四，从外贸出口总额来看，13个CBD的差异较大。2018~2020年，上海陆家嘴CBD外贸出口总额远超其他地区，并成为所有样本地区中唯一一个超千亿美元的地区（见图16）。2020年，上海陆家嘴CBD的外贸出口总额为1034.87亿美元，按当年汇价计算是6752.42亿元，增速约为0.13%。同时，上海陆家嘴CBD也是一线城市CBD中唯一一个实现外贸出口总额正向增长的CBD。2020年，广州天河CBD和深圳福田CBD延续2019年的下降趋势，外贸出口总额分别为34.78亿美元和346.72亿美元，分别下降4.01%和7.00%。2020年北京CBD外贸出口总额为152亿美元，在样本期内首次跌落，跌幅为18.72%。

从增长率看，CBD呈现"一线城市增长乏力，新一线城市强势崛起"的态势，其中最亮眼的是成都锦江CBD、重庆解放碑CBD以及南京河西CBD，总额分别为593.18亿美元、5.41亿美元、13.3亿美元，增长率分别为23.70%、34.19%、24.9%，它们在新一线城市CBD中外贸出口总额增长较快。成都锦江CBD是这三个地区中唯一一个突破500亿美元大关的

CBD。成都外贸发展呈现三大亮点：一是加工贸易进出口值达5031.6亿元，占成都外贸超七成份额，比重由2019年的68.4%升至70.3%；二是"宅经济"快速发展，如出口家用电器增长188.3%，其中冰箱、洗衣机出口增速分别达到536%和269.8%；三是部分高附加值、高技术含量商品出口快速增长，如液晶显示板、电动载人汽车、离心机等出口增速均高于成都23.7%的出口整体增速。①

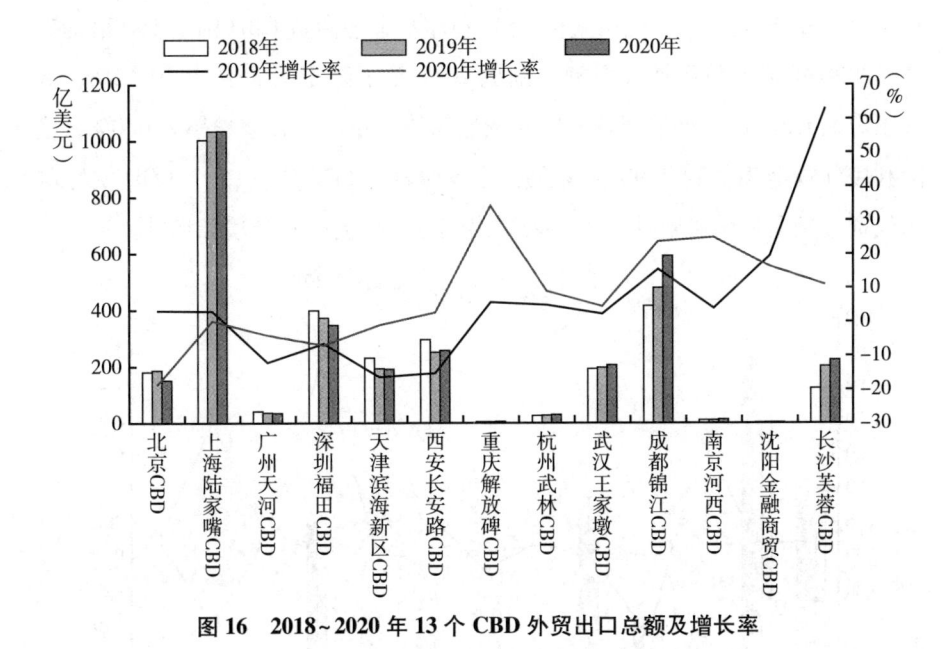

图16 2018~2020年13个CBD外贸出口总额及增长率

第五，从实际利用外资金额看，13个CBD也呈现较大差异。上海陆家嘴CBD金额最高，2020年实际利用外资金额达到93.76亿美元，增长率为6.93%，是第二名天津滨海新区CBD（47.35亿美元）的近2倍（见图17）。第三名是北京CBD，实际利用外资金额为46.20亿美元，比2019年增长7.69%。深圳福田CBD在经历了2019年的大幅跌落后，在2020年实现反弹，增长率为50.80%，达到10亿美元。新一线城市CBD中，成都锦江

---

① 《2020年十大外贸城市：上深北居前三，成都增速最快》，新浪财经，2021年3月30日，https：//finance.sina.com.cn/tech/2021-03-30/doc-ikknscsk4464908.shtml。

CBD增幅最大，为114%，金额达到40.14亿美元，这与成都锦江CBD的外贸出口总额增长趋势契合。究其原因，除出口增长外，世界级企业和产业项目的引进数量也大幅增长。2020年成都锦江区新签约引进产业化重大项目21个，新引进世界500强企业1家，全区世界500强企业累计达137家。西安长安路CBD、长沙芙蓉CBD、南京河西CBD均保持了较为稳定的增长，增长率分别为5.91%、9.08%、11.95%，总量分别达到1.21亿美元、8.88亿美元、3.28亿美元。杭州武林CBD和沈阳金融商贸CBD则呈现跌落的态势，2020年实际利用外资金额分别比2019年下降了7.36%和39.65%。武汉王家墩CBD在受疫情影响的同时依然保持了正增长，增长率为6.0%，实际利用外资金额达到7.98亿美元。总体而言，2020年，13个CBD实际利用外资金额受疫情影响并不大，表现出较好的外商投资环境和韧性。

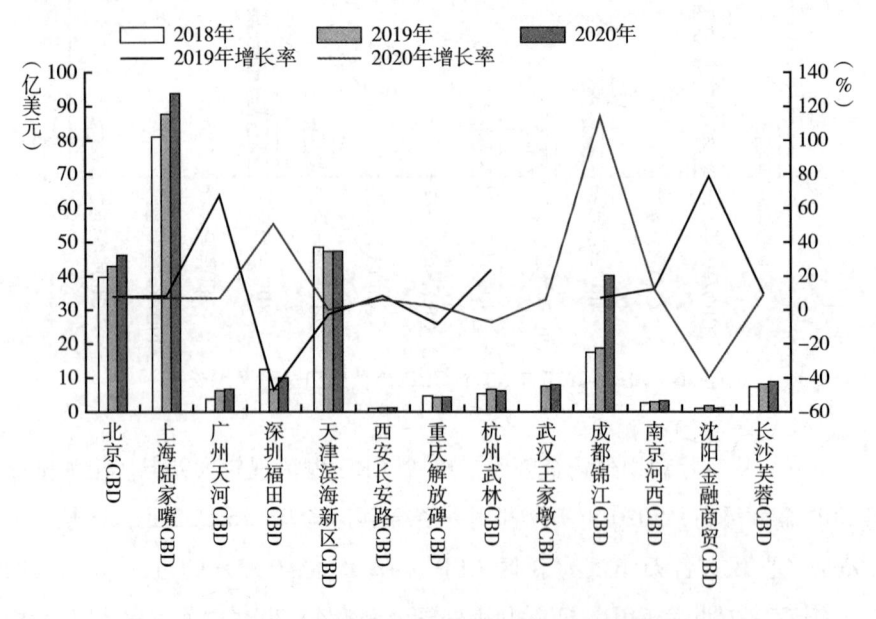

图17　2018~2020年13个CBD实际利用外资金额及增长率

（四）科技创新分指数

科技创新分指数主要由专利授权数、专利申请数和万人高校在校生数三项构成。刻画技术创新的指标相当多，如发明专利数量、高技术人才的比重、创新能力以及R&D投入等。然而，因为不同区域的统计公报以及年鉴中的数据存在差异，所以无法将上面的所有内容纳入统计。综合考虑之后，本报告选择13个具有数据可得性的代表性样本，然后通过多个层面的指标来测算CBD的科技创新程度。

从各类分项指标的贡献来看，二级指标在权重方面变动不大（见图18）。2018~2020年，专利申请数在科技创新分指数中的权重从0.3278上升至0.3288，专利授权数的权重从0.3301下降至0.3295，万人高校在校生数的权重则从2018年的0.3420经过2019年的小幅上升后又下降至2020年的0.3418。从总体上看，万人高校在校生数的权重较高，3个二级指标的权重相对稳定。

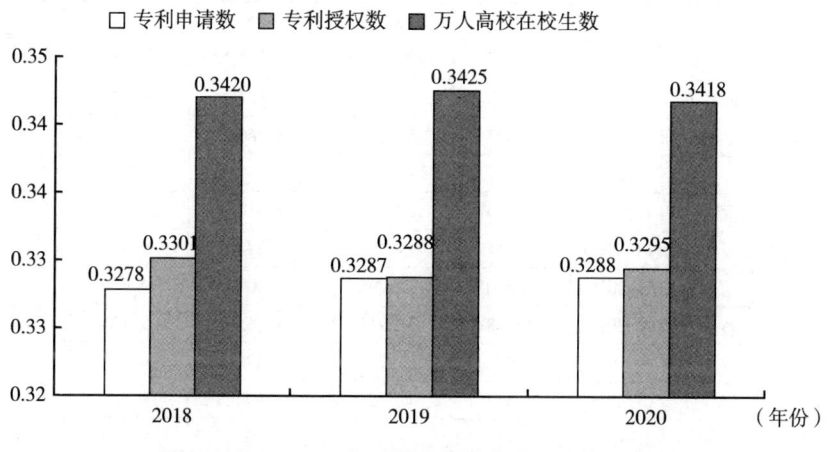

图18　2018~2020年科技创新分指数二级指标权重

从科技创新分指数来看，13个CBD的指数构成略有差异（见表3和图19）。如表3所示，2020年，一线城市CBD中深圳福田CBD的科技创新分指数最高，为11.259，其次是广州天河CBD，为11.023，第三位和第四位分别为北京CBD和上海陆家嘴CBD，分别为9.338和9.267。值得一提的是，2020年一些新一线城市CBD的科技创新分指数要高于一线城市CBD，如南京河西CBD、武汉王家墩CBD、西安长安路CBD的指数均超过10，说明这些城市具有较好的科技创新能力。从指数的内部构成来看，专利申请数以及专利授权数对深圳福田CBD影响较大，两个二级指标的得分分别为4.189和4.152，万人高校在校生数的得分仅为2.918。虽然北京地区高校学生的数量排名第一，然而，因为常住人口的比重较大，高校在科技创新分指数中的影响力被弱化了，因此万人高校在校生数指标的排名并不靠前。对上海陆家嘴CBD而言，科技创新分指数的三个二级指标对科技创新水平的影响相对均衡。而在新一线城市CBD中，西安长安路CBD、沈阳金融商贸CBD、长沙芙蓉CBD、南京河西CBD和杭州武林CBD受万人高校在校生数影响较大，因此，这些地区该二级指标的得分也较其他指标偏高。重庆解放碑CBD和成都锦江CBD受各因素的影响较为均衡（见图19）。

表3 2020年13个CBD科技创新分指数二级指标及排名

类别	CBD	专利申请数	专利授权数	万人高校在校学生数	总得分	排名
一线城市CBD	北京CBD	3.113	3.103	3.121	9.338	3
	上海陆家嘴CBD	3.097	3.104	3.066	9.267	4
	广州天河CBD	3.657	3.793	3.573	11.023	2
	深圳福田CBD	4.189	4.152	2.918	11.259	1
新一线城市CBD	天津滨海新区CBD	3.044	3.060	3.272	9.377	8
	西安长安路CBD	3.220	3.199	4.004	10.424	3
	重庆解放碑CBD	3.168	3.291	3.165	9.624	6
	杭州武林CBD	2.976	2.979	3.322	9.278	9
	武汉王家墩CBD	3.323	3.272	3.894	10.489	2
	成都锦江CBD	3.344	3.307	3.304	9.954	4
	南京河西CBD	3.431	3.366	3.876	10.673	1
	沈阳金融商贸CBD	3.057	3.069	3.348	9.475	7
	长沙芙蓉CBD	3.119	3.133	3.568	9.820	5

此外，本报告参考2021年中央商务区蓝皮书的研究范式，对上海浦东新区和北京朝阳区的科技创新能力继续展开对比分析，结果见表4。在技术合同成交数量和成交总额方面，北京朝阳区高于上海浦东新区。从成交量上看，北京朝阳区2020年的技术合同成交量是上海浦东新区的1.55倍。从技术合同成交总额

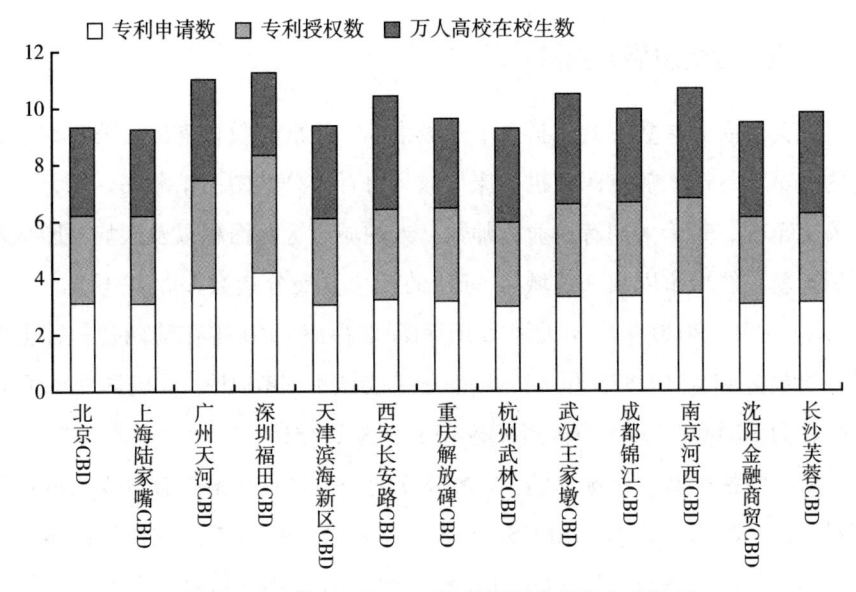

图 19　2020 年 13 个 CBD 科技创新分指数分项构成

上看，北京朝阳区技术合同成交总额 2018 年突破 1000 亿元，2020 年增长到 1250 亿元。而 2018~2020 年，上海浦东新区的技术合同成交总额从 346 亿元增长到 766 亿元。三年间，北京朝阳区专利申请总量和发明专利申请量的平均值都高于上海浦东新区。同时，北京朝阳区的专利授权量也一直高于上海浦东新区。直至 2020 年，上海浦东新区的专利授权总量第一次超过了北京朝阳区。

表 4　北京朝阳区和上海浦东新区科技创新能力比较

年份	CBD 所在城区	技术合同成交数量（项）	技术合同成交总额（亿元）	专利申请量（件）		专利授权量（件）	
				总量	发明专利	总量	发明专利
2018	北京朝阳区	7384	1035	37703	21754	22304	9040
	上海浦东新区	2370	346	33417	15412	18753	6188
2019	北京朝阳区	6618	1160	40219	23949	23665	10070
	上海浦东新区	2618	444	36476	17161	23219	6726
2020	北京朝阳区	6031	1250	41606	23994	27551	11473
	上海浦东新区	3897	766	—	—	27589	7160

数据来源：历年北京统计年鉴和上海统计年鉴；"—"表示数据未公布。

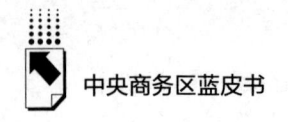

（五）社会发展分指数

社会发展分指数下共包括7个二级指标，依次为教育支出占公共财政支出的比重、每千人拥有医疗机构床位数、每百人公共图书馆藏书、每万人拥有公交车辆、每千人拥有执业医师数、人均城市道路面积以及人均公园绿地面积。新一线城市以及一线城市CBD的社会发展分指数差距并不大。一线城市CBD中，2020年广州天河CBD和深圳福田CBD排在前两位，社会发展分指数分别为10.875和10.548；新一线城市CBD中，重庆解放碑CBD最高，为10.600，其次为杭州武林CBD，为10.318。

从二级指标看，所选择的13个CBD的公共财政支出中教育支出的比重相对均衡。2020年深圳福田CBD教育支出占公共财政支出的比重的得分是最高的，其次则是西安长安路CBD和广州天河CBD。每百人公共图书馆藏书这一指标的排序中，深圳福田CBD、重庆解放碑CBD和南京河西CBD处于前三位。广州天河CBD每万人拥有公交车辆排在第一位，排在第二位和第三位的分别是北京CBD和深圳福田CBD（见图20）。

（六）区域辐射分指数

本部分分析详见本蓝皮书《B.3 中央商务区区域辐射指数分析（2022）》，这里不再赘述。

四 结论与对策建议

本报告构建包含5个分指数的中央商务区综合发展指数指标体系，对选择的13个CBD在2018~2020年的综合发展状况进行了细致的分析，为后续的持续跟踪提供便利。

通过以上分析，本报告的研究结论如下。（1）所选13个CBD在2018~2020年总体发展较为平稳。不过，新一线城市CBD与一线城市CBD之间的发展差距依旧存在。一线城市CBD的综合发展指数总体上比新一线城市CBD

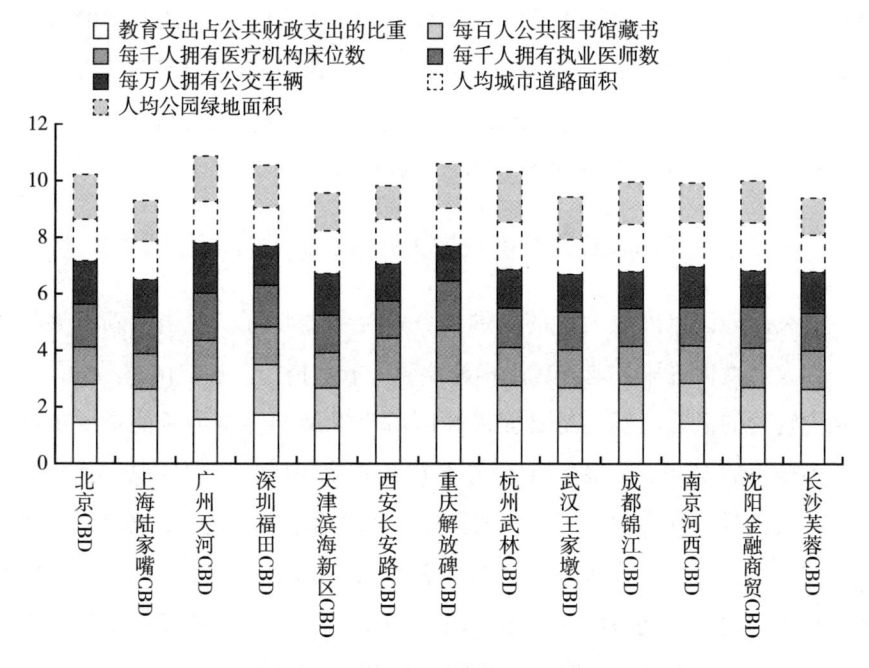

图 20　2020 年 13 个 CBD 社会发展分指数分项构成

高，这主要是因为经济驱动、经济发展以及科技创新等方面的差异。(2) 从三年的平均水平来看，各 CBD 发展过程中的核心影响因素存在显著的异质性。2018~2020 年，北京 CBD 的发展主要来自经济驱动，深圳福田 CBD 的发展主要来自科技创新，上海陆家嘴 CBD 的发展主要来自经济发展和经济驱动，广州天河 CBD 发展的驱动力主要来自科技创新和社会发展。新一线城市 CBD 中，天津滨海新区 CBD 的综合发展指数最高，这主要得益于经济发展和经济驱动在经济社会发展中提供的动能。(3) 从 2018~2020 年各个分指数的平均水平看，上海陆家嘴 CBD 和天津滨海新区 CBD 的经济发展分指数分别居一线城市 CBD、新一线城市 CBD 的首位。按经济驱动分指数对一线城市 CBD 进行排序，从高到低依次为上海陆家嘴 CBD、北京 CBD、深圳福田 CBD、广州天河 CBD；天津滨海新区 CBD 是新一线城市 CBD 中经济驱动分指数最高的 CBD。从科技创新分指数来看，相比新一线城市 CBD，一线城市 CBD 表现更好，排名第一的 CBD 为深圳福田 CBD。而从社会发展

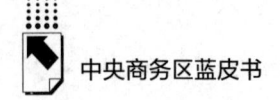

分指数来看，广州天河CBD和重庆解放碑CBD分别居一线城市CBD和新一线城市CBD的第1位；一线城市CBD的区域辐射分指数显著高于除天津滨海新区CBD外的新一线城市CBD。本报告基于上述数据分析结果，提出如下CBD以高端服务引领城市更新的具体建议。

（一）推进CBD高端服务业扩大开放，以CBD引领城市更新

中央商务区以聚集大量的高端服务业为主要特征。在当前新发展格局下，加大力度促进服务业开放是构建全面开放新格局、加快由贸易大国向贸易强国转变的重要路径，也是促进我国城市发展和经济增长的重要措施之一。各城市的CBD应不断汲取服务业扩大开放的成功经验，总结适合本区域的开放路径，并合理有序地扩大服务业开放的范围。此外，各地的要素禀赋不同，产业结构和发展基础各异，各城市CBD应结合自身优势和特点，形成特色鲜明的发展格局，增强本城市CBD的竞争力，从而提升服务业扩大开放的广度和深度，并对旧商圈的更新改造发挥辐射带动作用。

（二）增强CBD数字科技创新能力，以创新带动城市更新

数字科技的发展为中央商务区引领城市高质量发展注入了新的动力。为提升数字科技创新能力，各城市应制定完善的服务业科技人才扶持政策，为科技创新人才提供完备的配套服务。营造中央商务区数字科技促进城市更新的环境，就要营造良好的科技人才集聚环境和创新创业环境。因此，各个城市的地方政府应合理高效利用财政资金，并吸引社会资金进入中央商务区，提升本地中央商务区的发展潜力，为吸引科技人才进入提供良好的发展环境。最后，发挥数字科技创新的知识外溢效应，通过补贴等手段推动中央商务区高端服务产业的数字化转型，带动城市商圈的更新和升级。

（三）加大CBD高端服务消费激励，以消费促进城市更新

高端服务业消费能够增强城市活力。一方面，要充分挖掘居民消费能力，刺激居民消费。从短期来看，主管部门和企业等可通过发放消费券、打

折促销等多种形式提升中央商务区消费品的交易量。另一方面，也要为居民消费性支出解压，优化土地和住房的价格调控，让货币真正流入消费市场。最后，各城市的中央商务区要提升产品质量，打造品牌和标准，通过发展高端服务产业实现提质升级，以消费促发展，以消费促进城市更新。

参考文献

[1]《2021年政府工作报告》，中国政府网，2021年3月5日，http://www.gov.cn/zhuanti/2021lhzfgzbg/index.htm。

[2]《中华人民共和国国民经济和社会发展第十四个五年规划和2035年远景目标纲要》，中国政府网，2021年3月13日，http://www.gov.cn/xinwen/2021-03/13/content_5592681.htm。

[3] 张杰等：《中央商务区产业发展报告（2021）》，社会科学文献出版社，2021，第52~71页。

[4] 蒋三庚等：《中央商务区产业发展报告（2020）》，社会科学文献出版社，2020，第16~17页。

[5]《"十四五"城市发展新动能：高质量的城市更新》，搜狐网，2020年12月21日，https://www.sohu.com/a/439489955_748530。

[6] 王晗、何枭吟：《服务业开放试点对城市经济高质量发展的影响研究——基于合成控制法的实证分析》，《城市问题》2021年第7期，第61~72页。

[7]《2020年十大外贸城市：上深北居前三，成都增速最快》，新浪财经，2021年3月30日，https://finance.sina.com.cn/tech/2021-03-30/doc-ikknscsk4464908.shtml。

[8] 王博娅、刘志成：《城市更新背景下北京市中心城区生态网络的优化策略》，《城市发展研究》2022年第1期，第113~120页。

[9] 谭洪波：《双循环下中央商务区服务业对内开放的意义与路径》，《江西社会科学》2021年第9期，第59~68页。

B.3
中央商务区区域辐射指数分析（2022）

李晓艳*

摘　要： 中央商务区是城市发展的新引擎。本报告以4个一线城市（北京、上海、广州、深圳）和9个新一线城市（天津、成都、武汉、杭州、重庆、南京、西安、长沙、沈阳）共13个城市的CBD为研究对象，对其区域辐射指数进行计算、分析与评价。研究发现，2018~2020年，13个CBD区域辐射指数总体呈现不均衡的特点，一线城市CBD的区域辐射指数依然领跑，明显高于一线城市CBD，均衡发展任重而道远。基于此，本报告提出以下建议：以高端服务激活CBD发展新引擎，引领城市转型更新；科技创新与产业转型相结合，推动CBD高水平发展；以"智慧"赋能CBD，助推当地经济发展；以人为本提升配套服务能力，优化CBD营商环境。

关键词： 中央商务区　区域辐射　辐射能力

随着以国内大循环为主体、国内国际双循环相互促进的新发展格局逐渐形成，中央商务区（CBD）作为承载城市商务发展与展示综合实力的功能区，作为城市现代化的名片与窗口、区域经济发展的"中央处理器"与全球经济的"中转器"，通过优化区域环境和提升影响力加速实现商业资源集聚，推动城市经济的发展。目前，中国各CBD主要集中在一线城市和新一线城市，各CBD发展不平衡。为充分发挥CBD在国际开放枢纽和城市发展中的"动力

---

* 李晓艳，经济学博士，国家卫生健康委科学技术研究所、北京市哲学社会科学CBD发展研究基地特聘研究员，主要研究领域为经济理论与政策。

核"作用，以CBD高端服务引领更新城市发展，本报告以4个一线城市（北京、上海、广州、深圳）和9个新一线城市（天津、成都、武汉、杭州、重庆、南京、西安、长沙、沈阳）共13个城市的CBD为研究对象，通过构建科学合理的指标体系，对区域辐射指数进行计算、分析与评价。

一 指标体系构建

本报告基于数据的可得性和可操作性，根据熵值法指数计算的基本原则，选取辐射能力、辐射行动和辐射绩效三个维度若干个指标，建立衡量CBD区域辐射水平的综合评价指标体系[①]，对13个CBD的区域辐射指数进行测度和分析，具体指标见表1。本报告的数据主要来自2018～2020年各CBD所在城区或城市的统计年鉴、城市年鉴、国民经济和社会发展统计公报等权威的公开统计资料，以及量子数聚（北京）科技有限公司的相关数据。指标解释中如未注明的，数据均为城区数据。

表1 CBD区域辐射指数指标体系

一级指标	二级指标	指标解释及数据来源
辐射能力分指数	总体经济能力	CBD所在城区GDP（亿元）
	政府行为能力	地方一般预算收入（亿元）
	区域创新能力	每万人专利授权量（件）
	区域联通能力	CBD所在城区城市道路总长度（公里），使用城市级数据
辐射行动分指数	政府辐射行动	政府实际利用外资金额/GDP
	企业辐射行动	企业跨地区股权投资总额（亿元）、吸收资金（亿元），数据来源于量子数聚（北京）科技有限公司；资金净值（亿元）
	金融机构辐射行动	金融机构本外币存款余额（亿元），使用城市级数据
		金融机构本外币贷款余额（亿元），使用城市级数据
	居民辐射行动	城镇单位在岗职工平均工资（元）

---

① 从皮书编写的延续性角度出发，该指标体系与《中央商务区产业发展报告（2020）》和《中央商务区产业发展报告（2021）》中B.3的指标体系一致。

续表

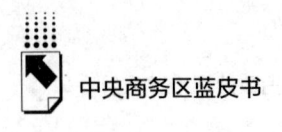

一级指标	二级指标	指标解释及数据来源
辐射绩效分指数	经济绩效	人均GDP(元)
	社会绩效	每千人医疗卫生机构床位数(张),用常住人口计算
	环境绩效	建成区绿化覆盖率(%)

二 测度结果与综合分析

（一）区域辐射指数

根据熵值法指数计算的原理，测算出的2018~2020年13个CBD的区域辐射指数详见表2和图1。

表2 2018~2020年13个CBD区域辐射指数

类别	CBD	2018年	2019年	2020年
一线城市CBD	北京CBD	17.4179	17.4776	17.4183
	上海陆家嘴CBD	16.8066	17.7793	17.9025
	广州天河CBD	15.9452	16.0584	15.5419
	深圳福田CBD	16.3092	16.1841	16.3433
新一线城市CBD	天津滨海新区CBD	15.5666	14.9547	14.7652
	成都锦江CBD	14.2734	14.3068	14.0016
	杭州武林CBD	14.4408	14.3820	14.9282
	武汉王家墩CBD	14.1267	14.1199	14.2614
	重庆解放碑CBD	14.5956	14.7724	14.8962
	南京河西CBD	14.6990	14.8489	14.8220
	西安长安路CBD	13.5887	13.3947	13.3950
	长沙芙蓉CBD	14.2844	13.9848	13.8461
	沈阳金融商贸CBD	12.9460	12.7365	12.8782

首先，从2018~2020年13个CBD的区域辐射指数来看（见图1），一线城市CBD的指数总体明显高于新一线城市CBD，可知13个CBD的发展

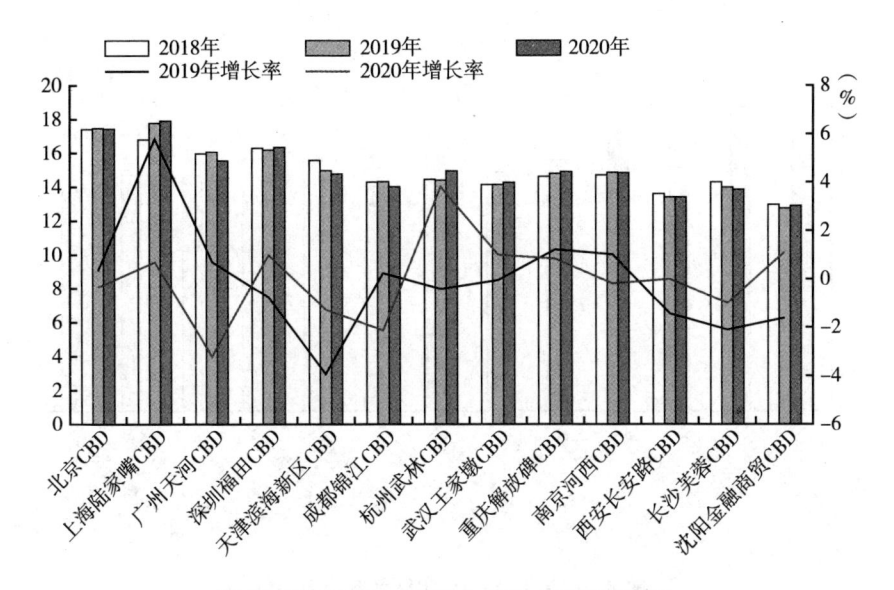

图1　2018~2020年13个CBD区域辐射指数

呈现不平衡的状态，区域辐射效应具有较大的地域性差距。一线城市CBD中，上海陆家嘴CBD区域辐射指数2019年、2020年连续两年位居第一，北京CBD区域辐射指数2018年最高。新一线城市CBD中，2018~2019年天津滨海新区CBD区域辐射指数最高，2020年杭州武林CBD区域辐射指数位居榜首。从区域辐射指数的变化情况来看，上海陆家嘴CBD、重庆解放碑CBD的区域辐射指数逐年提高，而天津滨海新区CBD和长沙芙蓉CBD区域辐射指数呈现连续下降的趋势，其他CBD区域辐射指数变化不规律。

其次，从2020年区域辐射指数来看（见图2），一线城市CBD的区域辐射指数较高，其中，上海陆家嘴CBD为17.9025、北京CBD为17.4183、深圳福田CBD为16.3433、广州天河CBD为15.5419，一线城市CBD具有鲜明的综合优势，区域辐射能力依然领跑。新一线城市CBD中，杭州武林CBD和重庆解放碑CBD的综合辐射优势相对比较突出，两个CBD的区域辐射指数分别是14.9282和14.8962。除沈阳金融商贸CBD对周边地区的带动和辐射作用有待进一步提升外，其他新一线城市CBD的区域辐射能力比较均衡。

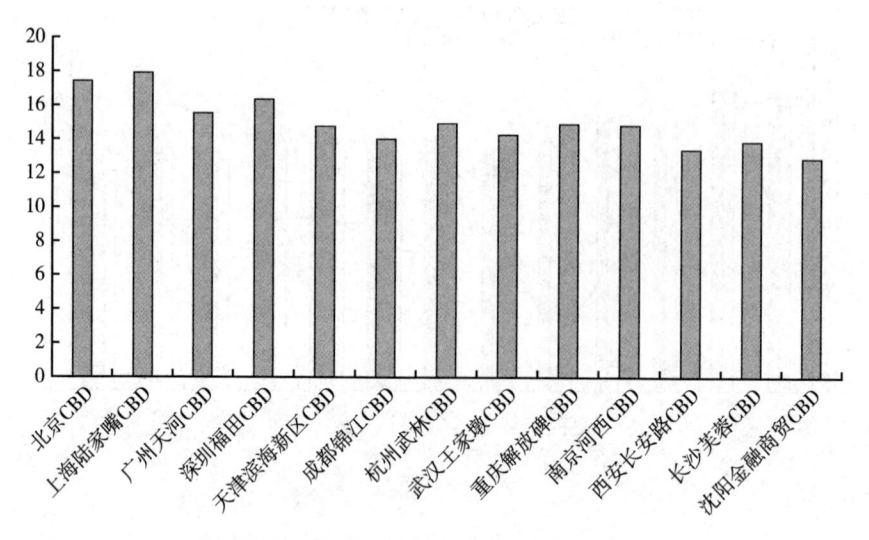

图 2　2020 年 13 个 CBD 区域辐射指数

（二）辐射能力分指数

2018~2020 年 13 个 CBD 的辐射能力分指数见表 3。

表 3　2018~2020 年 13 个 CBD 辐射能力分指数

类别	CBD	辐射能力分指数		
		2018 年	2019 年	2020 年
一线城市 CBD	北京 CBD	5.4739	5.4725	5.2592
	上海陆家嘴 CBD	6.5000	6.4965	6.8026
	广州天河 CBD	5.2389	5.2830	5.2399
	深圳福田 CBD	5.2904	5.3388	5.3136
新一线城市 CBD	天津滨海新区 CBD	5.6278	5.5456	5.4072
	成都锦江 CBD	5.1569	5.1082	5.1201
	杭州武林 CBD	5.1498	5.0945	5.1272
	武汉王家墩 CBD	4.3875	4.3986	4.4177
	重庆解放碑 CBD	4.3191	4.3439	4.3716
	南京河西 CBD	4.7269	4.8250	4.8221
	西安长安路 CBD	4.5943	4.5377	4.5443
	长沙芙蓉 CBD	4.1187	4.1112	4.1157
	沈阳金融商贸 CBD	4.4158	4.4444	4.4588

首先，从13个CBD的辐射能力分指数来看，2018~2020年，一线城市CBD辐射能力分指数总体较高，其中，上海陆家嘴CBD的辐射能力分指数连续三年居13个CBD之首（见图3）。新一线城市CBD中，天津滨海新区CBD辐射能力分指数连续三年最高，但指数呈现逐年下降的特点。从指数变动情况来看，武汉王家墩CBD、重庆解放碑CBD和沈阳金融商贸CBD的辐射能力分指数逐年增加，而北京CBD和天津滨海新区CBD的辐射能力分指数呈现逐年下降的特点，其他CBD的辐射能力分指数变化不规律。其中，广州天河CBD、深圳福田CBD和南京河西CBD的指数表现出2019年提高而2020年下降的特点，而上海陆家嘴CBD、成都锦江CBD、杭州武林CBD、西安长安路CBD、长沙芙蓉CBD的指数表现出2019年下降而2020年提高的特点。尤其是上海陆家嘴CBD，2019年的指数增长率为-0.05%，而2020年的指数增长率为4.71%。

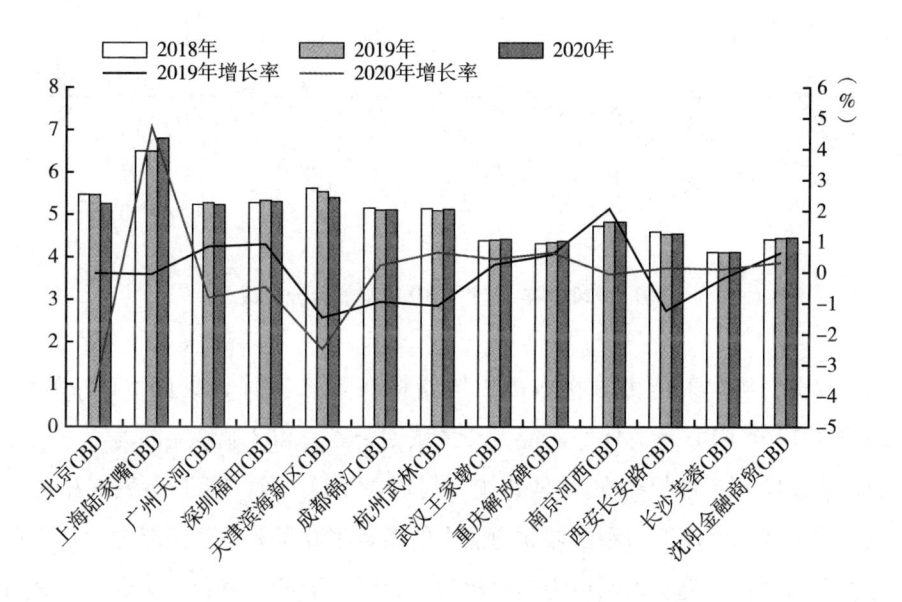

图3　2018~2020年13个CBD辐射能力分指数

从2020年13个CBD辐射能力分指数来看，一线城市CBD中上海陆家嘴CBD的辐射能力分指数为6.8026，高居榜首，深圳福田CBD辐射能力分指数排名第二，为5.3136，排名第三的是北京CBD，辐射能力分指数为5.2592（见图4）。新一线城市CBD中，天津滨海新区CBD的辐射能力分指数最高，达到5.4072，杭州武林CBD的辐射能力分指数为5.1272，位居第二，成都锦江CBD的辐射能力分指数为5.1201，位居第三，三个CBD辐射能力分指数都在5以上。其他CBD的辐射能力分指数与上述CBD有差距，表明这些区域需要大力推进和发展CBD，以提升城市影响力和吸引力。

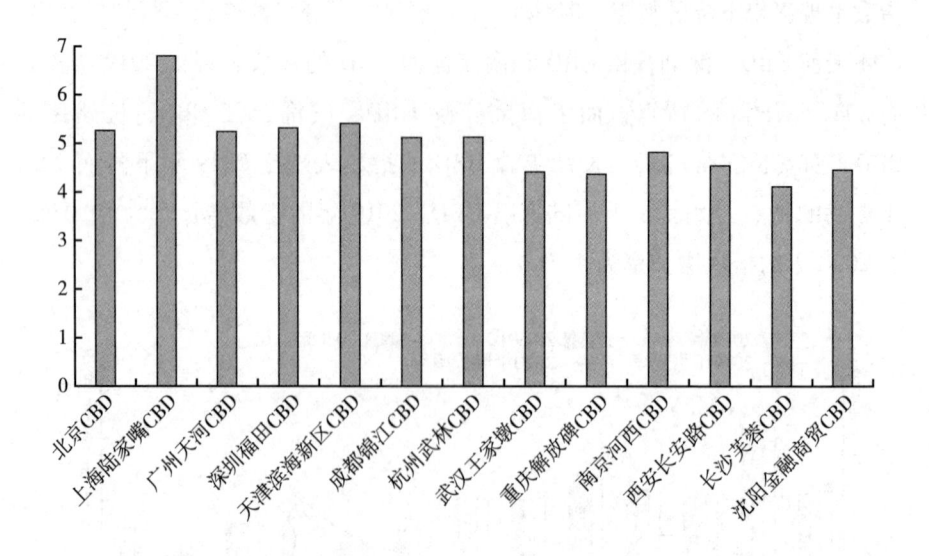

图4　2020年13个CBD辐射能力分指数

其次，从辐射能力分指数的二级指标权重来看（详见图5），2018～2020年13个CBD的总体经济能力、区域创新能力和区域联通能力三个指标的权重连续三年都保持在0.24以上，可以看出这三个二级指标发展相对平稳。其中区域创新能力和区域联通能力的权重略高于总体经济能力和政府行为能力的权重，表明这两项指标对辐射能力分指数的贡献和影响突出，这与当前各地政府积极营造良好营商环境、创造有利于创业创新的营商氛围有很大关系。政府行为能力指标在辐射能力分指数中的权重低于其他三个指标。

最后，13个CBD辐射能力分指数二级指标的具体情况如下。

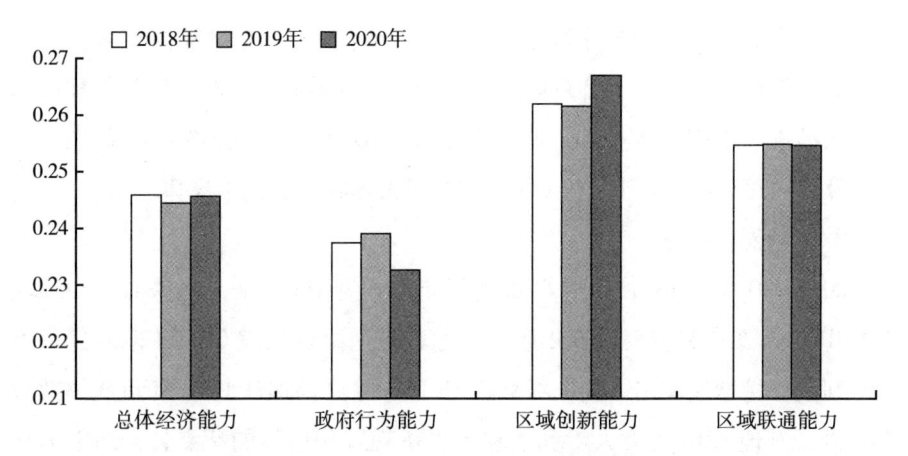

图 5　2018~2020 年 13 个 CBD 辐射能力分指数二级指标权重

1. 总体经济能力

2018~2020 年，13 个 CBD 经济总量不均衡（详见 B.2 图 6），一线城市 CBD 和天津滨海新区 CBD 的经济总量远超其他新一线城市 CBD，上海陆家嘴 CBD 的 GDP 最高，连续三年都超过 10000 亿元。除天津滨海新区 CBD 外，新一线城市 CBD 的 GDP 差距不大。从 GDP 的增长率来看，除北京 CBD、天津滨海新区 CBD、武汉王家墩 CBD、长沙芙蓉 CBD 和沈阳金融商贸 CBD 外，其他 8 个 CBD 的 GDP 增长率均为正，经济总量呈现逐年上升的态势。而天津滨海新区 CBD 和长沙芙蓉 CBD 的 GDP 在 2019 年下降明显，同比增长率分别为-20.45%和-15.11%。2019 年南京河西 CBD 的 GDP 增加明显，同比增长率高达 41%左右。

2. 政府行为能力

从地方一般预算收入来看，2018~2020 年，北京 CBD、上海陆家嘴 CBD 和天津滨海新区 CBD 的地方一般预算收入较高，均在 460 亿元以上，表明这三个地区经济健康发展、有活力，稳经济政策效应显现。

从地方一般预算收入的变化来看（见 B.2 图 8），2018~2020 年 13 个 CBD 地方一般预算收入逐年增加的有上海陆家嘴 CBD、天津滨海新区 CBD、长沙芙蓉 CBD 和沈阳金融商贸 CBD，其中，2020 年长沙芙蓉 CBD 地方一般预算收入增长较快,增长率高达24%左右,财政收入总量提高显著。财政收入的增长得益于各地经济总体平稳运行、财税体制变革和供给侧结构改革的深入推进。成都锦江CBD、武汉王家墩CBD和西安长安路CBD的地方一般预算收入逐年减少。其他CBD地方一般预算收入变化不规律。

3. 区域创新能力

2018~2020年13个CBD区域创新能力详见图6。从总量来看,一线城市CBD每万人专利授权量逐年增加,尤其是上海陆家嘴CBD,2020年每万人专利授权量增速突出。新一线城市CBD中除成都锦江CBD和重庆解放碑CBD外,其他CBD每万人专利授权量也呈现逐年增加的特点,创新能力逐渐增强。从增长率来看,2020年的增长率总体高于2019年。

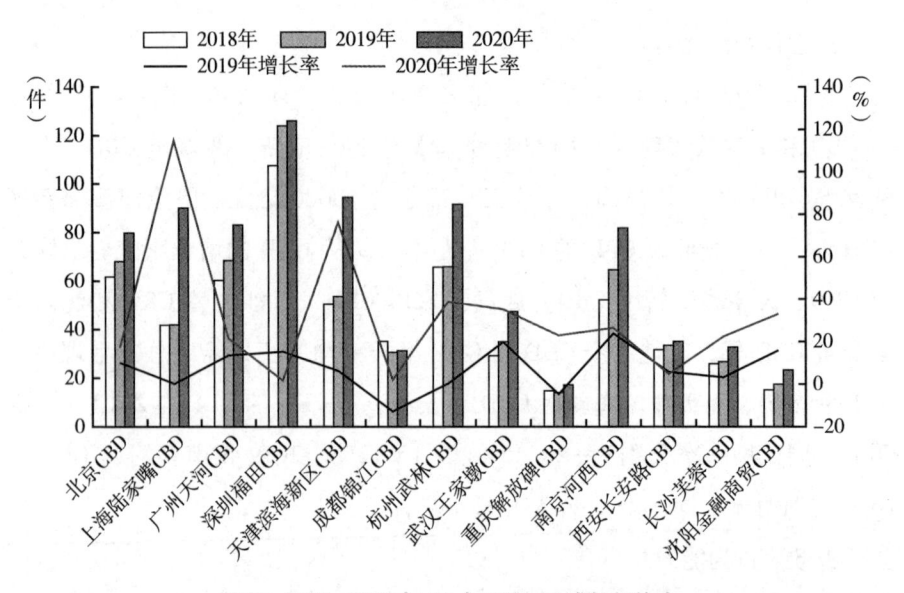

图6 2018~2020年13个CBD区域创新能力

4. 区域联通能力

本报告选取CBD所在城区的城市道路总长度作为指标,衡量CBD的区域联通能力。2018~2020年13个CBD的区域联通能力见图7。一线城市CBD中,广州天河CBD的城市道路总长度逐年增加。新一线城市CBD的区域联通能力逐渐增强,城市之间的交通便利程度也在提高,其中天津滨海新区 CBD、成都锦江 CBD、杭州武林 CBD、重庆解放碑 CBD 和沈阳金融商贸 CBD 的城市道路总长度逐年增加。成都锦江 CBD、上海陆家嘴 CBD 和杭州武林 CBD 的城市道路总长度位于前列,北京 CBD 和南京河西 CBD 的城市道路总长度呈现逐年减少的特点。其他 CBD 中,深圳福田 CBD、武汉王家墩 CBD、西安长安路 CBD 和长沙芙蓉 CBD 的城市道路总长度在 2019 年有所下降而在 2020 年增加。武汉王家墩 CBD 的城市道路总长度的变动幅度较大。

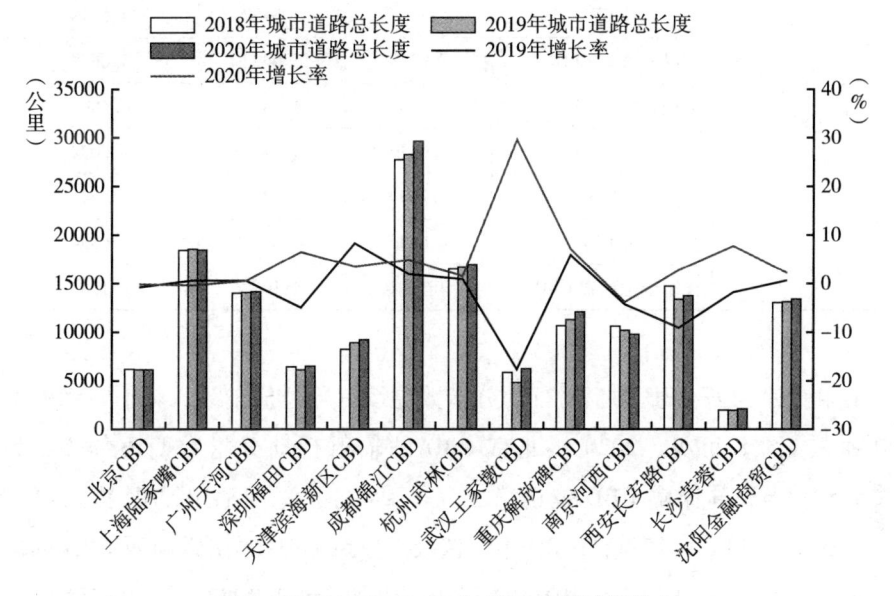

图 7　2018~2020 年 13 个 CBD 区域联通能力

(三)辐射行动分指数

2018~2020 年 13 个 CBD 的辐射行动分指数见表 4。

首先,从辐射行动分指数来看,2018~2020 年,四个一线城市 CBD 的辐射行动分指数明显高于新一线城市 CBD。其中,北京 CBD 和上海陆家嘴 CBD 的辐射行动分指数一直位居前列。新一线城市 CBD 中,武汉王家墩

表4 2018~2020年13个CBD的辐射行动分指数

类别	CBD	辐射行动分指数		
		2018年	2019年	2020年
一线城市CBD	北京CBD	6.4937	6.4995	6.5655
	上海陆家嘴CBD	6.1860	6.2767	6.4847
	广州天河CBD	5.1213	5.1279	5.0220
	深圳福田CBD	5.7378	5.6558	5.5034
新一线城市CBD	天津滨海新区CBD	4.8656	4.8187	4.8429
	成都锦江CBD	4.4853	4.4905	4.3715
	杭州武林CBD	4.4995	4.5487	4.6848
	武汉王家墩CBD	5.0338	5.0433	5.0657
	重庆解放碑CBD	4.5757	4.5374	4.4800
	南京河西CBD	5.0136	4.9416	4.9072
	西安长安路CBD	4.2339	4.2323	4.2546
	长沙芙蓉CBD	4.6436	4.6578	4.6894
	沈阳金融商贸CBD	4.1101	4.1697	4.1283

CBD和南京河西CBD的辐射行动分指数连续三年位居前列，辐射行动作用强劲。从图8可见，2020年北京CBD的辐射行动分指数明显领先，为6.5655，上海陆家嘴CBD位居第二（6.4847），深圳福田CBD排名第三（5.5034）。在新一线城市CBD中，武汉王家墩CBD和南京河西CBD的辐射行动分指数高于其他CBD，分别为5.0657和4.9072，天津滨海新区CBD辐射行动分指数为4.8429，排名第三，其他CBD的辐射行动分指数与上述CBD有一定差距。

其次，从辐射行动分指数的变动情况来看（见图9），2018~2020年，北京CBD、上海陆家嘴CBD、杭州武林CBD、武汉王家墩CBD和长沙芙蓉CBD的辐射行动分指数逐年提高。其中，北京CBD辐射行动分指数2019年和2020的增长率分别为0.09%和1.02%；上海陆家嘴CBD辐射行动分指数2019年和2020年的增长率分别为1.47%和3.31%，增长率居13个

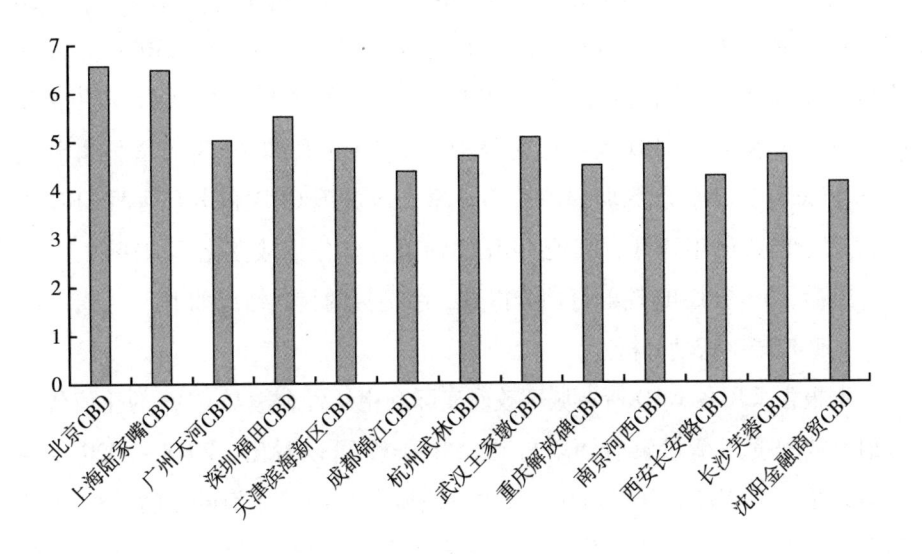

图 8　2020 年 13 个 CBD 辐射行动分指数

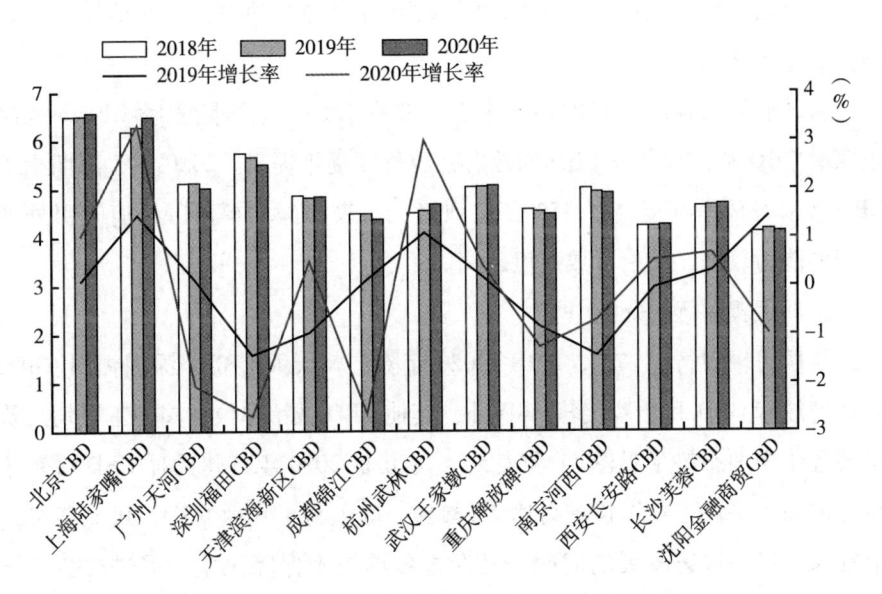

图 9　2018~2020 年 13 个 CBD 辐射行动分指数

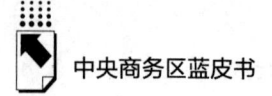

CBD之首；杭州武林CBD辐射行动分指数2019年的增长率为1.09%，2020年的增长率为2.99%，指数提高的程度仅次于上海陆家嘴CBD；武汉王家墩CBD辐射行动分指数2019年和2020年的增长率分别为0.19%和0.44%；长沙芙蓉CBD辐射行动分指数2019年和2020年的增长率分别为0.31%和0.68%。深圳福田CBD、重庆解放碑CBD和南京河西CBD辐射行动分指数逐年降低，其他CBD的辐射行动分指数变化不规律。

最后，13个CBD辐射行动分指数二级指标的具体情况如下。

1. 政府辐射行动分析

本报告采用各CBD所在城区政府实际利用外资金额与GDP的比值代表政府开放程度来衡量政府辐射行动。由图10可以看出，2018~2020年各CBD政府开放程度表现不均衡，其中一线城市CBD中上海陆家嘴CBD的政府开放程度较高，2020年政府开放程度提高了311%，新一线城市CBD中武汉王家墩CBD、南京河西CBD和长沙芙蓉CBD的政府开放程度连续三年居13个CBD前列，充分显示了三个CBD所在城区政府在进一步扩大对外开放、全面深化外商投资"放管服"改革方面的行动力，有效地促进了外商投资稳步增长。

从政府开放程度提高的速度来看，北京CBD、上海陆家嘴CBD、武汉王家墩CBD和长沙芙蓉CBD的政府开放程度逐年提高。2020年，深圳福田CBD政府开放程度提高了35%，位列第二，表明深圳福田区政府吸引外商投资的能力较强，政府开放程度较高。

2. 居民辐射行动分析

从居民辐射行动来看，2018~2020年除广州天河CBD、深圳福田CBD、重庆解放碑CBD和长沙芙蓉CBD外，其他CBD城镇单位在岗职工平均工资呈现逐年增加态势（见图11和表5）。尤其是2020年杭州武林CBD城镇单位在岗职工平均工资增长率高达28.81%，远远高于其他CBD，可见各级政府在保持经济快速发展的同时，又通过各项措施保障民生、促进社会和谐发展。

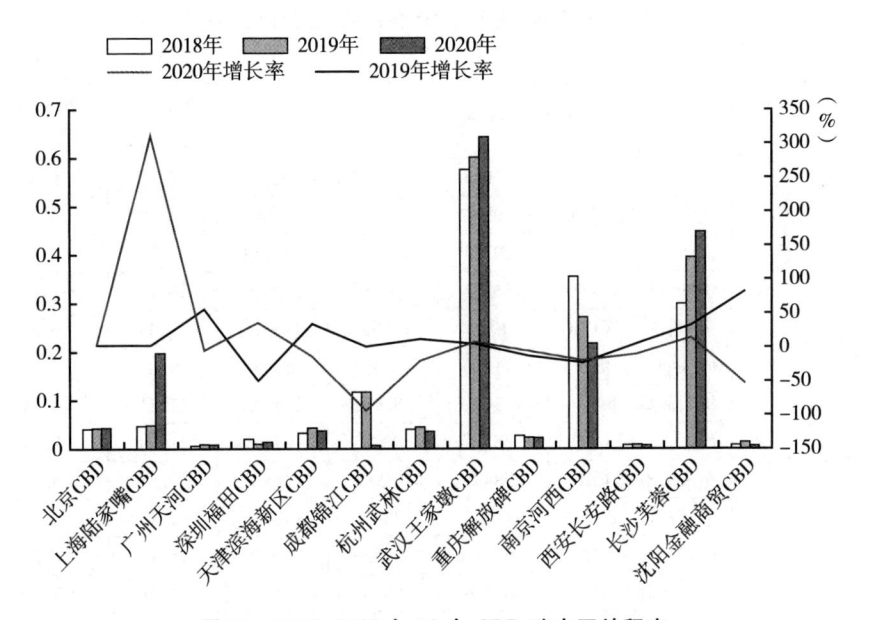

中央商务区区域辐射指数分析（2022）

图10 2018~2020年13个CBD政府开放程度

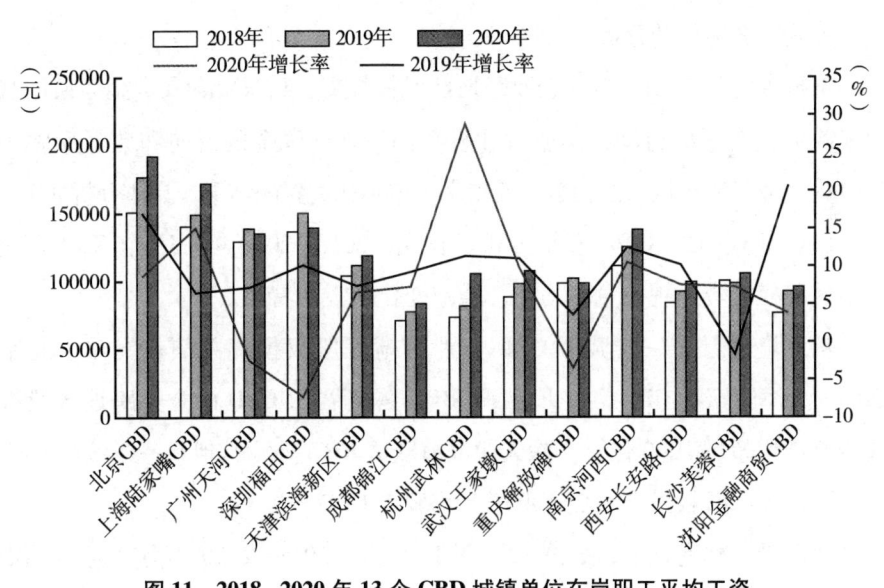

图11 2018~2020年13个CBD城镇单位在岗职工平均工资

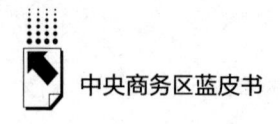

表5 2018~2020年13个CBD城镇单位在岗职工平均工资

单位：元，%

类别	CBD	2018年	2019年	2020年	2019年增长率	2020年增长率
一线城市CBD	北京CBD	151037	176838	192120	17.08	8.64
	上海陆家嘴CBD	140270	149377	171884	6.49	15.07
	广州天河CBD	129217	138534	135138	7.21	-2.45
	深圳福田CBD	136521	150381	139436	10.15	-7.28
新一线城市CBD	天津滨海新区CBD	103931	111602	118918	7.38	6.56
	成都锦江CBD	71300	77892	83556	9.25	7.27
	杭州武林CBD	73678	82009	105632	11.31	28.81
	武汉王家墩CBD	88327	98043	107567	11.00	9.71
	重庆解放碑CBD	98409	101903	98380	3.55	-3.46
	南京河西CBD	111071	124896	138005	12.45	10.50
	西安长安路CBD	83821	92359	99315	10.19	7.53
	长沙芙蓉CBD	100146	98459	105603	-1.68	7.26
	沈阳金融商贸CBD	76599	92435	95908	20.67	3.76

3. 企业辐射行动分析

本报告用CBD所在城区企业跨地区股权投资、吸收资金及资金净值的状况来衡量企业辐射行动，企业对外投资的行业、资金的流向和数量反映了CBD内企业对周边城市的辐射及要素资本市场化配置的结果，具体分析如下。

（1）企业跨地区股权投资分析。首先，2018~2020年，13个CBD企业跨地区股权投资呈现总量不均衡、增减变化较大的特点。

从总量来看，一线城市CBD企业跨地区股权投资总额较突出，北京CBD、上海陆家嘴CBD、广州天河CBD、深圳福田CBD的企业跨地区股权投资总额均超过1000亿元。除天津滨海新区CBD外，其他新一线城市CBD的企业跨地区股权投资总额远低于一线城市CBD。

在总量增减变化上，如图12、图13所示，2018~2020年南京河西CBD企业跨地区股权投资总额呈现逐年稳定提高的特点，这充分反映了南京建邺区的企业发展态势良好，企业跨地区股权投资活动比较活跃。广州天河

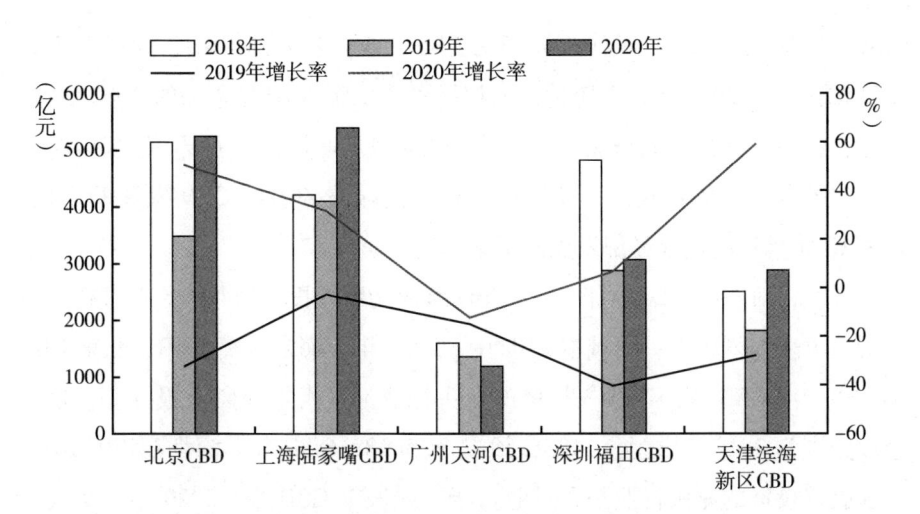

图 12　2018~2020 年各 CBD 企业跨地区股权投资总额（超千亿元的 CBD）及增长率

数据来源：量子数聚（北京）科技有限公司。

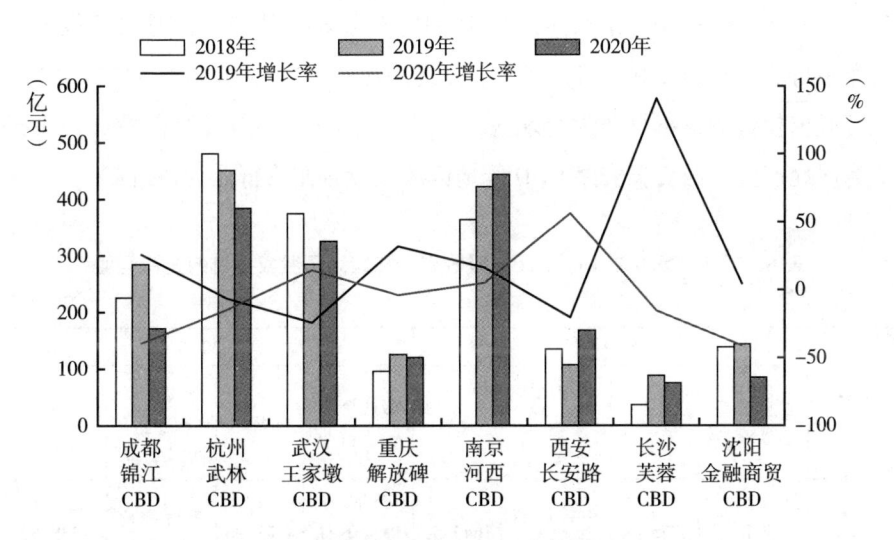

**图 13　2018~2020 年各 CBD 企业跨地区股权投资总额
（低于千亿元的 CBD）及增长率**

数据来源：量子数聚（北京）科技有限公司。

CBD 和杭州武林 CBD 的企业跨地区股权投资总额呈现逐年下降的特点。其他 CBD 的跨地区股权投资总额变化不稳定，其中北京 CBD、上海陆家嘴

CBD、深圳福田 CBD、天津滨海新区 CBD、西安长安路 CBD、武汉王家墩 CBD 都出现了 2019 年企业跨地区股权投资减少而 2020 年增加的特点。由此可见，各地要保持企业跨地区股权投资规模稳定增长，除了要不断探索跨地区股权投资业务的新模式，还要继续坚持高端服务引领 CBD 发展的定位，发挥 CBD 对其他地区经济发展的引擎作用。

其次，对 2019~2020 年 13 个 CBD 跨地区股权投资的龙头行业进行具体分析。由表 6 可知，一线城市 CBD 中，2020 年上海陆家嘴 CBD、北京 CBD 和广州天河 CBD 跨地区股权投资的龙头行业都是租赁和商务服务业，投资金额分别为 2812.59 亿元、1738.59 亿元和 382.64 亿元。深圳福田 CBD 跨地区股权投资的龙头行业是金融业。新一线城市 CBD 中，2020 年天津滨海新区 CBD 跨地区股权投资的龙头行业是批发和零售业，投资金额为 1060.59 亿元，与一线城市 CBD 旗鼓相当，且比 2019 年有大幅度增加。成都锦江 CBD、杭州武林 CBD、南京河西 CBD 和沈阳金融商贸 CBD 跨地区股权投资的龙头行业均为租赁和商务服务业，武汉王家墩 CBD 和重庆解放碑 CBD 跨地区股权投资的龙头行业为金融业，长沙芙蓉 CBD 跨地区股权投资龙头行业为房地产业，西安长安路 CBD 跨地区股权投资龙头行业为建筑业。

表 6 2019~2020 年 13 个 CBD 吸收资金和跨地区股权投资的龙头行业

单位：亿元

CBD	2019 年				2020 年			
	吸收资金龙头行业	金额	跨地区股权投资龙头行业	金额	吸收资金龙头行业	金额	跨地区股权投资龙头行业	金额
北京 CBD	制造业	3275.44	租赁和商务服务业	1643.51	交通运输、仓储和邮政业	4278.96	租赁和商务服务业	1738.59
上海陆家嘴 CBD	制造业	2075.40	租赁和商务服务业	2033.30	租赁和商务服务业	1548.03	租赁和商务服务业	2812.59
广州天河 CBD	金融业	1080.51	房地产业	588.67	租赁和商务服务业	491.77	租赁和商务服务业	382.64

续表

CBD	2019年				2020年			
	吸收资金龙头行业	金额	跨地区股权投资龙头行业	金额	吸收资金龙头行业	金额	跨地区股权投资龙头行业	金额
深圳福田CBD	租赁和商务服务业	946.83	金融业	939.47	批发和零售业	578.22	金融业	995.90
天津滨海新区CBD	科学研究和技术服务业	770.40	租赁和商务服务业	445.95	租赁和商务服务业	1227.47	批发和零售业	1060.59
成都锦江CBD	建筑业	348.26	租赁和商务服务业	193.59	租赁和商务服务业	91.36	租赁和商务服务业	69.93
杭州武林CBD	信息传输、软件和信息技术服务业	148.85	租赁和商务服务业	354.49	租赁和商务服务业	53.91	租赁和商务服务业	139.97
武汉王家墩CBD	房地产业	58.16	金融业	126.14	交通运输、仓储和邮政业	145.10	金融业	162.69
重庆解放碑CBD	批发和零售业	192.21	租赁和商务服务业	50.76	金融业	119.85	金融业	34.26
南京河西CBD	租赁和商务服务业	212.66	金融业	166.62	租赁和商务服务业	533.26	租赁和商务服务业	228.40
西安长安路CBD	建筑业	186.99	建筑业	21.58	建筑业	20.46	建筑业	37.14
长沙芙蓉CBD	房地产业	164.52	农、林、牧、渔业	27.76	金融业	39.96	房地产业	24.08
沈阳金融商贸CBD	科学研究和技术服务业	32.32	租赁和商务服务业	78.65	租赁和商务服务业	31.35	租赁和商务服务业	20.94

数据来源：量子数聚（北京）科技有限公司。

（2）吸收资金分析。首先，从13个CBD吸收资金的总量来看（详见图14和图15），2018~2020年四个一线城市CBD和天津滨海新区CBD吸收资金的规模较为突出，在吸引外来投资方面竞争优势显著，而深圳福田

CBD和天津滨海新区CBD吸收资金的总量呈现逐年下降的特点，广州天河CBD在2020年吸收资金的总量创三年来新低。从图15可见，新一线城市CBD吸收资金的总量与一线城市CBD有较大差距，并且新一线城市CBD之间也存在不均衡的特点。其中，南京河西CBD吸收资金的总量逐年提高，吸收资金的实力不断增强，而天津滨海新区CBD、杭州武林CBD、重庆解放碑CBD、西安长安路CBD和沈阳金融商贸CBD吸收资金总量呈现逐年下降的特点。同时也可以看出2020年各CBD吸收资金的增长率总体比2019年低，可见新冠肺炎疫情对各地的融资和经济增长产生了一定的影响。

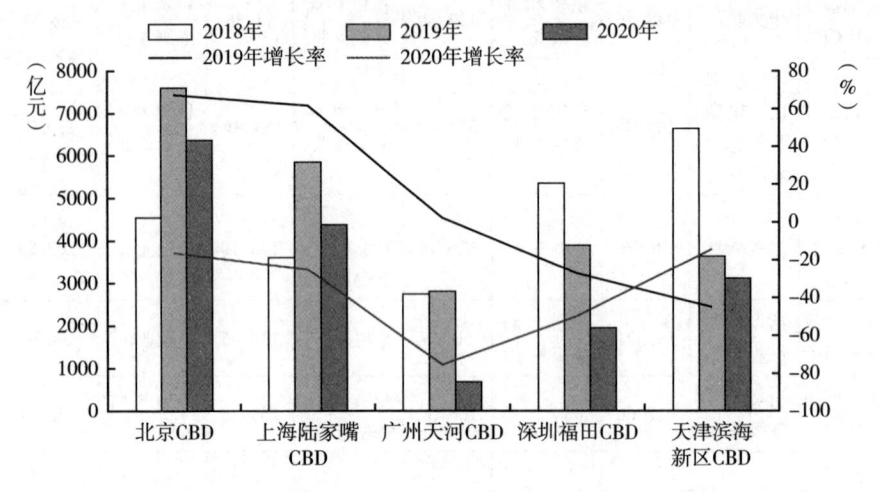

图14 2018~2020年一线城市CBD和天津滨海新区CBD吸收资金的情况

数据来源：量子数聚（北京）科技有限公司。

其次，从2020年13个CBD吸收资金龙头行业的分布情况来看，2020年，多数CBD吸收资金的龙头行业为租赁和商务服务业，包括上海陆家嘴CBD、广州天河CBD、天津滨海新区CBD、成都锦江CBD、杭州武林CBD、南京河西CBD和沈阳金融商贸CBD。北京CBD和武汉王家墩CBD吸收资金的龙头行业为交通运输、仓储和邮政业，重庆解放碑CBD和长沙芙蓉CBD吸收资金的龙头行业为金融业，深圳福田CBD为批发和零售业，西安长安路CBD为建筑业，详见表6。

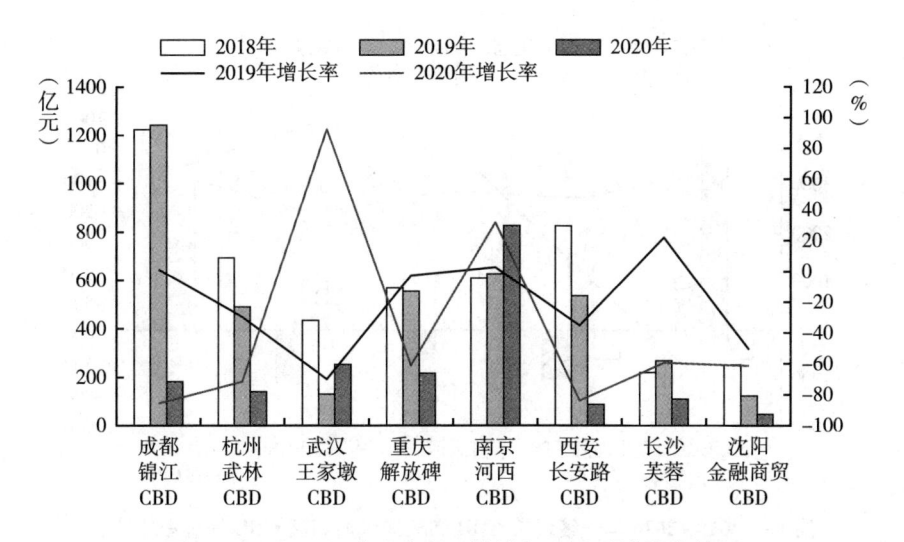

图 15　2018~2020 年八个新一线城市 CBD 吸收资金情况

数据来源：量子数聚（北京）科技有限公司。

（3）资金净值①。首先，2018~2020 年一线城市 CBD 和天津滨海新区 CBD 的资金净值情况。由图 16 可知，2019 年五个 CBD 的资金净值均为正，2020 年除北京 CBD 和天津滨海新区 CBD 外，其他三个 CBD 的资金净值为负。这表明 2019 年五个 CBD 具有较强的竞争力，政府以优质的营商环境有效带动投资，不断吸引资金流入，为当地经济发展做出了一定的贡献。而 2020 年受新冠肺炎疫情的影响，各地的资金净值出现不同程度变化。

其次，2018~2020 年八个新一线城市 CBD 的资金净值状况。八个新一线城市 CBD 的资金净值与天津滨海新区 CBD 存在较大差距。由图 17 可知，除南京河西 CBD 外，其他 CBD 的资金净值在 2020 年明显降低。从 2020 年资金净值的增长率来看，多数 CBD 资金净值增长率为负，其中杭州武林 CBD 的资金净流出幅度较大。以上 CBD 只有不断提高城市竞争力，积极引进外商投资，才能减少资金流出。

4.金融机构辐射行动

本报告采用 CBD 所在城市金融机构本外币存款余额和贷款余额两个指

---

① 本报告将资金净值定义为跨地区股权投资总额与吸收资金的差额。

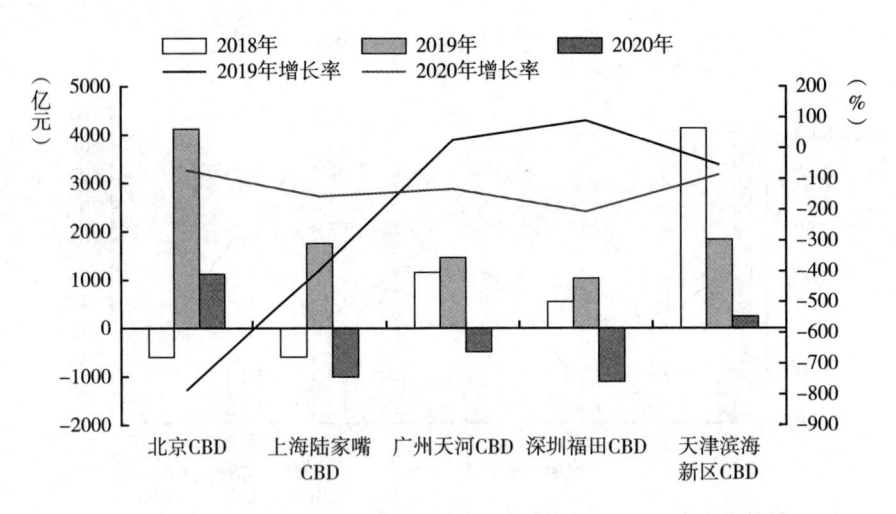

图 16　2018~2020 年一线城市 CBD 和天津滨海新区 CBD 资金净值情况

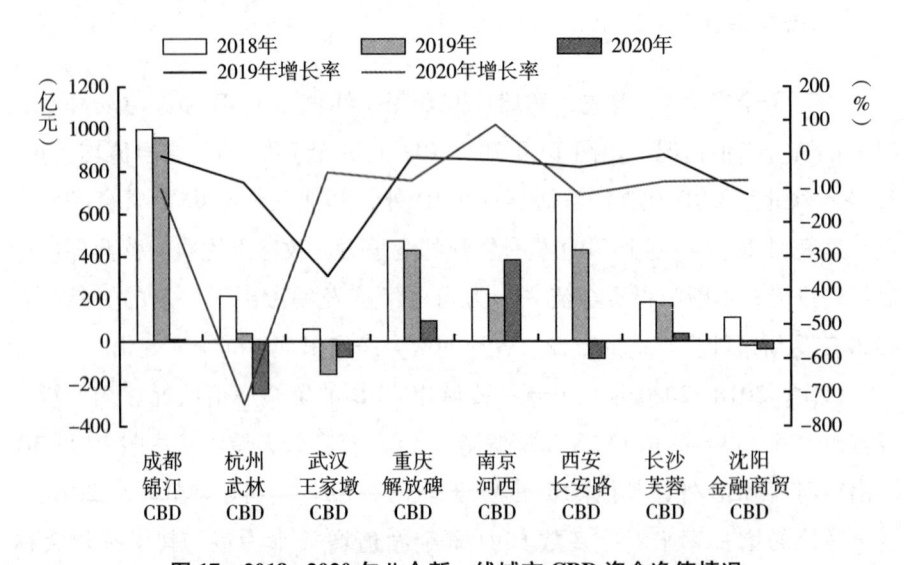

图 17　2018~2020 年八个新一线城市 CBD 资金净值情况

标来衡量金融机构辐射行动。

从金融机构本外币存款余额来看（详见图 18），2018~2020 年，13 个 CBD 金融机构本外币存款余额总体呈现稳步增长的态势，其中北京 CBD 和上海陆家嘴 CBD 的金融机构本外币存款余额远遥遥领先。从金融机构本外币存款余额增速来看，除武汉王家墩CBD、长沙芙蓉CBD和沈阳金融商贸CBD外，其他CBD在2020年的增长率明显高于2019年，表明当地政府为推动CBD高质量发展营造了良好的货币金融环境，从而吸收本外币存款量不断增加。

从金融机构本外币贷款余额来看（详见图19），2018~2020年，四个一线城市CBD的金融机构本外币贷款余额远超新一线城市CBD，其中北京CBD、上海陆家嘴CBD在2020年的表现尤为突出。从金融机构本外币贷款余额增长率来看，2018~2020年，13个CBD的金融机构本外币贷款余额的增长率均为正，并且部分CBD在2020年的增长率高于2019年，如深圳福田CBD、杭州武林CBD等。

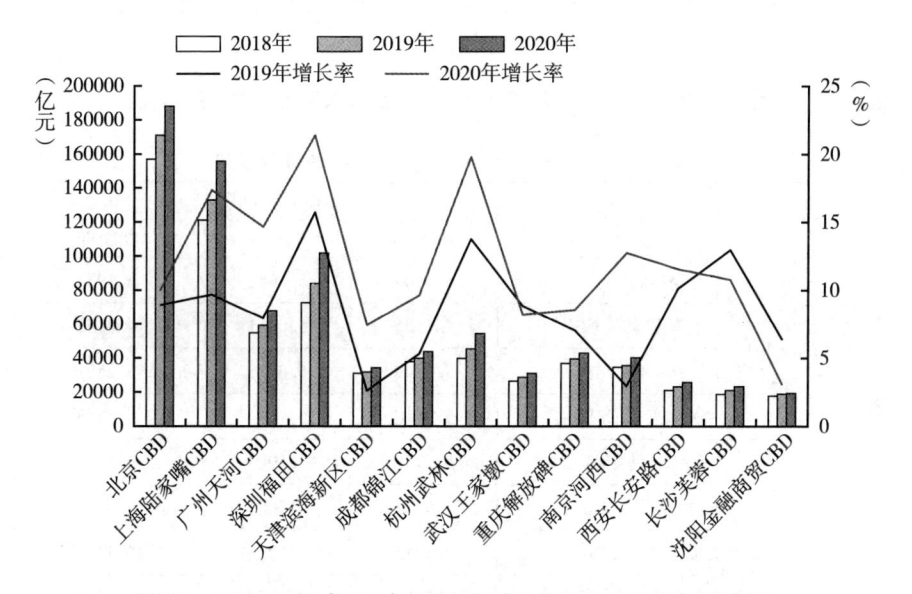

图18 2018~2020年13个CBD金融机构本外币存款余额情况

（四）辐射绩效分指数

2018~2020年，13个CBD辐射绩效分指数详见表7。

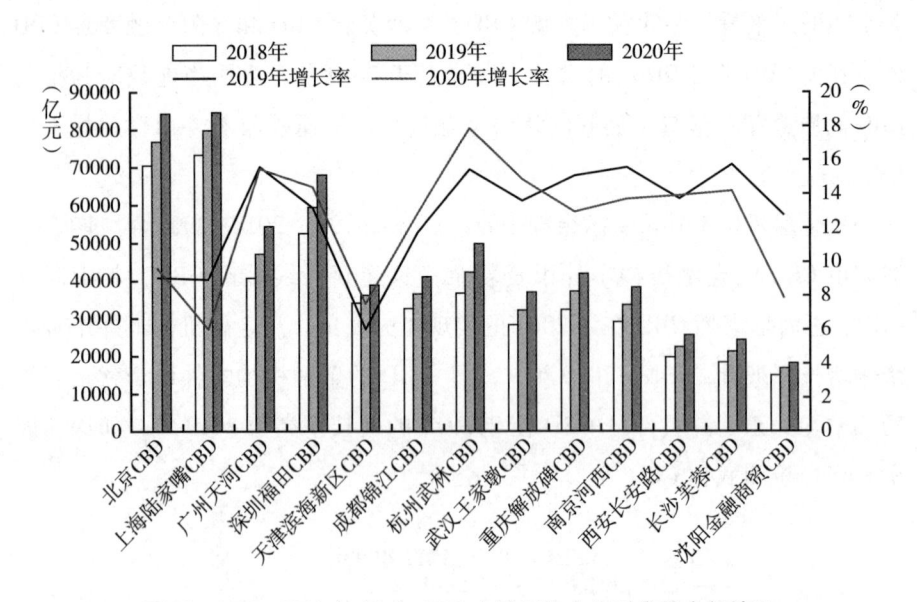

图19 2018~2020年13个CBD金融机构本外币贷款余额情况

表7 2018~2020年13个CBD辐射绩效分指数

类别	CBD	辐射绩效分指数		
		2018年	2019年	2020年
一线城市CBD	北京CBD	5.4503	5.5056	5.5936
	上海陆家嘴CBD	4.1205	5.0061	4.6152
	广州天河CBD	5.5849	5.6475	5.2801
	深圳福田CBD	5.2810	5.1894	5.5263
新一线城市CBD	天津滨海新区CBD	5.0732	4.5904	4.5151
	成都锦江CBD	4.6311	4.7082	4.5100
	杭州武林CBD	4.7915	4.7388	5.1163
	武汉王家墩CBD	4.7053	4.6779	4.7779
	重庆解放碑CBD	5.7009	5.8911	6.0446
	南京河西CBD	4.9585	5.0823	5.0927
	西安长安路CBD	4.7604	4.6247	4.5961
	长沙芙蓉CBD	5.5221	5.2158	5.0411
	沈阳金融商贸CBD	4.4201	4.1224	4.2912

首先，从辐射绩效分指数来看，2018~2020 年，一线城市 CBD 中上海陆家嘴 CBD 的分指数低于其他三个 CBD，新一线城市 CBD 中重庆解放碑 CBD 的辐射绩效分指数明显高于其他 CBD（见表7）。一般而言，辐射绩效分指数较高的地区相对比较重视经济、社会和环境发展。从 2020 年 13 个 CBD 的辐射绩效分指数来看，新一线城市 CBD 中重庆解放碑 CBD、一线城市 CBD 中北京 CBD 的辐射绩效分指数遥遥领先（见图20），其中重庆解放碑 CBD 的辐射绩效分指数为 6.0446，居 13 个 CBD 之首，北京 CBD 的辐射绩效分指数高达 5.5936，位列第二。

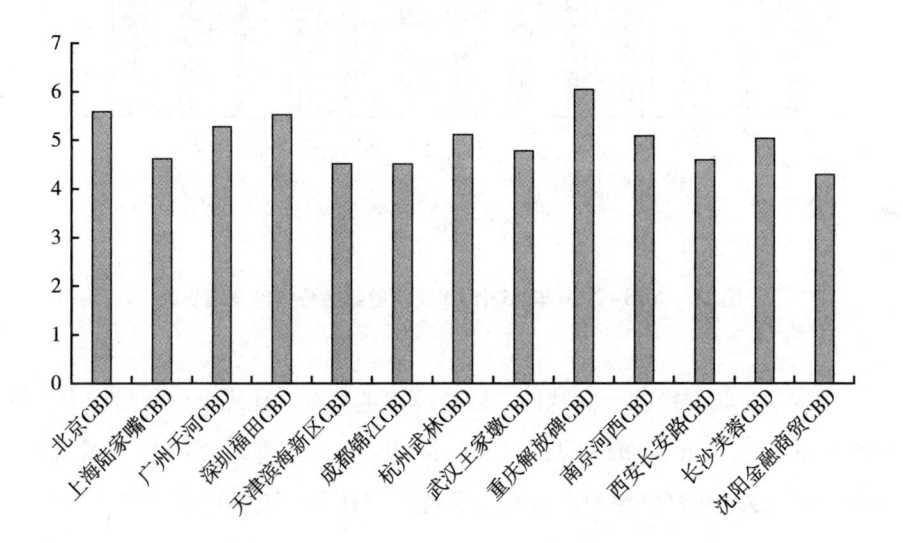

图 20　2020 年 13 个 CBD 辐射绩效分指数

其次，从辐射绩效分指数的增长状况来看，2018~2020 年，北京 CBD、重庆解放碑 CBD 和南京河西 CBD 的辐射绩效分指数逐年提高（见图21），其中北京 CBD 在 2019 年和 2020 年的指数增长率分别为 1.01% 和 1.60%，重庆解放碑 CBD 在 2019 年和 2020 年的指数增长率分别为 3.34% 和 2.61%，南京河西 CBD 在 2019 年和 2020 年的指数增长率分别为 2.50% 和 0.20%。天津滨海新区 CBD、西安长安路 CBD 和长沙芙蓉 CBD 的辐射绩效分指数呈现逐年降低的特点，其他 CBD 的辐射绩效分指数变化不规律，尤其是上海

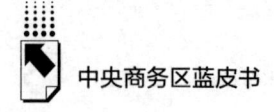

陆家嘴CBD辐射绩效分指数变化不稳定，2019年指数同比增长21.49%，而2020年指数降低7.81%。

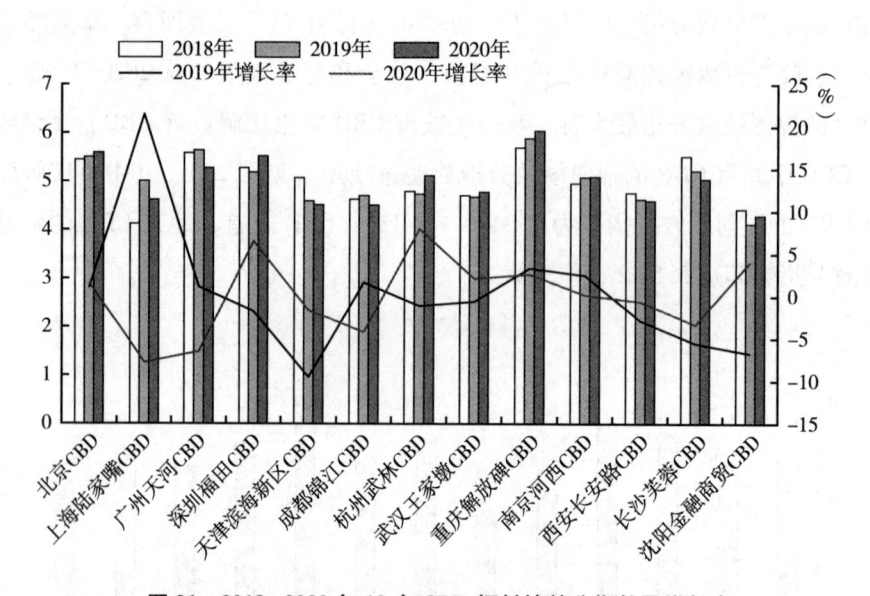

图21　2018~2020年13个CBD辐射绩效分指数及增长率

再次，从辐射绩效分指数的二级指标权重来看，在三个分项指标中，社会绩效的权重逐年降低（见图22）。除2018年环境绩效的权重最高外，2019年和2020年经济绩效的权重稳居首位。社会绩效在所有二级指标中的权重最低，表明各CBD的服务保障水平还有进一步提升的空间。

最后，辐射绩效分指数的二级指标具体情况如下。

1. 经济绩效

各CBD的人均GDP水平不均衡。2018~2020年，北京CBD、深圳福田CBD、杭州武林CBD、武汉王家墩CBD、重庆解放碑CBD和南京河西CBD的人均GDP呈现逐年提高的特点（见B.2图7），这是各CBD经济高质量发展和人民富裕程度提高的表现。一线城市CBD中，广州天河CBD和深圳福田CBD的人均GDP绝对值较高，上海陆家嘴CBD和北京CBD位居其后。新一线城市CBD中，天津滨海新区CBD的人均GDP比其他几个CBD要高，

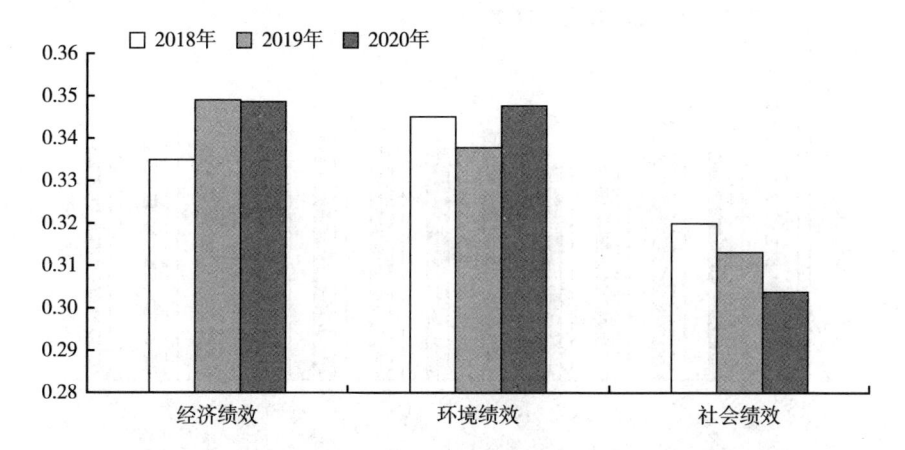

图 22 2018~2020 年 13 个 CBD 辐射绩效分指数二级指标权重

可见天津滨海新区 CBD 的经济发展状况较好；2018 年和 2019 年重庆解放碑 CBD 的人均 GDP 位列第二，2020 年杭州武林 CBD 人均 GDP 位列第二；其他新一线城市 CBD 需要进一步提高经济发展水平。

2. 环境绩效

居民生活与城市绿化密切相关，城市绿化水平的提高能有效改善居民生活环境质量。本报告用建成区绿化覆盖率来衡量公共环境绿化情况，该数值越高，表明绿化水平越高。从图 23 可知，13 个 CBD 的建成区绿化覆盖率比较高，其中北京 CBD 的建成区绿化覆盖率居首位，除了天津滨海新区 CBD、杭州武林 CBD、南京河西 CBD 和沈阳金融商贸 CBD 外，其他 CBD 的建成区绿化覆盖率逐年上升，表明多地政府通过绿化工程补齐绿化短板，持续提升城市绿化水平。

3. 社会绩效

从图 24 可以看出，2018~2020 年，近半数 CBD 每千人医疗卫生机构床位数呈现逐年增加的特点。北京 CBD、上海陆家嘴 CBD、深圳福田 CBD、成都锦江 CBD、重庆解放碑 CBD、南京河西 CBD 每千人医疗卫生机构床位数逐年提高，表明这些城市的基础服务设施不断改善，而杭州武林 CBD、武汉王家墩 CBD 和西安长安路 CBD 每千人医疗卫生机构床位数呈现逐年下

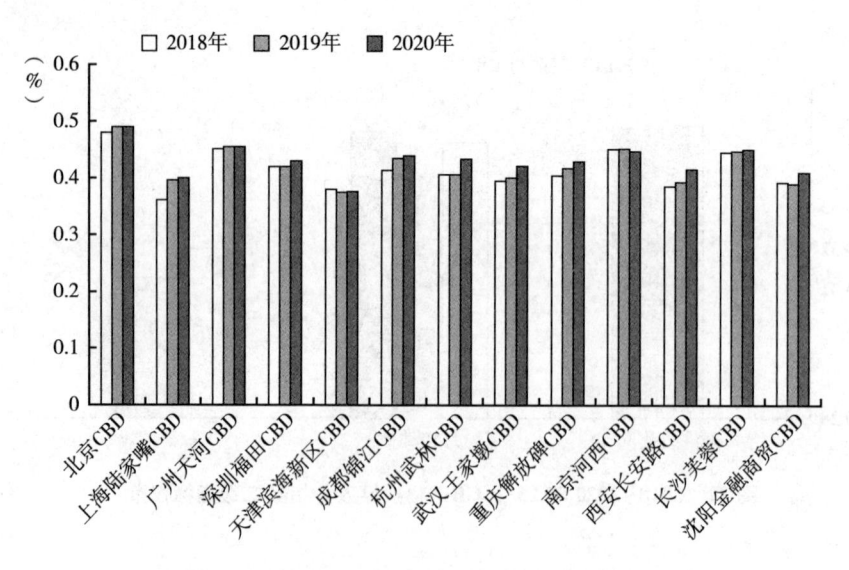

图23　2018~2020年13个CBD建成区绿化覆盖率

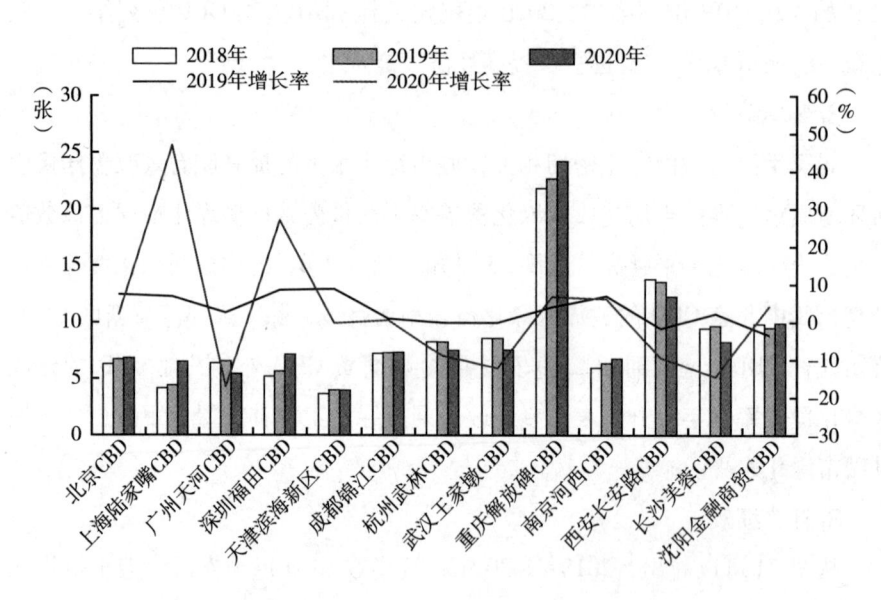

图24　2018~2020年13个CBD每千人医疗卫生机构床位数

降的特点。由于中国人口分布不均，一线城市CBD常住人口较多，医疗卫生服务设施配置存在较大压力，其每千人医疗卫生机构床位数明显比新一线城市CBD（天津滨海新区CBD除外）少。重庆解放碑CBD的每千人医疗卫生机构床位数在13个CBD中位居榜首，西安长安路CBD位列第二，表明这些地区卫生服务设施比较完善，卫生医疗服务可及性高。

三 基本结论和对策建议

本报告根据熵值法指数计算原理，测算了2018~2020年13个城市CBD的区域辐射指数，结论如下。

从区域辐射指数来看，2018~2020年，13个CBD的区域辐射指数总体呈现不均衡的特点，一线城市CBD的区域辐射指数依然领跑，明显高于新一线城市CBD，均衡发展任重道远。其中上海陆家嘴CBD和重庆解放碑CBD的区域辐射指数逐年提高，而天津滨海新区CBD和长沙芙蓉CBD的区域辐射指数表现出逐年小幅下降的特点，其他CBD的区域辐射指数变化不规律，发展潜力有待挖掘。

从2020年的分指数来看，一线城市CBD中上海陆家嘴CBD、新一线城市CBD中天津滨海新区CBD的辐射能力分指数最高；一线城市CBD中北京CBD、新一线城市CBD中武汉王家墩CBD的辐射行动分指数最高；一线城市CBD中北京CBD、新一线城市CBD中重庆解放碑CBD的辐射绩效分指数最高。综上所述，本报告认为CBD要充分发挥"动力核"作用，以高端服务引领城市发展，既要提高CBD对外辐射的能力，培育都市圈，缩小城市之间的差距，提高要素配置的效率，加快构建新发展格局，也要提高CBD辐射行动和辐射绩效，因此提出以下建议。

（一）以高端服务激活CBD发展新引擎，引领城市转型更新

随着我国经济发展进入新阶段，CBD要积极发挥创新引领作用，以CBD企业为龙头，聚焦高端产业发展，以CBD为引擎，吸引创新性强、资本管控能力强的国内外企业集聚，不断改造传统服务业、引进现代服务业，进一步加强与周边地区高端现代服务业的合作，实现跨区域的投资与合作，

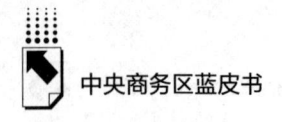

从而实现区域范围内的经济一体化，更好地发挥CBD的"动力核"辐射和集聚作用，为城市经济发展做出突出贡献。努力把CBD打造成城市更新的先行地，形成独具特色的新经济产业圈，提高要素资源的配置效率，缩小城市之间的差距，构建经济发展新格局。

（二）科技创新与产业转型相结合，推动CBD高水平发展

跨界融合是经济发展的趋势，通过融合发展可形成新的产业形式。CBD发展应顺应消费升级的要求，坚持以科技创新为驱动力，将科技创新与产业转型紧密结合，围绕5G、大数据、云计算、人工智能等智慧化手段与现代服务业的融合发展，重点开展CBD区域内的科技创新、项目攻关、试点示范等工作，引导CBD内产业加快提升供给能力，推动产业向价值链中高端升级，促进消费产品和服务智能化、高端化发展，最终形成以高科技的渗透融合、产业间的延伸融合以及产业内部的重组融合为趋势的新产业形态，如金融科技产业、科技文化创意产业等，带动CBD成功转型升级，满足人民群众个性化、品质化的需求。

（三）以"智慧"赋能CBD，助推当地经济发展

作为城市现代化的名片与窗口、区域经济发展的"中央处理器"与全球经济的"中转器"，CBD通过优化区域环境和提升影响力加速实现商业资源集聚，推动城市经济的发展。为适应和促进CBD产业转型升级，在CBD配套设施建设的基础上，通过大数据、人工智能、云计算等技术为CBD综合服务能力和运作效率赋能，构建CBD智慧单元，形成CBD智能中枢，共同推动CBD在管理和商业模式上的创新，全力打造智慧商务区，让其成为助推当地经济发展的重要综合性城市中心区，助力智慧城市发展。

（四）以人为本提升配套服务能力，优化CBD营商环境

借鉴新加坡"CBD复兴计划"的经验，在CBD中引入居住人群，在商务环境中营造社区氛围，使民众能公平参与和分享CBD的优质资源；通过

导入生活和娱乐功能、完善交通网络、引入社区自治等方式，将 CBD 打造成"以人为本"的社区。因此，要以人为本提升配套服务能力，全方位优化 CBD 营商环境。一是继续完善和改进区域内的交通服务设施，形成高效、绿色的多层次道路交通系统，形成以 CBD 为核心向外辐射的一小时、两小时交通经济圈；二是继续完善人居环境，提升配套服务能力，采用多种渠道和多种手段解决痛点、难点问题，创造优质营商环境，打造一流国际顶尖水平的精致 CBD；三是完善引智聚才平台和人才引进政策，打造全链条、全周期的服务体系，增强高端人才的归属感；四是充分发挥中国商务区联盟、国际性高端论坛等的平台作用，加强与国内外 CBD 的交流，学习国内外商务区的成功经验，提高 CBD 的国际影响力。

参考文献

[1] 谭洪波：《双循环下中央商务区服务业对内开放的意义与路径》，《江西社会科学》2021 年第 9 期。

[2] 张杰：《中央商务区（CBD）高质量协调发展研究》，《北京财贸职业学院学报》2019 年第 2 期。

[3] 张杰、蒋三庚等：《中央商务区产业发展报告（2021）》，社会科学文献出版社，2021。

[4] 包晓雯、唐琦：《面向长三角经济一体化的陆家嘴 CBD 发展研究》，《上海经济研究》2016 年第 12 期。

[5] 丁苑春：《基于引力模型的长三角城市金融辐射力研究》，《河南商业高等专科学校学报》2012 年第 5 期。

[6] 郭亮、单菁菁主编《中国商务中心区发展报告 No.5（2019）》，社会科学文献出版社，2019。

[7] 贾生华、聂冲、温海珍：《城市 CBD 功能成熟度评价指标体系的构建——以杭州钱江新城 CBD 为例》，《地理研究》2008 年第 3 期。

[8] 蒋三庚、王晓红等：《中央商务区产业发展报告（2020）》，社会科学文献出版社，2020。

[9] 蒋三庚、张杰等：《中央商务区产业发展报告（2019）》，社会科学文献出版社，2019。

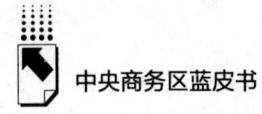

［10］蒋三庚、张杰等：《中央商务区产业发展报告（2018）》，社会科学文献出版社，2018。

［11］蒋三庚等：《中国特大城市中央商务区（CBD）经济社会发展研究》，首都经济贸易大学出版社，2017。

［12］王征、吴苓：《当前我国中央商务区构建方式探讨——基于中外发展经验的分析》，《中共山西省直机关党校学报》2017年第2期。

［13］刘丽琴：《三大地标再造精致CBD》，《广州日报》2022年5月12日。

［14］郑雨楠：《八年奋进铸就辉煌：天河CBD沿着高质量发展道路奋勇前行》，《南方都市报》2019年4月1日。

［15］匡贤明：《前瞻"十四五"：以消费提质升级助推高质量发展》，中国报道，2020年11月28日，https：//baijiahao.baidu.com/s？id=1684532845965011301&wfr=spider&for=pc。

［16］王秋野：《扩大升级信息消费　促进经济高质量发展》，《经济参考报》2021年8月6日。

［17］徐慧喜：《全球CBD形成跨界融合经济模式 引领产业转型升级》，中国日报网，2018年10月12日，https：//baijiahao.baidu.com/s？id=1614089164116548891&wfr=spider&for=pc。

［18］祝合良、叶堂林等：《京津冀发展报告（2019）：打造创新驱动经济增长新引擎》，社会科学文献出版社，2019。

［19］《关于2017年中央和地方预算执行情况与2018年中央和地方预算草案的报告》，中华人民共和国中央人民政府网，2018年3月23日，http：//www.gov.cn/xinwen/2018-03/23/content_5276945.htm。

［20］Boudevile, J. R., *Problems of Regional Economic Planning* (Edinburgh University Press, 1966).

［21］Friedmann, J. R. P., *A General Theory of Polarized Development* (The Free Press, 1972).

［22］Lasuén, J. R., "Urbanization and Development—The Temporal Interaction between Geographical and Sectoral Clusters," *Urban Studies*, 1973.

B.4 中央商务区楼宇经济指数分析（2022）

成思思*

摘　要： 2018~2020年，一线城市CBD稳步步入成熟期，新一线城市CBD正处于成长期。一线城市CBD依然是总部企业的首选，新一线城市CBD的营商环境也大有改善。从楼宇数量上看，新一线城市CBD楼宇总量虽不及一线城市CBD，但三年间大多有新楼交付。2020年，众多CBD的单座楼宇税收都非常可观，不过受疫情等多种不确定因素的影响，主要城市核心区写字楼空置率皆有所上升。未来，中央商务区楼宇将从发展智慧化、软件个性化、诉求多样化角度开展全方位升级，实现楼宇经济的高质量发展。

关键词： 中央商务区　楼宇经济　总部经济

20世纪90年代，随着市场经济的发展，深圳、上海等地发展迅猛，这些资源紧缺型城市只能放弃过去粗放式、平铺式的发展方式，向空中求发展、向空间要效益，于是大量以解决办公需求的商务楼宇相继出现。伴随城市发展步伐的加快，越来越多的以商务楼宇为载体集中资源、集聚产业、集约空间，从而带动周边乃至区域整体经济发展的新的经济形态开始在一线城市兴起。而这些商务楼宇的出现自然而然给城市发展带来了可观的税收、资本、人才等，从而产生了一连串的经济效益、社会效益、人文效益、生态效益，这种新的经济形态被命名为"楼宇经济"。而外资企业

---

* 成思思，首都经济贸易大学博士研究生，主要研究领域为金融理论与政策。

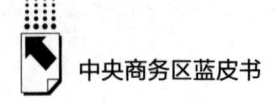

的入驻、"世界500强"企业战略重心的转移、国内中小型企业的蓬勃发展等因素使得楼宇经济不再是一线城市的"专利"。从全国范围来看，中央商务区楼宇经济的发展，东部地区优于西部地区，南部地区优于北部地区；从局部来看，发达地区优于欠发达地区，核心区优于非核心区。

中央商务区现在已经成为城市的标志、载体和名片，是衡量一个城市经济活力、形象魅力、发展竞争力的"风向标"。中央商务区的楼宇经过近十年的发展不单单在数量上增长迅速，在服务、环境等软实力上也在逐步提升，从原来的只注重经济效益转向追求经济效益、社会效益、人文效益、生态效益的共同提升，向高质量的发展方向稳步迈进。

自新冠肺炎疫情发生以来，各地通过延长假期、严格限制人员流动、暂停非必要经营活动等方式积极应对，疫情防疫效果明显的同时对正常的商务活动也造成了不同程度的影响，2020年第一季度楼宇经济几乎停滞。疫情防控的常态化倒逼商务楼宇对自身进行调整，以全方位的实力提升迎接未来的变革。

一 CBD楼宇经济指数构建与评价方法

本报告通过建立CBD楼宇经济指数，科学地评价楼宇经济的发展水平，把握楼宇经济的发展情况、所处阶段、影响楼宇经济发展的因素、各地楼宇经济发展的优势及短板，对楼宇经济的发展进行探讨和研究。

（一）构建原则

受土地、空间、资源、环保等因素的制约，楼宇经济的发展使各地对资源集约利用的要求大大提高。另外，发展现代服务业、打造"生活品质之城"也是楼宇经济发展的紧迫任务。因此，制定科学、有效的楼宇经济发展评价方法，不但有利于科学地测度楼宇经济的发展程度，也能够动态跟踪楼宇经济的进展，从而找出楼宇经济发展过程中的薄弱环节及存在的问题和不足，为编制楼宇经济规划有关政策提供科学依据。另外，楼宇经济指数具有总体性、概括性、趋势性特点，是对区域内楼宇经济发展成果的全面反映，故科学的楼宇经济指数，更有利于推进楼宇经济的快速发展。

本报告编制的楼宇经济指数遵循了以下原则。

第一，客观性。所选指标能客观反映该区域楼宇经济的发展现状、变化趋势，对该区域的楼宇经济发展测度比较客观、公正、准确。第二，完整性、可比性。充分考虑指标的可得性、可测性，以保持指标的可比性和连续性。同时考虑指标的动态对比以保证楼宇经济指数的完整性。第三，代表性。所选指标必须和楼宇经济相关联，能反映楼宇经济在CBD发展中的关键作用。

（二）数据来源

本报告对我国15个主要中央商务区的楼宇经济发展情况进行评估，根据中国城市商业魅力排行榜数据，将选取的CBD分为一线城市CBD和新一线城市CBD进行区分研究，详见表1。

表1 样本CBD名录

类别	序号	名称	所在城区	序号	名称	所在城区
一线城市CBD	1	北京CBD	北京朝阳区	3	上海陆家嘴CBD	上海浦东新区
	2	广州天河CBD	广州天河区	4	深圳福田CBD	深圳福田区
新一线城市CBD	5	天津滨海新区CBD	天津滨海新区	11	成都锦江CBD	成都锦江区
	6	杭州武林CBD	杭州下城区	12	武汉王家墩CBD	武汉江汉区
	7	重庆解放碑CBD	重庆渝中区	13	南京河西CBD	南京建邺区
	8	西安长安路CBD	西安碑林区	14	郑州郑东新区CBD	郑州郑东新区
	9	沈阳金融商贸CBD	沈阳沈河区	15	银川阅海湾CBD	银川金凤区
	10	长沙芙蓉CBD	长沙芙蓉区			

本报告所用数据来源于北京市哲学社会科学CBD发展研究基地历年搜集与整理的城市CBD数据、所研究城市的统计年鉴、各地政府工作报告及其他公开资料。

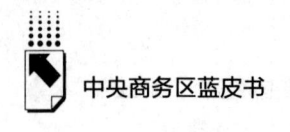

（三）指标体系

基于楼宇经济承载的高经济效益与高聚集效应，选取了税收贡献额、总部经济（总部企业数）、世界500强企业数、税收亿元楼数、商务楼宇数、重大项目数等作为评价指标。部分指标解释如下。

（1）税收贡献额：指纳入统计口径的报告期内样本城市所观测区域的税收贡献额。

（2）总部经济（总部企业数）：指纳入统计口径的报告期内企业总部或区域性总部个数，该指标用于反映CBD吸引总部企业的能力。

（3）世界500强企业数：指纳入统计口径的报告期内世界500强企业落户样本城市观测区域的个数，该指标用于反映CBD的外资吸引能力。

（4）税收亿元楼数：指入驻CBD的企业一年创造的税收总额超过1亿元的楼宇数量，该指标客观衡量了楼宇的税收贡献影响力。税收亿元楼主要有两种类型：一种是一座楼宇就是一家企业的总部，另一种是专业化楼宇。CBD的税收亿元楼主要是指后者，故税收亿元楼数反映了CBD培育重点税源的成效。

（5）商务楼宇数：指纳入统计口径的报告期内已建成并用于提供各类商务活动的楼宇数量，该指标用于反映CBD楼宇的集聚形式。

（6）重大项目数：指纳入统计口径的报告期内该区域所规划的重大项目数量，该指标用于反映CBD楼宇的经济吸收能力。

（7）楼宇空置率：指纳入统计口径的报告期内甲级写字楼的空置率，该指标反映商务区库存压力。

（8）楼宇租金：指纳入统计口径的报告期内甲级写字楼的平均租金，该指标反映楼宇价值变化。

（9）续存企业数：指纳入统计口径的报告期内各区域分行业企业个数，该指标反映商务区的行业变化。

二 楼宇经济状况分析

（一）中央商务区GDP

随着中国经济进入高质量发展的关键期，CBD作为城市经济发展的核心区域，转型升级与寻求多元化发展已成为必然趋势。2018~2020年，CBD的地区生产总值总体呈上升趋势，一线城市CBD的发展稳步步入成熟期，新一线城市依然处于成长期。其中，北京CBD的GDP增幅达7.87%，增长较明显，一线城市CBD的GDP增长较过去虽有所放缓，但是其创造的经济价值依然不容小觑。2020年北京CBD核心区域以3.99平方公里的面积创造了1795亿元的地区生产总值，占该年度全市GDP的4.97%。上海陆家嘴CBD以31.78平方公里的面积创造了5300亿元的地区生产总值，占上海全市GDP的13.69%。广州天河CBD与深圳福田CBD也贡献了可观的地区生产总值。2020年在疫情影响下，广州天河CBD的GDP占全市比重依然由2018年的8.70%增长至13.96%，增长35.26个百分点，由此可见，广州天河CBD发展势头依然十分强劲。

新一线城市CBD中，南京河西CBD、郑州郑东新区CBD和杭州武林CBD三年内的GDP增幅均超过了20%，上升趋势非常强劲。三年间增速最快的为南京河西CBD，增幅达56.57%。从地区经济贡献来看，杭州武林CBD的地区生产总值占全市比重达到7.04%，在新一线城市CBD中最为突出（见表2）。从地均产出来看，郑州郑东新区CBD的地均GDP超过70亿元/平方公里。由此可见，无论是一线城市，还是新一线城市，CBD依旧在经济效益和土地集约利用方面有着绝对的优势。同时，从武汉王家墩CBD、杭州武林CBD、南京河西CBD的地均GDP数据也可看出，各CBD一直保持稳步发展态势。

（二）总部经济

总部经济伴随世界经济全球化出现，经济全球化的原则简言之就是成本

表2 2018~2020年中国部分中央商务区的GDP、GDP占全市GDP比重及地均GDP

类别	CBD	CBD面积（平方公里）	GDP（亿元） 2020年	GDP（亿元） 2018年	GDP占全市GDP比重（%） 2020年	GDP占全市GDP比重（%） 2018年	地均GDP（亿元/平方公里） 2020年	地均GDP（亿元/平方公里） 2018年
一线城市CBD	北京CBD	3.99（核心区）	1795	1664	4.97%	5.94%	256（中心:942.6）	238.05
	上海陆家嘴CBD	6.89（核心区）（全域面积31.78）	5300	—	13.69%	—	769.23	—
	广州天河CBD	6.19（核心区）（规划面积20）	3328	3182.54	13.96%	8.70	241	256.21
	深圳福田CBD	6.07（核心区）（全域面积78.8）	2400	—	8.89%	10.67	395.39	380
	天津滨海新区CBD	3.44.（全域面积42）	—	1041.98	—	5.62	—	20.84
	重庆解放碑CBD	1.61（核心区）（规划面积3.5）	—	717	—	3.68	—	44.4
	西安长安路CBD	2.9（核心区）（规划面积4.55）	—	153.20	—	2.13	—	33.67
新一线城市CBD	武汉王家墩CBD	7.41	—	1304.18	—	9.73	46	46.1
	杭州武林CBD	4.02（核心区）（全域面积31.46）	1134	928.91	7.04%	7.99	36	29.53
	南京河西CBD	3.5（核心区）（规划面积22）	279	178.20	1.89%	1.52	12.68	8.1
	郑州郑东新区CBD	4.75	334	233.43	2.78%	4.33	70.32	—
	银川阅海湾CBD	2.2	—	274	—	24.83	—	—

数据来源：郭亮、单菁菁主编《中国商务中心区发展报告No.5（2019）》，社会科学文献出版社，2019；郭亮、单菁菁主编《中国商务中心区发展报告No.7（2021）》，社会科学文献出版社，2021。

最小化、利益最大化。通信、交通、金融、物流等系统高度发达的国家，大部分公司选址时将绿色生态型办公作为必要条件。这就对绿化和物业有了更加清晰及明确的要求，因此 Business Park 的总部楼已经不仅是单纯的建筑物，因为具有较大的规模而形成一个新的经济平台。构建一个统一开发、统一提供物业服务的低成本平台，这对国内企业总部及跨国公司总部而言是一个巨大的吸引力，总部基地和总部经济的概念由此而诞生。由于总部经济并不要求实体企业入驻，不占用当地的公共资源、不改变企业的经营模式就可为当地经济带来诸多外溢效应，如税收效应、产业集聚效应、产业关联效应、消费带动效应、就业乘数效应、资本放大效应等，所以总部经济一直以来都是各个 CBD 发展的重点。由于各地 CBD 经济发展能级的差异，各城市对总部企业的吸引力也不同。

2018~2020 年，一线城市 CBD 依然是总部企业的首选。如图 1 所示，截至 2020 年，北京 CBD 总部企业入驻 456 家，新增数量超过 100 家，新增世界 500 强企业 78 家，其中 4 家为跨国公司地区总部，三年间超 50 家金融机构落户，同时新增资本超亿元的文化企业超过 50 家。2020 年，上海陆家嘴 CBD 有超过 600 家总部企业落户，相较于 2016 年的 64 家，增长了超 8 倍，2020 年新增持牌金融机构 32 家，新增外资资产管理机构超 100 家，与 41 家企业达成战略合作。同年上海浦东新区正式启动"全球营运商计划"，该计划使跨国公司地区总部累计达 359 家，占全市 46.6%。深圳福田 CBD 2018 年企业总量已达 9800 家，有超过 400 家总部企业选择在此落户，新增总部企业 86 家，新增世界 500 强企业 72 家，总部企业和 500 强企业分别占 CBD 企业总量的 4.37% 和 1.73%。值得一提的是，福田区"本土制造"的世界 500 强企业就有 4 家。截至 2020 年，广州天河 CBD 注册企业数量高达 70000 家，为全国注册企业最多的 CBD。因企业数量多、中心空间非常有限、城市版图扩大等，该区企业外溢效益明显。近三年该 CBD 企业数量及总部企业入驻率略有下降，然而世界 500 强企业依然对天河区青睐有加，2020 年累计有 204 家世界 500 强企业入驻天河区，较 2018 年增加了 61 家。同时新增高新技术企业超 3000 家，经济实力与创新活力依然强劲。

新一线城市 CBD 中，截至 2020 年，重庆解放碑 CBD 入驻企业 4025 家，其中总部企业 145 家，世界 500 强企业 78 家，分别占 CBD 企业总量的 3.60%和 1.94%，2020 年，CBD 的总部（重点）企业贡献了超 3400 亿元的产值。西安长安路 CBD 企业有 5600 家，其中总部企业 33 家，世界 500 强企业 31 家，近年西安 SKP、王府井百货、合生新天地等知名企业相继落户于此。2020 年杭州武林 CBD 企业有 6570 家，相较 2018 年增加 3162 家（见表 3），引进世界 500 强阿斯利康中国东部总部、诚通融资租赁等总部企业。现存企业中有 6 家荣登中国企业 500 强榜单，新增国家高新技术企业 161 家。2020 年南京河西 CBD 存量企业 1400 家，高新技术企业新增超 100 家、总量突破 300 家。成都锦江 CBD 存量企业为 3405 家，总部企业 215 家，世

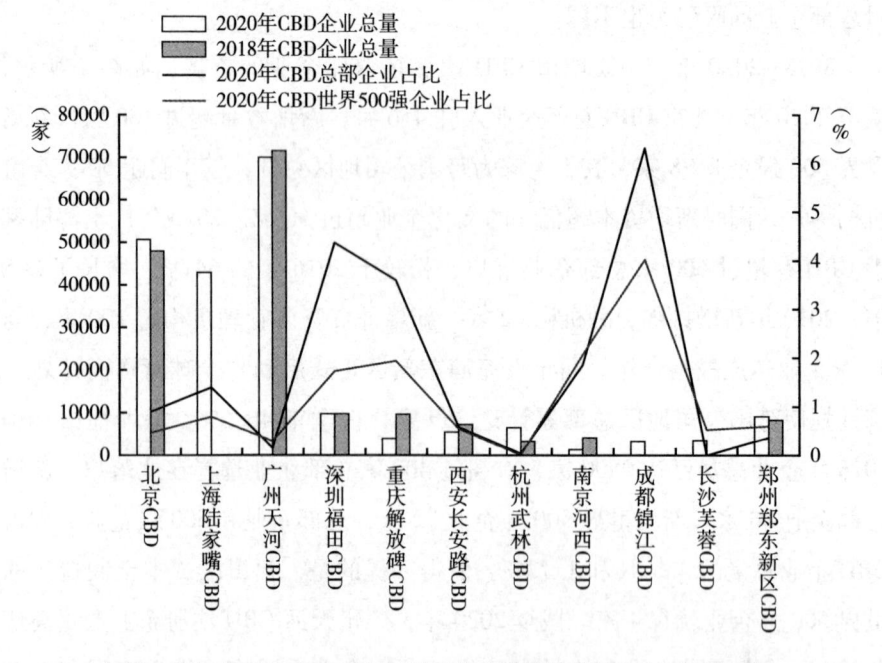

图 1　2018 年和 2020 年 CBD 总部企业数量及世界 500 强企业数量

注：成都锦江 CBD2018 年的数据缺失，故未展示；深圳福田 CBD 均使用 2018 年数据。

数据来源：郭亮、单菁菁主编《中国商务中心区发展报告 No.7（2021）》，社会科学文献出版社，2021。郭亮、单菁菁主编《中国商务中心区发展报告 No.5（2019）》，社会科学文献出版社，2019。

界500强企业137家，各占该区企业总量的6.30%和4.02%，为新一线城市CBD之首。郑州郑东新区CBD企业总数9169家，企业数量接近深圳福田CBD。相较2018年，新增企业824家，该CBD目前入驻总部企业34家、世界500强企业55家。

综上所述，一线城市CBD依然是众多企业的首选，尤其是总部企业和世界500强企业，城市资源、公共服务水平、商务氛围、信息获取等因素依然是企业选择总部驻地的首要条件。新一线城市CBD中，成都锦江CBD有数量最多的区域总部，而南京河西CBD以其便利的交通和明显的政策优势也逐渐受到总部企业的青睐。

表3 2018~2020年中国部分CBD企业总量变化

单位：家

CBD	2020年CBD企业总量	2018年CBD企业总量	2018~2020年CBD企业总量变化
北京CBD	50670	47980	2690
上海陆家嘴CBD	43000	—	—
广州天河CBD	70000	71568	-1568
深圳福田CBD	—	9800	—
重庆解放碑CBD	4025	9684	-5659
西安长安路CBD	5600	7342	-1742
武汉王家墩CBD	2000	—	—
杭州武林CBD	6570	3408	3162
南京河西CBD	1400	4200	-2800
成都锦江CBD	3405	—	—
长沙芙蓉CBD	3552	—	—
郑州郑东新区CBD	9169	8345	824

数据来源：郭亮、单菁菁主编《中国商务中心区发展报告No.7（2021）》，社会科学文献出版社，2021。郭亮、单菁菁主编《中国商务中心区发展报告No.5（2019）》，社会科学文献出版社，2019。

（三）楼宇数量

现代楼宇作为城市的标志、载体和名片，其现代符号、都市色彩、国际元素在推介与服务城市的同时，也代表着城市的时尚、品位、活力，是衡量一个城市经济活力、形象魅力、发展竞争力的"风向标"。可以说，一座楼宇就是一个"垂直的开发区"，一个楼宇集群就是一片"经济森林"。而这一片片的"经济森林"，正是城市中人才、产业、文化、管理、服务等元素最集中的栖息地，也是城市中车流、人流、物流、信息流最密集的区域，故中央商务区的楼宇一直被给予非常高的关注。

由图2我们不难看出，2018~2020年中央商务区新增楼宇不多，由于空置率普遍上升，各地楼宇交付速度减缓，楼宇也向智慧化、个性化、多元化方向发展。从楼宇数量来看，一线城市CBD与新一线城市CBD楼宇数量的差距依然非常大。一线城市CBD中，2020年上海陆家嘴CBD楼宇数量最多，新交付79座商务楼宇，总数达318座。北京CBD三年间新增交付楼宇

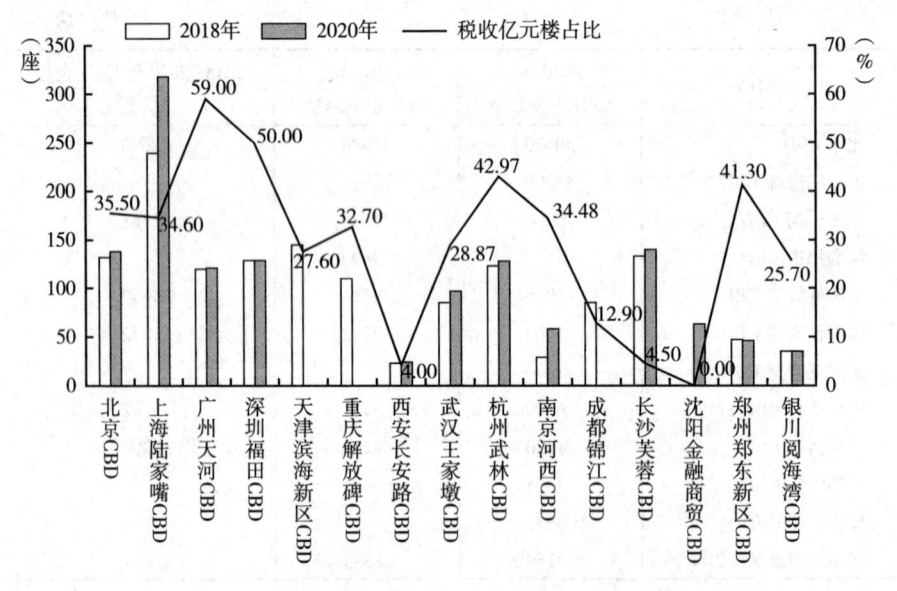

图2 2018年和2020年中国部分CBD商务楼宇情况
（商务楼宇数量、税收亿元楼占比）

注：部分CBD所在城市或城区数据缺失，故未在图中展示。
数据来源：郭亮、单菁菁主编《中国商务中心区发展报告No.7（2021）》，社会科学文献出版社，2021。郭亮、单菁菁主编《中国商务中心区发展报告No.5（2019）》，社会科学文献出版社，2019。

6座，广州天河CBD新增交付楼宇1座，深圳福田CBD三年间无新增交付楼宇。新一线城市CBD中，南京河西CBD三年内新增楼宇数最多，达29座。武汉王家墩CBD新增楼宇12座，数量也比较可观。除此之外，杭州武林CBD新交付楼宇5座、西安长安路CBD新交付楼宇1座、长沙芙蓉CBD新交付楼宇7座。新一线城市CBD楼宇总量虽不及一线城市CBD，但三年间大多有新楼交付。

2020年，众多CBD的单座楼宇税收非常可观。上海陆家嘴CBD的税收亿元楼达110座之多，占楼宇总量的34.60%，其中有30座楼宇税收超过10亿元，经济效益位居全国第一。广州天河CBD和深圳福田CBD的税收亿元楼分别为71座和65座，这两个CBD的税收亿元楼占比皆不低于50%，广州天河CBD达到59%，该区税收超10亿元楼宇也有17座之多。北京CBD税收亿元楼高达140座，占楼宇数量的35.50%，税收超10亿元的楼宇有10座，其中单体楼宇的年度纳税额最高达57亿元。新一线城市CBD中，杭州武林CBD税收亿元楼达55座，为新一线城市CBD之首，武汉王家墩CBD、南京河西CBD税收亿元楼也都不低于20座。而天津滨海新区CBD、重庆解放碑CBD、武汉王家墩CBD、杭州武林CBD、南京河西CBD、郑州郑东新区CBD以及银川阅海湾CBD的税收亿元楼占比均超过20%，杭州武林CBD、郑州郑东新区CBD的税收亿元楼占比分别达到42.97%和41.30%。值得关注的是，南京河西CBD税收亿元楼占比由2018年的10%上升至34.48%。

（四）重大项目分析

2018~2020年，北京CBD所在的朝阳区迎来中国（北京）自由贸易试验区设立的重大机遇，CBD、金盏国际合作服务区共7.92平方公里纳入政策范围，全市首个自贸试验区国际人才一站式服务中心建成，首个金融服务平台上线，首家个人征信公司、首只人民币国际投贷基金、首单本外币一体化试点政策业务在朝阳区落地。服务业扩大开放第三轮试点任务基本完成，25个重点项目入驻。《北京CBD国际化提升三年行动计划》加快

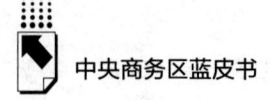

推进，吸引力指数保持全国第一，跃居亚洲第二、全球第七。中关村朝阳园成为全国第三批双创示范基地，国际创投集聚区"政策18条"全面实施，4个高成长中心及一批重点机构入驻。奥运功能区实现亚投行、中石油储气库公司等重点企业入驻，国家速滑馆、国家游泳中心、国家体育馆等新建、改建工程竣工。与外交部建立对接沟通机制，第四使馆区用地范围内拆迁工作全面完成。

上海陆家嘴CBD则更注重城市管理的智能化发展。至2020年底，浦东新区政府为了使企业实现"足不出户，全程网办"这一目标，新建58个、迭代升级22个智能应用场景，助力"城市大脑3.0"顺利上线。同时，2020年浦东新区政府推动实施了重大工程项目117项，启动"金色中环发展带"建设，聚焦前滩、张江、金桥3个中心区以及沪东船厂、张江集电港、御桥区域、高青区域和三林区域5个潜力地区。10号线二期、18号线御桥站—航头站区段建成通车。龙东高架路全线通车，济阳路快速化改建工程主线高架部分通车、全线结构贯通，浦东大道地面道路恢复双向4车道通车，高科西路新建工程全线竣工通车，重大工程实施高效有序。

至2020年，深圳福田CBD所在的福田区实现了科创产业的快速集聚，空间资源的持续释放助力创新福田的有效落地。三年间超30万平方米优质科研空间投入使用，科创资源加速集聚，引进粤港澳大湾区人工智能研究院等重大科研平台，2020年一年实质推进和落地项目多达138个。同时服务配套全面跟进，建成"e站通"综合服务中心、香港青年创新创业社区，保税区一号通道改造、南华村棚改房屋拆除基本完成，启动编制空间规划等八大专项规划，环中心公园活力圈建设稳步开局。启动中心公园改造提升一期工程，布局建设景观连廊、慢行系统等基础设施。华富村棚改进入主体施工阶段，华富北片区棚改搬迁交房率达到96%，长城开发等城市更新项目加快推进，布局国际量子研究院、国家药监局药审和器审大湾区分中心等一批国家级重大科研平台，新增广东省5G中高频器件创新中心等44家重大创新载体，推出全球首款数据流AI芯片CAISA等重大创新成果，建成世界5G网络覆盖率最高的中心城区，深圳福田区成为全省唯一"国家知识产权服务业集聚发展示范区"。

2020年广州天河CBD所在区新开工重点项目39个，136个区重点建设项目超额完成年度投资计划。签约落地重点招商项目108个，过去五年累计竣工投产重点项目多达24个。

重庆渝中区98个重点项目建设提速，169万平方米老旧小区改造逐步进行，渝湘高铁、解放碑地下环道三期等一批重大功能项目快速推进，轨道1号线朝天门站建成通车，红岩村大桥合龙、曾家岩大桥主线通车，新建改建排水管网、燃气管网21公里，新增5G基站404个，建成投用全市首个5G智慧展厅，在全市率先实现5G网络全覆盖，城市承载能力和运行效率进一步提升。

2018~2020年西安长安路CBD所在碑林区累计实施重点项目85个，并且建成13个国家级、9个省级、28个市级众创载体，设立3个总规模达到6.1亿元的环大学产业发展基金，中国高校知识产权运营交易（西安）平台累计上线专利440万件，技术合同交易额突破540亿元，吸纳国家级高新技术企业286家、省级科技型中小企业201家。[1]

近年来杭州武林CBD所在区积极应对转型升级带来的挑战，布局大数据、集成电路设计、汽车互联网、创意设计、直播电商、智慧物流、生命健康、金融服务等重点产业中心，开工全省数字新基建标志性项目——浙江云计算数据中心、嘉里数创港等重点项目，揭牌成立中科计算技术创新研究院、浙江省产业基金服务基地，建立省知识产权交易中心杭州分中心，实施重点区块开发。

南京河西CBD所在区2020年优化产业结构、推动市场化转型，新建开通5G基站711个，23个重点项目投资39.3亿元，项目建设进度达125.5%。

成都锦江CBD所在区2020年引进重大产业化项目21个，建立"区级

---

[1] 《两会正在看||走在最前列的"不凡答卷"》，搜狐网，2021年1月28日，https://www.sohu.com/a/447358048_348943。

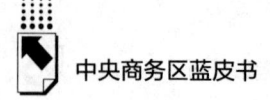

领导+行业部门+属地街道"联动服务专班工作机制，走访驻区世界500强企业及700余家重点企业。成功包装策划天府茂业城、四圣祠"大城之窗"、白鹭湾新经济小镇三大百亿级项目，落地友邦保险等高能级项目193个。四川出版传媒中心等4个重大产业化项目竣工投产，重大项目落地加速。

沈阳金融商贸CBD所在区三年间重点项目建设成效显著。2020年亿元以上建设项目开复工102个，同比增长24%。赴外开展招商推介12次，引进亿元以上签约项目156个，其中亿元以上落地项目76个。在全市率先完成批而未供和闲置土地处置。富丽华大厦等3个停缓建项目有序启动，出让原九中地块，北方出版物配送中心等2宗土地具备出让条件，高东-3等13宗土地征收实现新突破。打造20座特色楼宇，启用30万平方米存量楼宇。

截至2020年，银川阅海湾CBD所在区坚持高质量发展，99个基本建设项目全部开工，实施招商引资项目61个。

（五）楼宇租金及空置率分析

近几年，受疫情等多种不确定因素的影响，中国主要城市核心区写字楼空置率皆有上升。其中广州天河CBD和深圳福田CBD分别以7.50%和24.50%的核心商圈空置率，成为一线城市中空置率最低和最高的CBD。受租赁需求减弱的影响，一线城市CBD的甲级写字楼整体租金表现一直承压。2020年北京CBD最高平均租金下降为每月每平方米387.30元，较2017年下降了288.08元。广州天河CBD的租金为四个一线城市CBD中最低，为每月每平方米188.10元，虽然租金较低，但4年间空置率仅上升2.10个百分点，平均租金也较2017年上升了14.08元，是唯一一个平均租金上涨的城市。在新一线城市CBD中，杭州武林CBD空置率最低，为12.80%，而长沙芙蓉CBD空置率最高，为45.20%。2019~2020年，新增供应项目不断入市导致中国甲级写字楼核心市场的整体去化承压。2020年，在一线和新一线城市CBD中，北京CBD和杭州武林CBD分别以每月每平方米387.30元和每月每平方米147.8元的租金位居第一。由表4可见，2017~2020年一线城市写字楼空置率上升明显，空置率上升最多的一线城市CBD为深圳福田CBD，由于新增楼宇的加入以及去中心化优势明显，该CBD空置率上升15.57个百分点，租金也出现了下降趋势，4年间租金由每月每平方米307.38元下降至每月每平方米213.40元。新一线城市CBD中，重庆解放碑CBD、杭州武林CBD、成都锦江CBD、沈阳金融商贸CBD空置率较2017年均有下降，其中沈阳金融商贸CBD空置率相较2017年下降了7.87个百分点，去库存效果明显。新一线城市CBD租金虽然都有所下降，但整体下降幅度不大。

表4 2017~2020年中国部分中央商务区空置率及租金变化

CBD	空置率2020年（%）	空置率2017~2018年（%）	2017年至2020年空置率变化（个百分点）	2020年租金（元/米²/月）	2017年租金（元/米²/月）	2017年至2020年租金变化（元/米²/月）
北京CBD	10.80	2.63	8.17	387.30	675.38	-288.08
上海陆家嘴CBD	16.00	11.55	4.45	282.60	387.83	-105.23
广州天河CBD	7.50	5.40	2.10	188.10	174.02	14.08
深圳福田CBD	24.50	8.93	15.57	213.40	307.38	-93.98
天津滨海新区CBD	34.60	32.00	2.60	94.40	108.60	-14.20
重庆解放碑CBD	30.90	36.45	-5.55	79.00	85.30	-6.30
西安长安路CBD	25.50	18.82	6.68	89.70	112.03	-22.33
武汉王家墩CBD	32.70	16.53	16.17	109.20	135.10	-25.90
杭州武林CBD	12.80	18.62	-5.82	147.80	189.55	-41.75
南京河西CBD	25.10	9.55	15.55	131.40	142.23	-10.83
成都锦江CBD	18.00	24.68	-6.68	110.90	112.77	-1.87
长沙芙蓉CBD	45.20	28.10	17.10	86.80	109.00	-22.20
沈阳金融商贸CBD	28.80	36.67	-7.87	73.90	81.65	-7.75

数据来源：《大中华区写字楼供应/需求核心趋势》，戴德梁行，https://www.cushmanwakefield.com.cn/images/upload/3/D13CEE3561B54C8AB6B8137D9380AB63.pdf。

随着北京写字楼整体市场供应的放缓，北京核心商圈未来供应有限。长期来看，核心商圈的未来供应仍将以"商改办""酒改办""楼宇升级改造"等城市更新项目为主导；而非核心商圈目前正处于高速发展阶段，未来随着周边各类基础设施、商业配套的逐步完善，以及已入驻龙头企业虹吸效应的发挥，将受到更多有大面积和低租金需求的企业租户的关注。面对大量的新增供应以及全球经济的疲软，未来北京CBD甲级写字楼空置率或将被进一步推高。并且在大量新增供应的重压下，业主们对于租金下调的预期在短期内不会改变。未来，成本控制仍将是北京写字楼市场的主调。对于上海陆家嘴CBD来说，内资企业未来将继续成为上海甲级写字楼租赁的主力军。未来，全市将有大量甲级写字楼供应，故而空置率升高、租金下降等一系列连锁反应已是必然。但是同时，这又将吸引更多企业租户前来寻找扩租机会，租赁更大面积的办公场所。深圳福田CBD以优良的营商环境、坚实的产业基础以及巨大的发展潜力，成为很多企业布局湾区的首选。在市场压力普遍较大的情况下，区政府积极创造有利条件引进优质企业。发展成熟的福田中心区，由于未来供应较少，租金水平将保持稳定，空置率也将维持在较低水平。未来广州甲级写字楼市场需求将在一定程度上呈现正增长。尽管2020年初受到新冠肺炎疫情影响经济下行，但目前市场对疫情防控持乐观预期，再加上政府出台鼓励政策，广州整体经济增速提高。各级政府将相继推出政策鼓励企业发展并刺激写字楼需求，以天河区政府为例，2020年11月推出《广州市天河区推动经济高质量发展若干政策意见》，提出对将在天河区落户的软件和信息服务、金融、高端专业服务等重点扶持领域的龙头企业提供不同程度的经济奖励；同时，对创新创业人才给予资金支持。

（六）主要城市CBD写字楼需求趋势分析

2018~2020年，北京核心楼宇租赁行业需求变化不明显，TMT、专业服务业、金融业依然是选择甲级写字楼最多的行业（见图3）。其中，金融业占比上升较为明显，上升了8.9个百分点。2020年发生的疫情推动线上教育、线上医疗、电商等互联网行业的快速发展。纵观全年，TMT类公司成交面积占北京甲级写字楼租赁面积总和的比重高达37.6%，位居各行业之首。得益于基金、保险、证券、信用卡中心、银行后台支持部门等领域公司的活跃表现，金融业甲级写字楼租赁面积占北京甲级写字楼市场全年总成交面积的比重高达26.7%。专业服务业租赁面积占北京甲级写字楼市场全年总成交面积的 19.8%，其中律师事务所、会计师事务所和其他咨询管理类公司表现出较强的租赁需求。其余有租赁需求的行业的成交面积之和约占 2020 年北京甲级写字楼市场总成交面积的 15.9%。

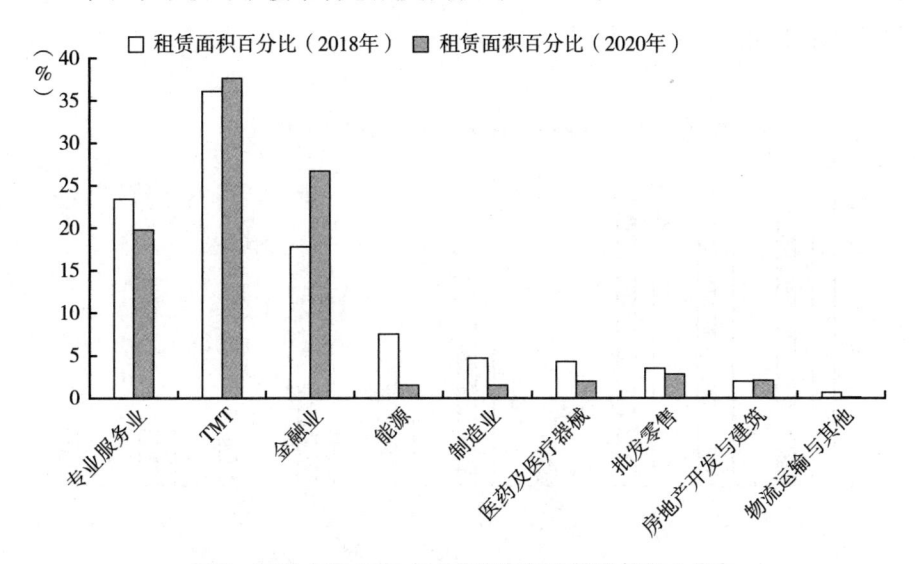

图 3　2018 年和 2020 年北京甲级写字楼租赁行业分布

数据来源：《大中华区写字楼供应/需求核心趋势》，戴德梁行，https：//www.cushmanwakefield.com.cn/images/upload/3/D13CEE3561B54C8AB6B8137D9380AB63.pdf。

2018~2020 年，上海甲级写字楼租赁行业分布稍有变动，但是对甲级写字楼需求最大的三个行业依然是专业服务业、TMT 与金融业（见图 4）。相较 2018 年，金融业甲级写字楼租赁面积占比上涨了 6.1 个百分点，达到 21.1%，医药及医疗器械行业租赁面积占比上涨 3.6 个百分点，TMT 行业、房地产开发与建筑行业对甲级写字楼需求略有下降，分别降低 3.5 个百分点、2.6 个百分点。2020 年金融业租赁面积占总租赁面积的 21.1%，几乎与专业服务业齐平。自从中国银保监会对 P2P 行业整顿以来，金融类企业的租赁活动明显收缩。但在疫情的影响下，资产管理类金融企业表现出较强的租赁需求。专业服务业的租赁面积占全年租赁面积的 21.2%，其中，律师事务所、会计师事务所、线上教育公司和办公空间灵活的运营商需求比较活跃。租赁面积占比第三的是 TMT，占到 2020 年所有租赁面积的 16.5%。疫

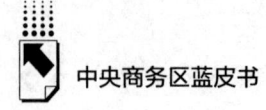

情期间，线上游戏以及各类电商平台在短期内迅速扩张，因而 TMT 行业对写字楼的租赁需求明显增加。虽然 TMT 类企业对甲级写字楼空间租赁需求很大，但出于产业集聚和企业需求等原因，TMT 类企业对优质商务园区的租赁需求更大。

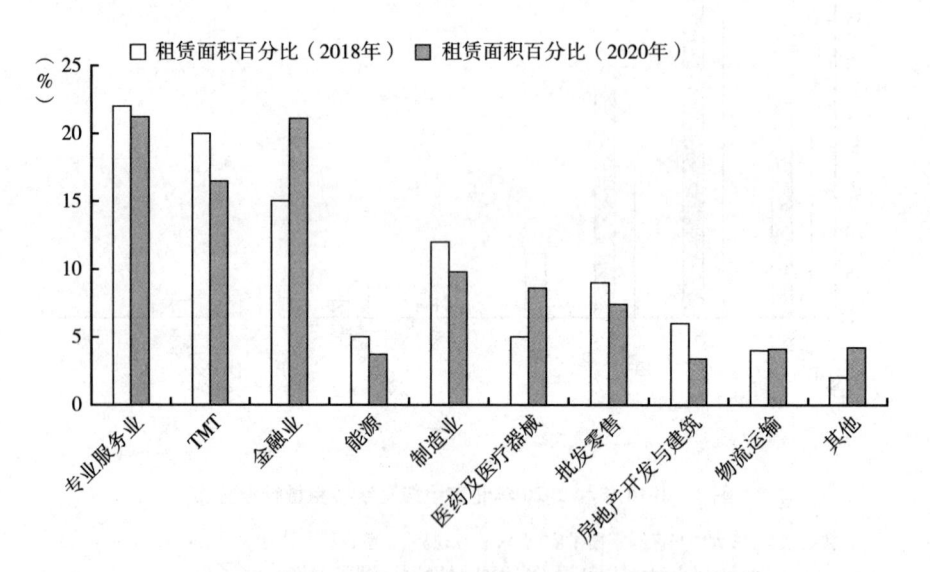

图 4　2018 年和 2020 年上海甲级写字楼租赁行业分布

数据来源：《大中华区写字楼供应/需求核心趋势》，戴德梁行，https：//www.cushmanwakefield.com.cn/images/upload/3/D13CEE3561B54C8AB6B8137D9380AB63.pdf。

如图 5 所示，2018～2020 年，金融业、专业服务业以及 TMT 依然是深圳甲级写字楼的三大核心需求方，值得注意的是 2020 年深圳 TMT 行业租赁面积占比比 2018 年上涨了 15.6 个百分点，对甲级写字楼的需求占比高达 36%。专业服务业、金融业及制造业需求占比皆下降了 5 个百分点。不难看出，深圳 TMT 行业发展非常迅猛。在疫情影响下，部分创新科技企业的需求表现不及往年，但部分龙头科技企业扩张之势迅猛，头部科技企业也吸引其上下游企业集聚。伴随深圳各类企业的快速发展，财务及法律等专业服务行业需求持续扩大，会计师事务所、律师事务所、猎头公司、各类顾问咨询公司等专业服务业企业也成为深圳甲级写字楼市场的重要需求方。最后，制造业、批发零售业、房地产开发与建筑、物流运输、医药及医疗器械和其他行业租赁面积共占深圳甲级写字楼租赁面积的21.1%。

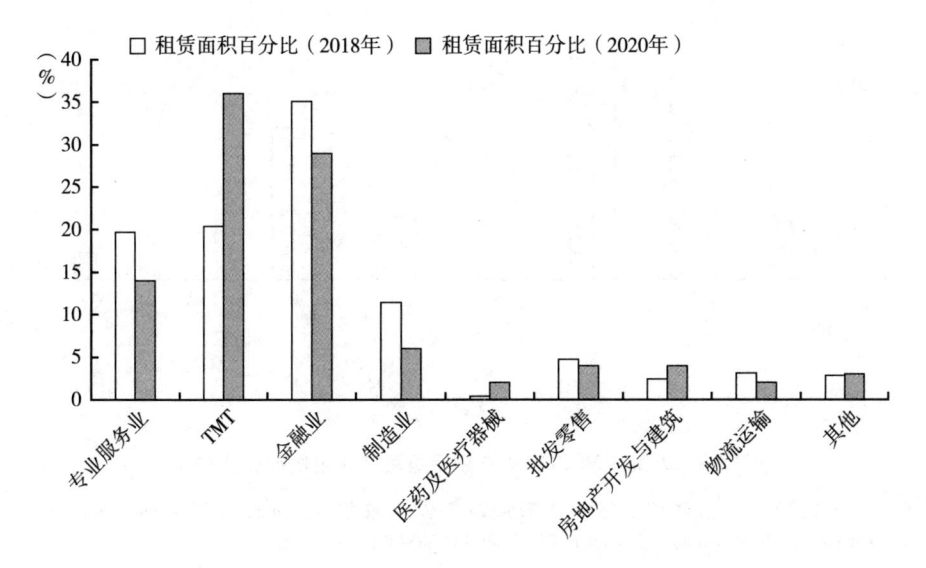

图5 2018年和2020年深圳甲级写字楼租赁行业分布

数据来源：《大中华区写字楼供应/需求核心趋势》，戴德梁行，https://www.cushmanwakefield.com.cn/images/upload/3/D13CEE3561B54C8AB6B8137D9380AB63.pdf。

2018~2020年，广州甲级写字楼租赁行业变动值得注意。由图6可知，租赁三巨头由2018年的专业服务业、TMT、金融业转变为TMT、金融业、房地产开发与建筑行业。2020年，TMT行业受疫情影响相对较小，同时线上经济迅速发展推动TMT行业扩张，TMT行业仍然是广州甲级写字楼租赁成交主力。在一系列金融发展相关政策实施的背景下，广州金融业发展良好。房地产开发与建筑行业也是广州甲级写字楼重要的需求来源，其租赁面积占比大幅度提高可能来自总部企业租赁面积的增长。制造业、专业服务业、批发零售、物流运输和其他行业的租赁面积之和占总成交面积的27.2%。其中，专业服务业的律师行业表现突出，租赁面积占专业服务业的55.3%。

综上，2018~2020年，一线城市与新一线城市的楼宇空置率都有一定的上涨，而租金相较之前也有不同程度的滑落，从各地重大项目的开展情况不

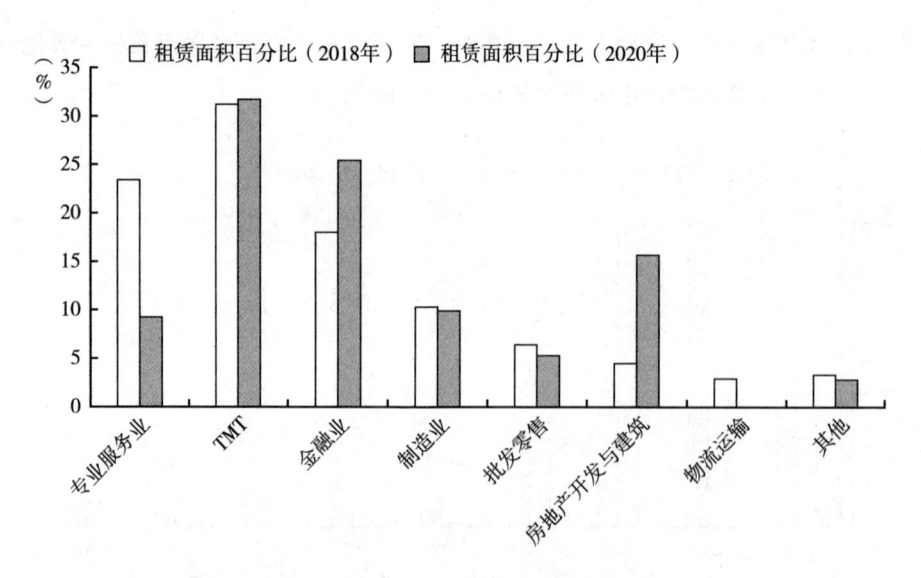

图6　2018年和2020年广州甲级写字楼租赁行业分布

数据来源：《大中华区写字楼供应/需求核心趋势》，戴德梁行，https://www.cushmanwakefield.com.cn/images/upload/3/D13CEE3561B54C8AB6B8137D9380AB63.pdf。

难看出一线城市以及新一线城市对写字楼的建设步伐有所放缓。写字楼的发展已经由追求量而转化为追求质。加之2020年新冠肺炎疫情迫使写字楼升级，除追求智慧和绿色发展外，健康与安全也成为写字楼的重要发展方向。同时，近年来房地产行业的温室气体排放量开始受到关注，据联合国统计，房地产行业的温室气体排放占全球的40%。所以从2020年开始，可持续发展也成为写字楼发展的必要考虑因素。

从行业上看，在新冠肺炎疫情的影响下，经济发展和生活方式发生了变化，金融行业，电信、媒体和科技行业，医疗健康行业将可能获得新的发展机会。2019年11月，国务院发布《关于进一步提高利用外资水平的意见》，共提出了四大类要求：（1）深化金融领域的对外开放；（2）加大对金融领域的投资促进力度；（3）深化投资便利化改革；（4）保护外商投资合法权益。中国大陆在更高水平上加快金融业对外开放和金融全球化的步伐，将是国内甲级写字楼市场的重大利好。电信、媒体和科技行业在新冠肺炎疫情期间快速发展。抛开疫情的影响，中国强大的经济基础以及对技术应用趋势的准确把握就已经为国内 TMT 行业强劲的业务增长奠定了基础。此外，随着"新基建"的发展，未来我国的 TMT 行业将迎来更多商机，它们对甲级写字楼的需求也将进一步增长。医疗健康行业在疫情期间发挥了至关重要的作用。2020 年上半年，公众对于线上个人健康咨询的需求暴涨。根据京东健康数据，每月在线咨询量增长了 10 倍，达到 200 万次。相应地，制药企业、医疗设备生产商也迎来了需求的快速增长，预计医疗健康行业的办公租赁需求将进一步增加。

三 楼宇经济发展趋势

可以说，高质量发展是楼宇经济的必经之路，然而如何发展高质量的楼宇经济，需要更多的讨论与思考。从以上数据和分析来看，楼宇开发商未来将不再仅是建楼卖楼的地产商，也不仅是赚取差价的"二房东"，而是城市设计理念下楼宇品质、品牌、品位的塑造者与践行者。毫无疑问，品质、品牌、品位将成为楼宇经济 2.0 时代的鲜明标签。

（一）楼宇发展智慧化

CBD 是现代服务业高度聚集的区域，因其数量庞大的楼宇、企业、人流量，故对于安全的要求非常严格。而信息技术的发展使楼宇变得更加智慧。近年来楼宇经济的发展呈现新的趋势，其载体、功能、空间的变化逐渐明朗。一是产业集聚区、中央商务区、特色商圈、特色小镇等不同形式的载体成为新一轮楼宇经济的打造重点。二是从"智能"到"智慧"的功能 2.0。自"楼宇经济"的概念被提出后，楼宇的超强经济功能受到重视，商务楼宇的数量逐渐增加，现代商务楼宇也越来越多地融合了智能化、个性化、贴心化运营。三是空间从"独用"到"共享"。在楼宇经济 2.0 时代，人们更注重空间的共享，"企业平台化、员工创客化、用户个性化"的自循环生态圈正在形成。在楼宇总体布局上，摒弃了以前商业是商业、商务是商务的"分割式"独立分布格局，而将餐饮、

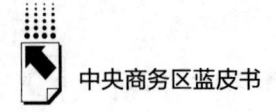

娱乐、健身、休闲、书吧等公共设施嵌入其中，形成融商业、商务于一体的城市综合体。

（二）楼宇软件个性化

楼宇经济2.0时代，楼宇发展的重点已从以前的硬件建设转向软件提升、从大拆大建转向运营管理，楼宇经济正从高速增长到高质量发展转变，并呈现个性化、人性化特征。在楼宇经济2.0时代，商务楼宇入驻的目标客户对于景观、空间、智能化的要求更明确。商务楼宇已经不再单单是办公场所，而是一个融入了文化、科技、服务、管理等元素，集办公、休闲、社交于一体的庞大空间。同时，"互联网+"在一定程度上推动了楼宇经济2.0时代商务办公模式的变革。为满足不断趋于碎片化、个性化、多元化的用户需求，楼宇物业逐渐从原来的分割出租、整体转让、整层出租向"联合办公""柔性办公""个性办公"转变，企业办公模式也从以前的"8小时坐班制"发展成"商务办公钟点房"。

（三）楼宇诉求多元化

楼宇经济2.0时代，不管是当地政府、楼宇业主还是物业管理公司，更多追求的是长远效益。加之疫情的常态化，楼宇的综合能力更被看重。

一是经营方式转变。商务楼宇正由开发企业租售并举阶段向物业持有主体与运营主体分离、通过资产证券化实现对物业持有的经营阶段转变。从现状看，一、二线城市核心地段商业基本实现自持，商务楼宇自持比例持续上升。未来，一线城市郊区和二线城市的部分非核心地段将以租售并举的产品为主。二是从"粗放式管理"向"管家式服务"转变。随着竞争的加剧，现在的商务地产的运营管理向节能、绿色、环保、个性的"管家式服务"转变，物业管理更加关注个性需求和用户体验。

如果说1.0时代的楼宇经济是简笔画，那么进入2.0时代的楼宇经济则是工笔画。与1.0时代单纯追求经济效益相比，2.0时代的楼宇经济已形成载体、功能、产业、要素、空间、模式、效益等全方位的升级，给城市发展带来了新的生机和活力。

参考文献

［1］郭亮、单菁菁主编《中国商务中心区发展报告No.7（2021）》，社会科学文献出版社，2021。
［2］夏校鸿：《楼宇经济十年》，浙江大学出版社，2020。
［3］蒋三庚主编《中央商务区产业发展报告（2020）》，社会科学文献出版社，2020。
［4］李立杉、蒋三庚等：《中国特大城市中央商务区（CBD）发展指数研究：北京市哲学社会科学CBD发展研究基地2016年度报告》，首都经济贸易大学出版社，2017。
［5］郭亮、单菁菁主编《中国商务中心区发展报告No.5（2019）》，社会科学文献出版社，2019。
［6］蒋三庚：《中国主要CBD现代服务业集聚发展对策研究》，《首都经济贸易大学学报》2010年第7期。

B.5
中央商务区营商环境指数分析（2022）

孙 涛*

摘　要： 目前，优化营商环境已成为增强市场主体积极性、促进中小企业创新的关键。CBD处于城市商务中心，更需平稳、公开与透明的营商环境。本报告以我国一线城市、新一线城市的13个CBD为研究对象，通过建立中央商务区营商环境指数指标体系，对国内CBD营商环境进行了评估。本报告认为，多数CBD的营商环境改善成效显著，特色突出。据此，报告针对不同城市CBD进一步优化营商环境提出了相关建议。

关键词： 中央商务区　营商环境　"放管服"改革

当前，优化营商环境不仅是我国参与全球经济竞争的现实需求，而且是激发国内市场活力、振兴实体经济的关键。2020年，《优化营商环境条例》正式实施，从市场主体保护、市场环境、政务服务、监管执法等方面规定了优化营商环境的原则和措施。2021年3月，《中华人民共和国国民经济和社会发展第十四个五年规划和2035年远景目标纲要》正式发布，指出要深化简政放权、放管结合、优化服务改革，全面实行政府权责清单制度，持续优化市场化、法治化、国际化营商环境。2022年3月，《中共中央 国务院关于加快建设全国统一大市场的意见》发布，从全局和战略高度明确了我国建设全国统一大市场的总体要求、主要目标和重点任务，提出要推进我国市

---

* 孙涛，首都经济贸易大学博士研究生，主要研究领域为世界城市发展比较、CBD发展研究。

场监管公平统一，进一步完善市场监管规范，全面增强市场监管能力，进一步改善营商环境。

对营商环境进行科学的评价，是优化营商环境的关键环节。CBD作为城市的商务中心，是企业商务活动与企业生产运营的重点地区，所以对中央商务区营商环境指数进行统计和评估，更能精准、针对性地提出优化城市营商环境的政策措施。

一 中央商务区营商环境指数指标体系的构建

本报告认为，可以从经济发展与产业结构、人口与生活、商业运作三个层面，对营商环境指数加以构建。为保证研究的延续性与可比性，本报告构建的中央商务区营商环境指数与《中央商务区产业发展报告（2021）》中的营商环境指数相同，共包括3个一级指标与12个二级指标（见表1）。若无特别说明，以下所使用的数据均是CBD所在城区的数据。

本报告共选择了13个城市CBD作为营商环境指数分析的对象，包含4个一线城市CBD、9个新一线城市CBD。同时，本报告使用的数据大部分来自2018~2020年13个城市与部分CBD所在城区的年度统计年鉴与中国城市统计年鉴，部分缺失资料则由13个城市与部分CBD所在城区的国民经济和社会发展统计公报加以补充，部分数据则来自所属地区的政府工作报告。

表1 营商环境指数指标体系

一级指标	二级指标	指标解释
经济与产业结构环境指数	城区GDP	CBD所在城区的生产总值
	人均GDP	CBD所在城区生产总值/常住人口
	第三产业增加值占GDP比重	第三产业增加值/GDP
	每万人专利授权量	在一定程度上反映技术要素市场的发育程度，专利授权量/常住人口

续表

一级指标	二级指标	指标解释
人口与生活环境指数	常住人口	全年经常在家或在家居住超过5个月的人口,包括城市中居住的流动人口
	城镇居民人均可支配收入	在一定程度上反映该地区的消费潜力
	建成区绿化覆盖率	在一定程度上反映该地区的生态环境情况以及政府提升生态环境的力度
	每千人医疗卫生机构床位数	该地区医疗卫生机构床位数/常住人口,在一定程度上反映地区医疗条件
商业运作环境指数	实际利用外资金额	在一定程度上反映该地区对外开放程度
	金融机构本外币贷款余额	在一定程度上反映企业融资难度,是反映资本要素市场的正向指标,使用城市级数据
	财政收入支持能力	地方一般预算收入/GDP,反映地区对提升营商环境的资金支持能力
	货物运输量	一定程度上反映了该地区的交通便利度和物流运输情况,使用城市级数据

二 营商环境指数测度结果及分析

(一)营商环境指数总体测度结果与分析

本报告采用熵值法计算指标权重和指数。表2为用熵值法计算的2018~2020年13个CBD的营商环境指数及各项分指数。

表2 2018~2020年13个CBD营商环境指数及分指数

年份	类别	CBD	经济与产业结构环境指数	人口与生活环境指数	商业运作环境指数	营商环境指数	排名
2020	一线城市CBD	北京CBD	5.6167	5.7384	5.5212	16.8764	2
		上海陆家嘴CBD	5.1683	5.1923	6.6566	17.0172	1
		广州天河CBD	5.6238	5.4614	4.8959	15.9812	4
		深圳福田CBD	6.1090	5.5000	4.8277	16.4367	3

续表

年份	类别	CBD	经济与产业结构环境指数	人口与生活环境指数	商业运作环境指数	营商环境指数	排名
2020	新一线城市CBD	天津滨海新区CBD	4.4154	4.7594	4.8540	14.0288	5
		西安长安路CBD	4.2143	4.8903	4.1676	13.2721	9
		重庆解放碑CBD	4.8747	5.3528	4.4358	14.6633	3
		杭州武林CBD	5.4380	5.0444	4.8508	15.3332	2
		武汉王家墩CBD	4.3912	4.7954	5.4453	14.6319	4
		成都锦江CBD	4.6514	4.1039	4.7370	13.4923	8
		南京河西CBD	5.1160	4.9803	5.4699	15.5663	1
		沈阳金融商贸CBD	4.5708	4.8587	4.5147	13.9442	6
		长沙芙蓉CBD	4.8104	4.3227	4.6234	13.7565	7
2019	一线城市CBD	北京CBD	5.6353	5.7804	5.4701	16.8858	2
		上海陆家嘴CBD	5.7195	5.6269	6.5968	17.9432	1
		广州天河CBD	5.7572	5.3946	4.9214	16.0732	4
		深圳福田CBD	6.0313	5.3740	4.7977	16.2030	3
	新一线城市CBD	天津滨海新区CBD	4.2914	4.6904	4.7963	13.7780	6
		西安长安路CBD	4.1954	4.8525	4.1980	13.2460	8
		重庆解放碑CBD	4.8260	5.2485	4.4301	14.5046	4
		杭州武林CBD	5.2792	4.9867	4.9212	15.1871	2
		武汉王家墩CBD	4.2123	4.8480	5.6017	14.6620	3
		成都锦江CBD	4.7221	3.5686	4.8152	13.1059	9
		南京河西CBD	4.9822	4.9524	5.4394	15.3741	1
		沈阳金融商贸CBD	4.5142	4.6530	4.4894	13.6566	7
		长沙芙蓉CBD	4.8339	5.0238	4.5227	14.3804	5
2018	一线城市CBD	北京CBD	5.5895	5.8029	5.4847	16.8771	2
		上海陆家嘴CBD	5.7287	5.5919	6.6115	17.9321	1
		广州天河CBD	5.7406	5.4146	4.9398	16.0950	4
		深圳福田CBD	5.9881	5.4078	4.8282	16.2241	3

续表

年份	类别	CBD	经济与产业结构环境指数	人口与生活环境指数	商业运作环境指数	营商环境指数	排名
2018	新一线城市CBD	天津滨海新区CBD	4.4530	4.7619	4.6187	13.8336	5
		西安长安路CBD	4.2302	4.8717	4.2704	13.3723	7
		重庆解放碑CBD	4.8097	5.1747	4.4713	14.4557	4
		杭州武林CBD	5.3194	5.0359	4.8771	15.2323	1
		武汉王家墩CBD	4.1777	4.8685	5.6321	14.6784	3
		成都锦江CBD	4.7851	3.6111	4.8416	13.2377	8
		南京河西CBD	4.7480	4.9715	5.4812	15.2007	2
		沈阳金融商贸CBD	4.5777	4.4403	4.4505	13.4686	6
		长沙芙蓉CBD	4.8521	3.7290	3.2636	11.8448	9

1. 京沪CBD营商环境建设成绩突出，广深CBD各有优势

由表2可知，2018~2020年，北上广深4个一线城市CBD的营商环境明显优于新一线城市CBD。在一线城市CBD中，上海陆家嘴CBD、北京CBD呈现领先的态势。

2020年上海陆家嘴CBD的营商环境指数居首位，北京CBD紧随其后，深圳福田CBD与广州天河CBD则分居第三、第四位。2018~2020年，上海陆家嘴CBD和北京CBD的商业运作环境指数和人口与生活环境指数普遍较高，其中，上海陆家嘴CBD的商业运作环境指数居全国首位，北京CBD的人口与生活环境指数排名靠前。而深圳福田CBD经济与产业结构环境指数表现优异，这主要归功于当地合理的产业结构和良好的科研创新环境。

2. 新一线城市CBD营商环境亮点与短板并存

9个新一线城市CBD的营商环境也存在一定差距，但各有优势与不足。南京河西CBD、杭州武林CBD、重庆解放碑CBD处于新一线城市CBD中的第一梯队，营商环境指数都较高。杭州武林CBD经济与产业结构环境指数在2018~2020年居新一线城市CBD首位。2019年，南京河西CBD的营商环境指数超越杭州武林CBD成为第一名，且2020年持续居新一线城市首位。武汉王家墩CBD的商业运作环境相对较优，这主要得益于良好的交通与运输条件。长沙芙蓉CBD的经济与产业结构环境指数表现良好，但是在人口与生活环境指数方面还有较大的提升空间。2018~2020年重庆解放碑CBD排名相对稳定，虽然人口与生活环境指数排名靠前，但经济与产业结构及商业运作环境尚需进一步改善。西安长安路CBD、重庆解放碑CBD在商业运作环境方面仍存在一些短板。

（二）经济与产业结构环境指数

经济与产业结构环境指数由城区GDP、人均GDP、第三产业增加值占GDP比重及每万人专利授权量组成。从经济与产业结构环境指数的排名看（见表3），2018~2020年一线城市CBD排名变化不大。2020年在一线城市CBD中，深圳福田CBD的人均GDP、每万人专利授权量均表现优秀，可以反映出深圳福田区的经济环境优越、创新氛围浓厚。2020年，上海陆家嘴CBD的城区GDP表现最好，深圳福田CBD的人均GDP表现最好，北京CBD的第三产业发展有显著优势。

2018~2020年，在新一线城市CBD中，天津滨海新区CBD的城区GDP及每万人专利授权量表现出色。杭州武林CBD在第三产业增加值占GDP比重和人均GDP方面表现俱佳，说明杭州武林CBD具有比较完善的产业结构和优越的创新条件。沈阳金融商贸CBD、重庆解放碑CBD、成都锦江CBD则在创新方面上有待进一步提高。

1. 城区GDP

2018~2020年，13个CBD的城区GDP基本处于逐年增长态势，上海陆家嘴CBD优势突出。除了天津滨海新区CBD之外，西安长安路CBD、成都锦江CBD等新一线城市CBD与4个一线城市CBD有较大差距。天津滨海新区CBD的城区GDP在2018年为7363.6亿元，2019年和2020年保持在5800亿元左右。2019年，上海陆家嘴CBD的城区GDP超过1.2万亿元，

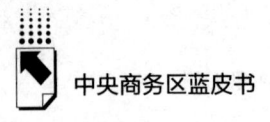

表3 2018~2020年13个CBD经济与产业结构环境指数

年份	类别	CBD	城区GDP	人均GDP	第三产业增加值占GDP比重	每万人专利授权量	经济与产业结构指数	排名
2020	一线城市CBD	北京CBD	1.3483	1.4076	1.5167	1.3442	5.6167	3
		上海陆家嘴CBD	1.7287	1.4583	0.8775	1.1037	5.1683	4
		广州天河CBD	1.2419	1.5011	1.5129	1.3680	5.6238	2
		深圳福田CBD	1.2074	1.7113	1.5147	1.6756	6.1090	1
	新一线城市CBD	天津滨海新区CBD	1.2763	0.8128	0.8775	1.4488	4.4154	7
		西安长安路CBD	0.9796	0.8128	1.3983	1.0235	4.2143	9
		重庆解放碑CBD	0.9980	1.4824	1.4981	0.8962	4.8747	3
		杭州武林CBD	0.9842	1.4900	1.5358	1.4280	5.4380	1
		武汉王家墩CBD	0.9956	1.4065	0.8775	1.1116	4.3912	8
		成都锦江CBD	0.9849	1.1829	1.4872	0.9964	4.6514	5
		南京河西CBD	0.9834	1.4246	1.3491	1.3589	5.1160	2
		沈阳金融商贸CBD	0.9745	1.1756	1.4811	0.9396	4.5708	6
		长沙芙蓉CBD	0.9860	1.3406	1.4762	1.0076	4.8104	4
2019	一线城市CBD	北京CBD	1.3494	1.3715	1.5473	1.3671	5.6353	4
		上海陆家嘴CBD	1.7017	1.4566	1.4174	1.1437	5.7195	3
		广州天河CBD	1.2197	1.6099	1.5395	1.3880	5.7572	2
		深圳福田CBD	1.1900	1.6575	1.5299	1.6540	6.0313	1
	新一线城市CBD	天津滨海新区CBD	1.2705	0.8008	0.7771	1.4430	4.2914	7
		西安长安路CBD	0.9668	0.8008	1.4153	1.0125	4.1954	9
		重庆解放碑CBD	0.9842	1.4234	1.5333	0.8851	4.8260	4
		杭州武林CBD	0.9691	1.3729	1.5723	1.3650	5.2792	1
		武汉王家墩CBD	0.9928	1.3620	0.7771	1.0804	4.2123	8
		成都锦江CBD	0.9736	1.2500	1.5112	0.9873	4.7221	5
		成都锦江CBD	0.9694	1.3698	1.3397	1.3033	4.9822	2
		沈阳金融商贸CBD	0.9635	1.1262	1.5160	0.9084	4.5142	6
		长沙芙蓉CBD	0.9739	1.3548	1.5003	1.0050	4.8339	3

续表

年份	类别	CBD	城区GDP	人均GDP	第三产业增加值占GDP比重	每万人专利授权量	经济与产业结构指数	排名
2020	一线城市CBD	北京CBD	1.3471	1.3652	1.4815	1.3957	5.5895	4
		上海陆家嘴CBD	1.6875	1.4547	1.4040	1.1825	5.7287	3
		广州天河CBD	1.2132	1.6047	1.5442	1.3786	5.7406	2
		深圳福田CBD	1.1915	1.6573	1.5067	1.6326	5.9881	1
	新一线城市CBD	天津滨海新区CBD	1.3923	0.8039	0.7846	1.4721	4.4530	7
		西安长安路CBD	0.9763	0.8039	1.4300	1.0201	4.2302	8
		重庆解放碑CBD	0.9919	1.3582	1.5685	0.8912	4.8097	3
		杭州武林CBD	0.9739	1.3398	1.5687	1.4370	5.3194	1
		武汉王家墩CBD	0.9983	1.3463	0.7846	1.0485	4.1777	9
		成都锦江CBD	0.9808	1.2472	1.5115	1.0455	4.7851	4
		南京河西CBD	0.9621	1.2666	1.2744	1.2449	4.7480	5
		沈阳金融商贸CBD	0.9763	1.1490	1.5637	0.8888	4.5777	6
		长沙芙蓉CBD	0.9998	1.4869	1.3516	1.0139	4.8521	2

且2020年处于上升趋势。北京CBD的城区GDP已突破7000亿元。广州天河CBD、深圳福田CBD和天津滨海新区CBD的城区GDP均保持在4000亿元以上。新一线城市CBD中除天津滨海新区CBD以外，城区GDP规模都在千亿元左右（见图1）。

2. 人均GDP

从人均GDP来看，一线城市CBD优势更为突出。由图2可知，广州天河CBD、深圳福田CBD居于前列，2020年的人均GDP均在20万元以上。2020年，深圳福田CBD的人均GDP高达30万元，位居第一。而北京CBD和上海陆家嘴CBD则因人口基数较大，人均GDP未在前列。

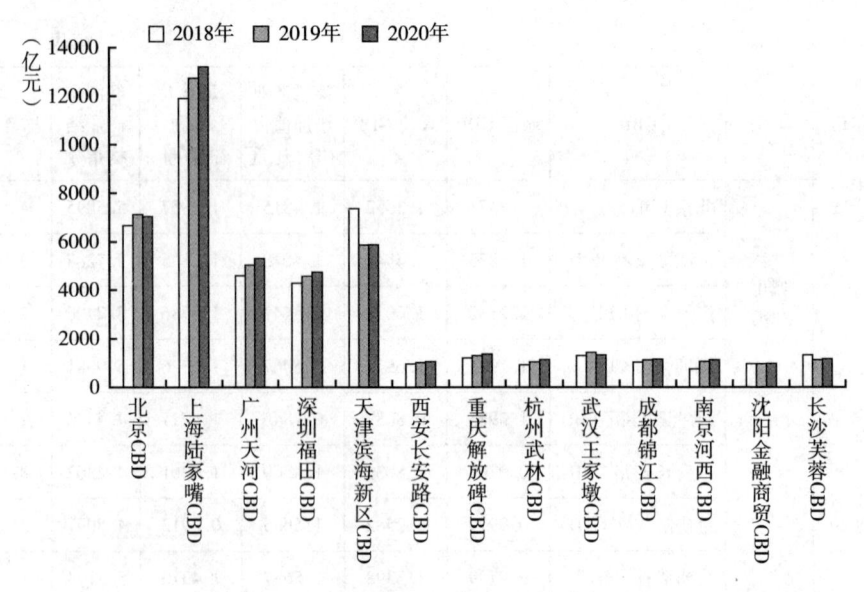

图 1 2018~2020 年 13 个 CBD 的城区 GDP

数据来源：相应城区统计年鉴、城市统计年鉴。

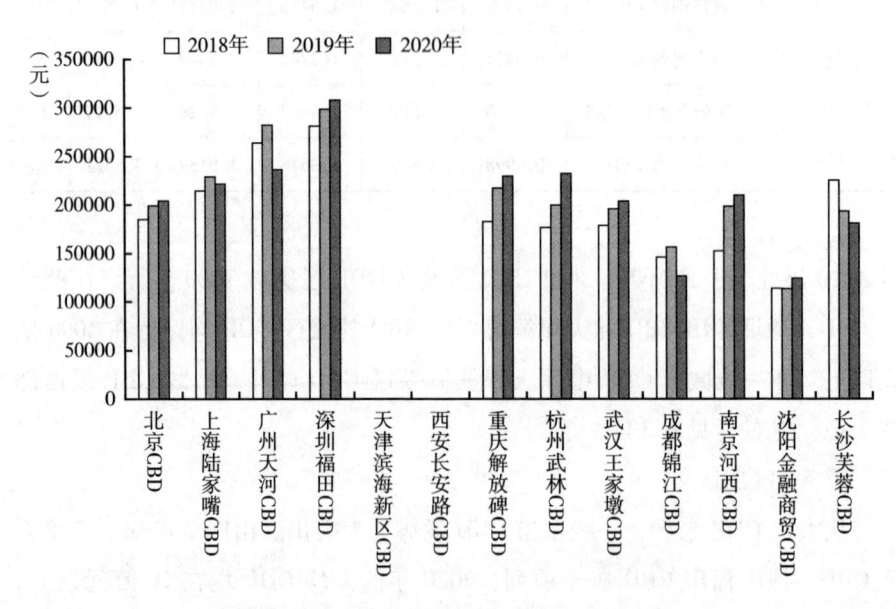

图 2 2018~2020 年 13 个 CBD 的人均 GDP

注：因部分 CBD 数据缺失，本图未予展示。
数据来源：相应城区统计年鉴、城市统计年鉴。

3. 第三产业增加值占GDP比重

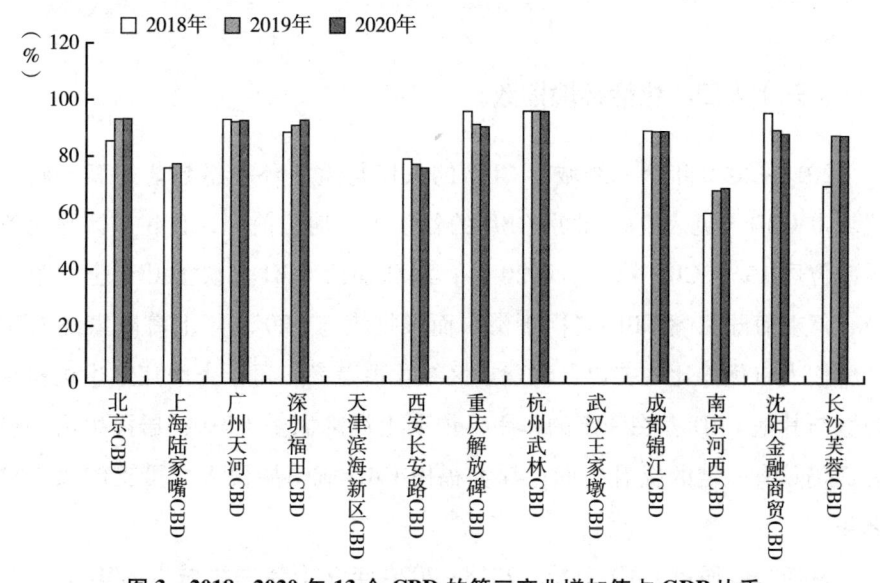

由图3可知，2018~2020年13个CBD的第三产业增加值占GDP比重有一定的差距，但总体呈上升态势。2020年，北京CBD、广州天河CBD、深圳福田CBD、杭州武林CBD、成都锦江CBD、重庆解放碑CBD的第三产业增加值占GDP比重都超过了90%，而2019年上海陆家嘴CBD仅在77%左右。2020年，西安长安路CBD、南京河西CBD的第三产业增加值占GDP比重分别达到75.84%、68.68%，低于全国平均水平（85.17%）。除个别CBD数据缺失外，2020年其余CBD该指标均高于全国平均水平。

图3 2018~2020年13个CBD的第三产业增加值占GDP比重

注：因部分CBD数据缺失，本图未予展示。
数据来源：相应城区统计年鉴、城市统计年鉴。

4. 每万人专利授权量

该项指标可用于系统判断国家或区域的科研产出与应用水平。由表4可知，深圳福田CBD每万人专利授权量明显高于其他CBD。2020年，杭州武林CBD的每万人专利授权量上升最明显，增速达到38.76%。2020年，除上海陆家嘴CBD和北京CBD外，其他3个CBD每万人专利授权量均超过90件。

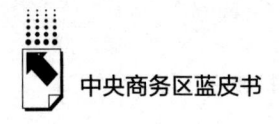

表4 部分CBD每万人专利授权量

单位：件

CBD	2018年	2019年	2020年
深圳福田CBD	84.15	97.41	126.13
杭州武林CBD	65.76	65.97	91.54
北京CBD	61.87	66.20	79.83
天津滨海新区CBD	69.06	74.46	94.44
上海陆家嘴CBD	41.83	41.90	46.24

数据来源：相应城区统计年鉴、城市统计年鉴。

（三）人口与生活环境指数

2018~2020年，一线城市CBD的人口与生活环境指数普遍高于新一线城市CBD（见表5）。北京CBD的各项指标均居前列，且建成区绿化覆盖率位居13个CBD第一。2020年，深圳福田CBD名次上升至全国第二位，但上海陆家嘴CBD名次下滑。而根据表5，2020年上海陆家嘴CBD的常住人口优势比较突出，但建成区绿化覆盖率、每千人医疗卫生机构床位数与其他CBD存在一定的差距，说明上海陆家嘴CBD在居民生活环境方面仍具有一定的提升空间。深圳福田CBD城镇居民人均可支配收入排名第一。

从新一线城市CBD来看，2018~2020年9个新一线城市CBD人口与生活环境指数排名的变动较大。2020年，重庆解放碑CBD、杭州武林CBD、南京河西CBD排名比较靠前。特别是重庆解放碑CBD，虽然其在每千人医疗卫生机构床位数方面表现较突出，但城镇居民人均可支配收入是明显短板。西安长安路CBD、沈阳金融商贸CBD均处于第二梯队。天津滨海新区CBD的常住人口数量较多，但每千人医疗卫生机构床位数有待进一步提高。

表5 2018~2020年13个CBD人口与生活环境指数

年份	类别	CBD	常住人口	城镇居民人均可支配收入	建成区绿化覆盖率	每千人医疗卫生机构床位数	人口与生活环境指数	排名
2020	一线城市CBD	北京CBD	1.4442	1.5802	1.6475	1.0666	5.7384	1
		上海陆家嘴CBD	1.8149	1.4974	0.9215	0.9584	5.1923	4
		广州天河CBD	1.2673	1.5946	1.5960	1.0035	5.4614	3
		深圳福田CBD	1.1646	1.6965	1.5586	1.0802	5.5000	2
	新一线城市CBD	天津滨海新区CBD	1.2406	1.1009	1.4786	0.9393	4.7594	7
		西安长安路CBD	1.0473	1.0000	1.5370	1.3060	4.8903	4
		重庆解放碑CBD	1.0223	0.9384	1.5572	1.8349	5.3528	1
		杭州武林CBD	1.0072	1.3768	1.5640	1.0965	5.0444	2
		武汉王家墩CBD	1.0310	1.1224	1.5449	1.0971	4.7954	6
		成都锦江CBD	1.0686	1.0256	0.9215	1.0881	4.1039	9
		南京河西CBD	1.0143	1.3200	1.5837	1.0623	4.9803	3
		沈阳金融商贸CBD	1.0509	1.0765	1.5290	1.2023	4.8587	5
		长沙芙蓉CBD	1.0303	1.2416	0.9215	1.1292	4.3227	8
2019	一线城市CBD	北京CBD	1.4230	1.5287	1.8131	1.0156	5.7804	1
		上海陆家嘴CBD	1.7104	1.4224	1.5828	0.9113	5.6269	2
		广州天河CBD	1.1652	1.4870	1.7355	1.0069	5.3946	3
		深圳福田CBD	1.1471	1.6155	1.6449	0.9665	5.3740	4
	新一线城市CBD	天津滨海新区CBD	1.2188	1.0518	1.5285	0.8913	4.6904	7
		西安长安路CBD	1.0064	0.9464	1.5756	1.3242	4.8525	5
		重庆解放碑CBD	1.0028	0.8706	1.6382	1.7369	5.2485	1
		杭州武林CBD	0.9831	1.3102	1.6082	1.0853	4.9867	3
		武汉王家墩CBD	1.0125	1.1423	1.5937	1.0996	4.8480	6
		成都锦江CBD	1.0105	0.9588	0.5581	1.0411	3.5686	9
		南京河西CBD	0.9839	1.2429	1.7267	0.9989	4.9524	4
		沈阳金融商贸CBD	0.9072	1.0376	1.5673	1.1410	4.6530	8
		长沙芙蓉CBD	0.9913	1.1687	1.7150	1.1487	5.0238	2

续表

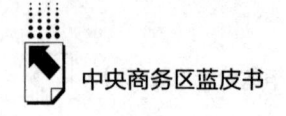

年份	类别	CBD	常住人口	城镇居民人均可支配收入	建成区绿化覆盖率	每千人医疗卫生机构床位数	人口与生活环境指数	排名
2018	一线城市CBD	北京CBD	1.4128	1.5194	1.7963	1.0744	5.8029	1
		上海陆家嘴CBD	1.6992	1.4195	1.4895	0.9836	5.5919	2
		广州天河CBD	1.1392	1.4739	1.7223	1.0792	5.4146	3
		深圳福田CBD	1.1226	1.6147	1.6416	1.0289	5.4078	4
	新一线城市CBD	天津滨海新区CBD	1.2030	1.0572	1.5385	0.9632	4.7619	7
		西安长安路CBD	0.9821	0.9428	1.5522	1.3946	4.8717	5
		重庆解放碑CBD	0.9792	0.8576	1.6009	1.7370	5.1747	1
		杭州武林CBD	0.9595	1.3100	1.6063	1.1601	5.0359	3
		武汉王家墩CBD	0.9895	1.1293	1.5761	1.1736	4.8685	6
		成都锦江CBD	0.9863	0.9508	0.5588	1.1152	3.6111	9
		南京河西CBD	0.9542	1.2361	1.7205	1.0608	4.9715	4
		沈阳金融商贸CBD	1.0070	1.0556	1.5702	0.8075	4.4403	8
		长沙芙蓉CBD	0.9688	1.1609	1.7066	1.2108	5.0471	2

1. 常住人口

从常住人口数量看（见图4），13个CBD常住人口规模差距较大。2020年，上海陆家嘴CBD常住人口达596.66万人，北京CBD为345.10万人，除北上广深津五地CBD外，其他CBD的常住人口均未达到100万人。上海陆家嘴CBD在该指标上的优势突出，其常住人口波动较小，基本保持平稳上升态势。而北京CBD、深圳福田CBD、天津滨海新区CBD、重庆解放碑CBD、杭州武林CBD、武汉王家墩CBD、沈阳金融商贸CBD在2018~2020年的常住人口略微下降。

2. 城镇居民人均可支配收入

从13个CBD城镇居民人均可支配收入来看（见图5），2018~2020年，各CBD的城镇居民人均可支配收入均呈现上升态势。2019年，深圳福田CBD城镇居民人均可支配收入超过80000元，且2020年继续保持增长态势。

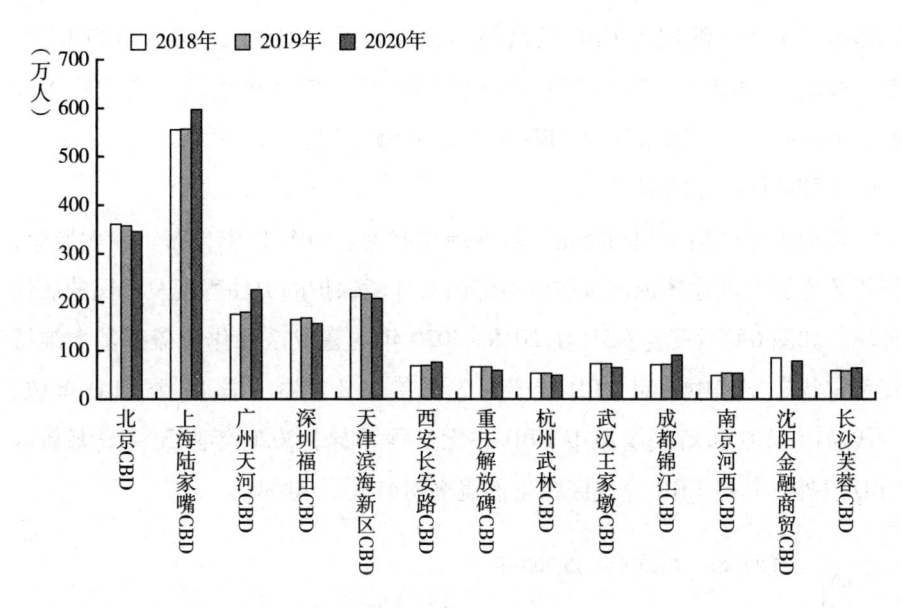

图4　2018~2020年13个CBD常住人口

注：因沈阳金融商贸CBD指标数据缺失，本图不予展示。
数据来源：相应城区统计年鉴、城市统计年鉴。

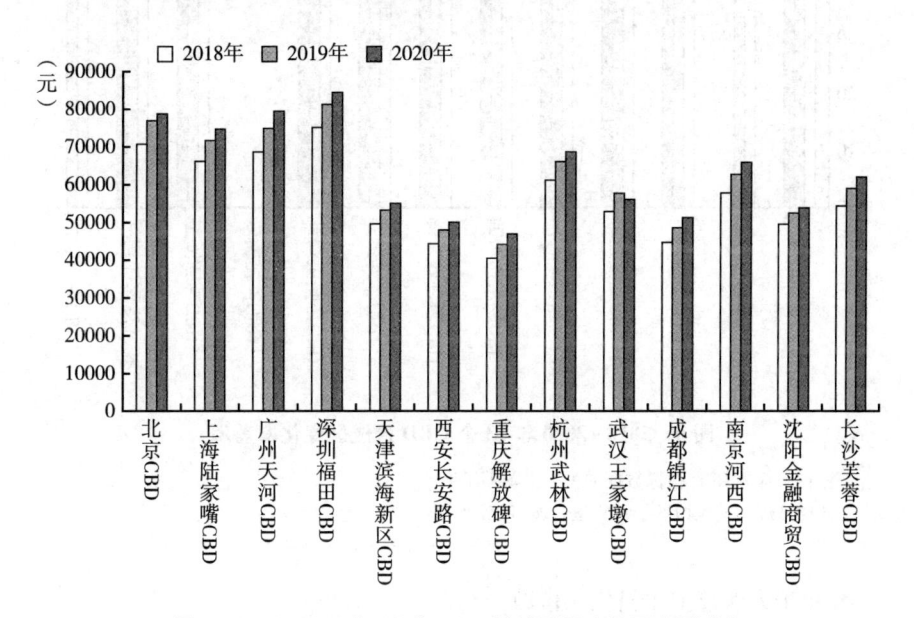

图5　2018~2020年13个CBD城镇居民人均可支配收入

数据来源：相应城区统计年鉴、城市统计年鉴。

2019年，4个一线城市CBD的城镇居民人均可支配收入均高于70000元。新一线城市CBD中，2020年杭州武林CBD的城镇居民人均可支配收入较高，为68666元，南京河西CBD次之，为65857元。

3. 建成区绿化覆盖率

该项指标可用于判断特定区域的绿化状况。CBD集中分布于较大城市，该指数能够合理地体现该区域政府部门对环境保护的关注程度及市民的居住环境。如图6所示，各CBD在2018~2020年的建成区绿化覆盖率基本维持在稳定状态，其中北京CBD遥遥领先，在49%左右，居13个CBD首位。一线城市CBD和新一线城市CBD并无显著差异。2020年除天津滨海新区CBD以外，其他CBD建成区绿化覆盖率均突破了40%。

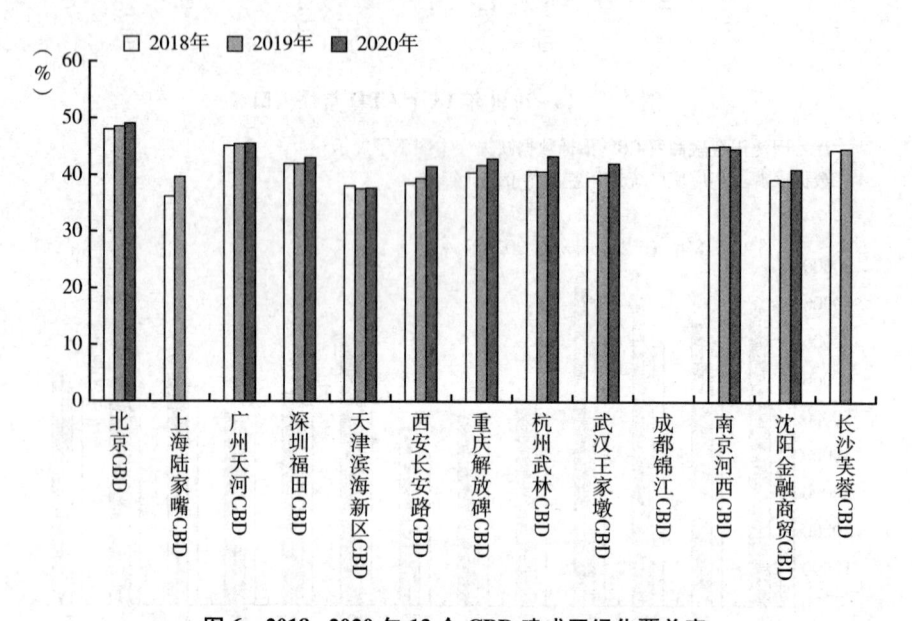

图6　2018~2020年13个CBD建成区绿化覆盖率

注：因部分CBD指标数据缺失，本图不予展示。
数据来源：相应城区统计年鉴、城市统计年鉴。

4. 每千人医疗卫生机构床位数

该项指标是评估一个地区医疗资源是否充足的重要指标之一，直接反映了当地的医疗服务水平。如图7所示，北上广深津五地CBD受常住人口较多的限制，每千人医疗卫生机构床位数偏少。2020年，重庆解放碑CBD每千人医疗卫生机构床位数为24.23张，在13个CBD中位列榜首。西安长安路CBD排名第二，为12.27张，其他CBD的每千人医疗卫生机构床位数均在10张以内。

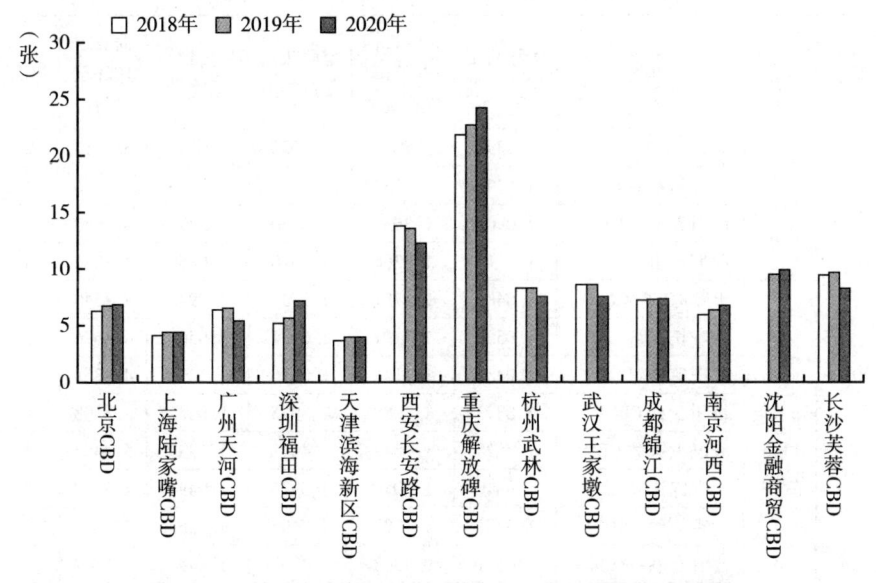

图7　2018~2020年13个CBD每千人医疗卫生机构床位数

数据来源：相应城区统计年鉴、城市统计年鉴。

（四）商业运作环境指数

商业运作环境指数可以体现CBD的对外开放水平、金融环境、财政收入支持能力和交通条件等，是营商环境指数的核心指标。

表6显示，一线城市CBD的商业运作环境相对于新一线城市CBD并没有显著优势，但13个CBD的排名变动较大。上海陆家嘴CBD的商业运作环境指数强势领跑。2020年，一线城市CBD中上海陆家嘴CBD金融机构本外币贷款余额、实际利用外资金额、财政收入支持能力、货物运输量均排名

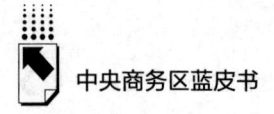

第一。北京 CBD 在货物运输量方面排名相对靠后。广州天河 CBD 的货物运输量指标表现较好，但在财政收入支持能力、金融机构本外币贷款余额、实际利用外资金额方面表现欠佳。深圳福田 CBD 金融机构本外币贷款余额表现较好，没有明显的短板。

表6　2018~2020 年 13 个 CBD 商业运作环境指数

年份	类别	CBD	实际利用外资金额	金融机构本外币贷款余额	财政收入支持能力	货物运输量	商业运作环境指数	排名
2020	一线城市CBD	北京 CBD	1.3397	1.7212	1.4020	1.0583	5.5212	2
		上海陆家嘴 CBD	1.6399	1.7252	1.4790	1.8125	6.6566	1
		广州天河 CBD	1.0904	1.3636	0.8940	1.5479	4.8959	3
		深圳福田 CBD	1.1113	1.5266	1.1040	1.0859	4.8277	4
	新一线城市CBD	天津滨海新区 CBD	1.0481	1.1781	1.5335	1.0943	4.8540	3
		西安长安路 CBD	1.0558	1.0191	1.0424	1.0503	4.1676	9
		重庆解放碑 CBD	1.0481	1.2145	1.0516	1.1215	4.4358	8
		杭州武林 CBD	1.0873	1.3088	1.3925	1.0622	4.8508	4
		武汉王家墩 CBD	1.7528	1.1545	1.4041	1.1339	5.4453	2
		成都锦江 CBD	1.0849	1.2054	1.3976	1.0491	4.7370	5
		南京河西 CBD	1.3331	1.1701	1.8405	1.1263	5.4699	1
		沈阳金融商贸 CBD	1.0551	0.9303	1.4797	1.0495	4.5147	7
		长沙芙蓉 CBD	1.5077	1.0036	1.0736	1.0385	4.6234	6
2019	一线城市CBD	北京 CBD	1.3099	1.7155	1.3784	1.0663	5.4701	2
		上海陆家嘴 CBD	1.5904	1.7535	1.4472	1.8057	6.5968	1
		广州天河 CBD	1.0803	1.3346	0.9138	1.5926	4.9214	3
		深圳福田 CBD	1.0827	1.4927	1.1218	1.1006	4.7977	4
	新一线城市CBD	天津滨海新区 CBD	1.0411	1.1944	1.4602	1.1006	4.7963	5
		西安长安路 CBD	1.0483	1.0168	1.0765	1.0565	4.1980	9
		重庆解放碑 CBD	1.0411	1.2067	1.0468	1.1356	4.4301	8
		杭州武林 CBD	1.0831	1.2725	1.5083	1.0574	4.9212	3
		武汉武林 CBD	1.8122	1.1428	1.5037	1.1429	5.6017	1
		成都锦江 CBD	1.1585	1.1985	1.4040	1.0541	4.8152	4
		南京河西 CBD	1.2980	1.1617	1.8496	1.1302	5.4394	2
		沈阳金融商贸 CBD	1.0526	0.9471	1.4344	1.0553	4.4894	7
		长沙芙蓉 CBD	1.4404	1.0038	1.0208	1.0577	4.5227	6

续表

年份	类别	CBD	实际利用外资金额	金融机构本外币贷款余额	财政收入支持能力	货物运输量	商业运作环境指数	排名
2018	一线城市CBD	北京CBD	1.3257	1.7263	1.3609	1.0718	5.4847	2
		上海陆家嘴CBD	1.6163	1.7649	1.4251	1.8052	6.6115	1
		广州天河CBD	1.0723	1.3150	0.9301	1.6224	4.9398	3
		深圳福田CBD	1.1340	1.4781	1.1073	1.1089	4.8282	4
	新一线城市CBD	天津滨海新区CBD	1.0460	1.2228	1.2461	1.1038	4.6187	5
		西安长安路CBD	1.0534	1.0242	1.1279	1.0649	4.2704	9
		重庆解放碑CBD	1.0460	1.1974	1.0813	1.1466	4.4713	7
		杭州武林CBD	1.0840	1.2575	1.4700	1.0655	4.8771	3
		武汉王家墩CBD	1.8149	1.1423	1.5267	1.1482	5.6321	1
		成都锦江CBD	1.1692	1.2027	1.4084	1.0612	4.8416	4
		南京河西CBD	1.3172	1.1533	1.8766	1.1341	5.4812	2
		沈阳金融商贸CBD	1.0532	0.9575	1.3736	1.0661	4.4505	8
		长沙芙蓉CBD	1.4527	1.0053	0.9711	1.0640	4.4931	6

在9个新一线城市CBD中，2020年南京河西CBD以较好的财政收入支持能力而居首位。重庆解放碑CBD货物运输量指标排名较靠前，但财政收入支持能力、实际利用外资金额表现欠佳。杭州武林CBD金融机构本外币贷款余额指标表现优秀。新一线城市CBD的整体商业运作环境不够平衡。

1. 金融机构本外币贷款余额

金融机构本外币贷款余额体现了该地区的融资规模，在一定程度上也能反映区域的投资便利程度。之所以选择城市数据来考察CBD的商业运作环境，是因为一方面区级数据无法全面获得，另一方面大部分CBD企业的投资并不局限于本地区内。总的来说，13个CBD的金融机构本外币贷款余额有很大差异，上海陆家嘴CBD和北京CBD居全国前列。2020年，北京CBD和上海陆家嘴CBD金融机构本外币贷款余额分别为84308.80亿元和84643.04亿元（见表7）。深圳福田CBD为68020.54亿元，广州天河CBD为54387.64亿元，而其余CBD的金融机构本外币贷款余额均没有达到50000亿元。

表7　2018~2020年部分CBD金融机构本外币贷款余额

单位：亿元

CBD	2018年	2019年	2020年
北京CBD	70483.70	76875.60	84308.80
上海陆家嘴CBD	73272.35	79843.01	84643.04
广州天河CBD	40749.32	47103.31	54387.64
深圳福田CBD	52539.79	59461.39	68020.54
天津滨海新区CBD	34084.90	36141.27	38859.42

数据来源：相应城市统计年鉴。

2. 货物运输量

货运运输量能够体现CBD所在城市的货物运输能力，是商业运作环境指数中体现整体运输水平的指标。由图8可知，上海陆家嘴CBD、重庆解放碑CBD与广州天河CBD的货物运输量居13个CBD前列，主要原因在于它们是港口或重要铁路枢纽。相对而言，内陆城市的货物运输量则较低。

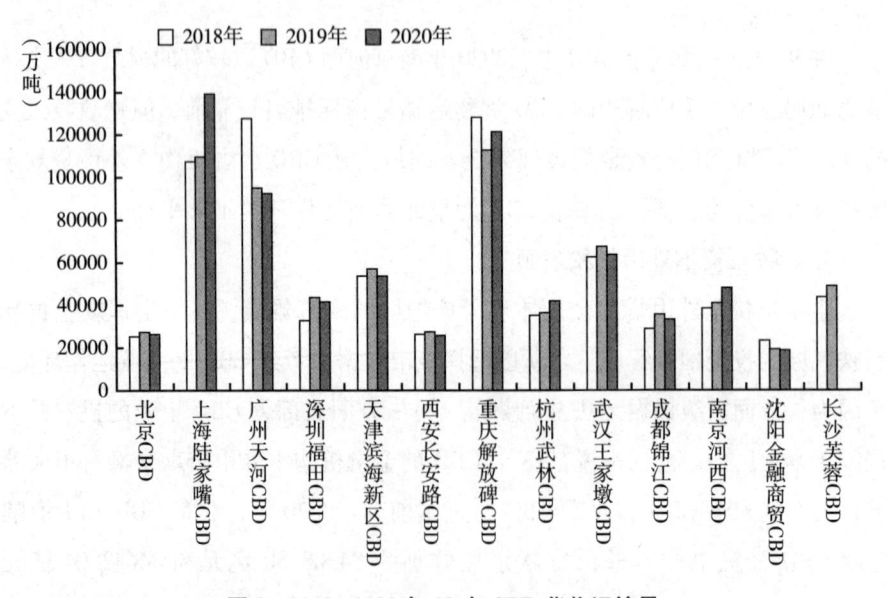

图8　2018~2020年13个CBD货物运输量

数据来源：相应城市统计年鉴。

3. 实际利用外资金额

从实际利用外资金额这一指标来看，各 CBD 差异较大（见图9）。从总量上看，上海陆家嘴 CBD、北京 CBD、天津滨海新区 CBD、成都锦江 CBD 为第一梯队，尤其是上海陆家嘴 CBD、北京 CBD、成都锦江 CBD 保持增长趋势。2020 年上海陆家嘴 CBD 实际利用外资金额达到 93.76 亿美元，居首位，增长率为 6.93%。第二名天津滨海新区 CBD 为 47.35 亿美元，增长率为 7.69%。第三名是北京 CBD，实际利用外资金额为 46.20 亿美元，比 2019 年增长 7.69%。2020 年成都锦江 CBD 增幅最大，相比 2019 年增长了 114%。2020 年，第二梯队中除深圳福田 CBD 外，其他 CBD 实际利用外资金额均未达到 10 亿美元。

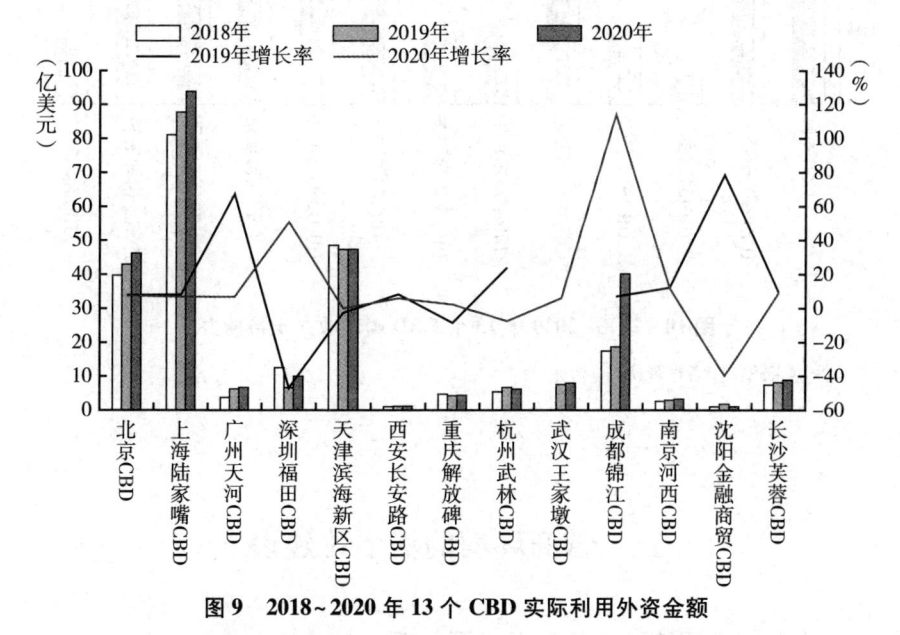

图9　2018~2020 年 13 个 CBD 实际利用外资金额

注：因部分 CBD 指标数据缺失，本图不予展示。
数据来源：相应城区统计年鉴、城市统计年鉴。

4. 财政收入支持能力

财政收入支持能力是地方一般预算收入与 GDP 之比，体现了地区对提升营商环境的资金支持能力。

由图 10 可知，在一线城市 CBD 中，广州天河 CBD、深圳福田 CBD 的财政收入支持能力偏低，而上海陆家嘴CBD、北京CBD处于领先地位。新一线城市CBD中，南京河西CBD、天津滨海新区CBD、沈阳金融商贸CBD等排名靠前。

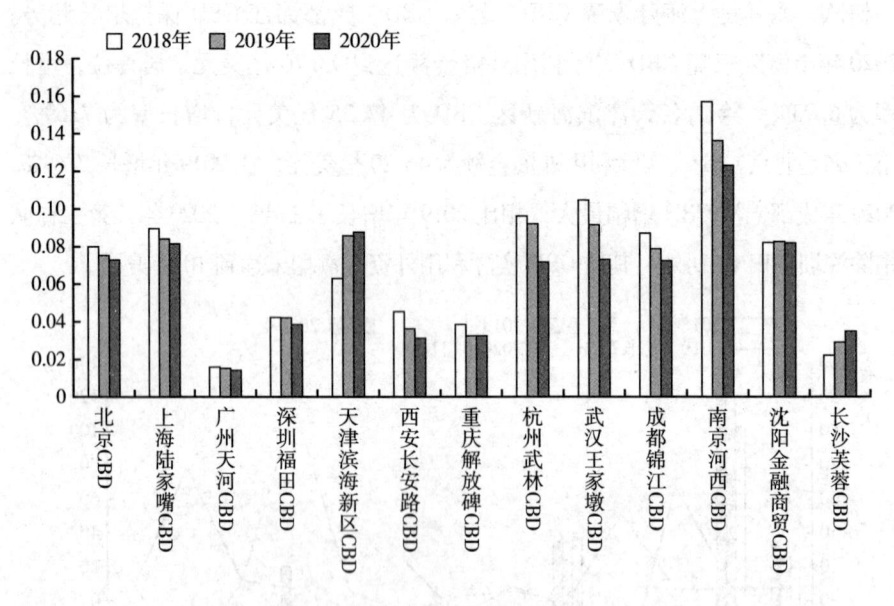

图10 2018~2020年13个CBD财政收入支持能力

数据来源：作者整理所得。

三 营商环境的法治化建设

（一）营商环境法治化建设水平分析

营商环境还涉及监管执法、政务服务等方面，所以对一个地区法制化建设水平以及行政办事便利化的考察也应成为评价一个地区营商环境的重要方面。鉴于各地区数据统计口径不同、部分统计数据很难获得，本部分只介绍典型CBD所在城市的情况。

从营商环境指数、城市规模、经济发展状况等方面综合考量，本部分选择上海、北京、广州、深圳、天津为样本,通过受理案件数量、审结案件数量、结案率三个指标,分析各地营商环境的法治化建设现状。

1. 受理案件数量

我国法律规定人民法院应当保障当事人依法享有的起诉权利,对于符合法律规定的起诉,法院必须审理。本报告统计了北京、上海、天津、广州和深圳的人民法院受理案件的数量,在一定程度上反映了上述城市的普法状况和司法效率。

2016~2021年,5个城市的受理案件数量差异很大,但总体上呈现上升态势。北京在2021年受理的案件数量达到了高峰,为1030393件。广州2021年受理案件总量为2772000件,在5个城市中排名第一。上海2021年受理案件总量为880000件。广州2021年受理案件数量上升迅速,较2020年上升289.8%(见表8)。

表8 2016~2021年5个CBD所在城市受理案件数量

单位:件

城市	2016年	2017年	2018年	2019年	2020年	2021年
北京	651614	769817	895224	983654	839175	1030393
上海	714900	804000	798000	866300	874000	880000
天津	319659	391000	—	435000	390400	524200
广州	303929	426144	464138	623642	711104	2772000
深圳	340793	448842	483116	599223	—	638848

数据来源:2016~2021年北京市、天津市、上海市高级人民法院年度工作报告,广州市、深圳市中级人民法院年度工作报告;缺失2018年天津市与2020年深圳市数据。

2. 审结案件数量

审结案件数量,亦指结案数量。结案是指法院在执行程序中,已经实际执行完毕或者按照法律规定做出结案处理的情形。2016~2021年,北、上、广、深、津的审结案件数量整体呈现增长趋势。北京2016~2021年审结案件数量增长明显,2020年有所回落,审结案件数量较2019年减少14.03%。上海2021年审结案数量为870000件。广州审结案件数量增长迅速,2021年达到2672000件,比2020年增长317.59%(见表9)。

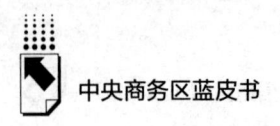

表9　2016~2021年5个CBD所在城市审结案件数量

单位：件

城市	2016年	2017年	2018年	2019年	2020年	2021年
北京	654666	774618	893570	973048	836514	921992
上海	710900	802000	794000	865500	869000	870000
天津	315588	355000	—	434000	394000	490600
广州	274098	355945	405798	554292	639855	2672000
深圳	277631	376913	410378	504138	—	530770

数据来源：2016~2021年北京市、天津市、上海市高级人民法院年度工作报告，广州市、深圳市中级人民法院年度工作报告；缺失2018年天津市与2020年深圳市数据。

3. 结案率

结案率为报告期内法院审结案件数量/报告期内法院受理案件数量×100%，是直接反映法院司法效率的重要指标之一。

2016~2021年数据显示，上海市人民法院的司法效率较高，结案率接近100%。2021年上海市、广州市、天津市人民法院结案率分别达到98.86%、96.39%、93.59%，均高于90%（见表10）。2021年北京市、深圳市人民法院结案率略逊一筹，均在90%以下，表明这两地的司法效率有待提升。

表10　2016~2021年5个CBD所在城市人民法院结案率

单位：%

城市	2016年	2017年	2018年	2019年	2020年	2021年
北京	100.47	100.62	99.82	98.92	99.68	89.48
上海	99.44	99.75	99.50	99.91	99.43	98.86
天津	98.73	90.79	—	99.77	100.92	93.59
广州	90.18	83.53	87.43	88.88	89.98	96.39
深圳	81.47	83.97	84.94	84.13	—	83.08

数据来源：2016~2021年北京市、天津市、上海市高级人民法院年度工作报告，广州市、深圳市中级人民法院年度工作报告；缺失2018年天津市与2020年深圳市数据。

（二）营商环境法制化建设水平的实证检验

为进一步探究法制化建设对营商环境的影响，本报告采用2020年横截面数据进行实证检验。由于缺失2020年深圳市受理案件数量与审结案件数量，故本报告使用线性插值法，利用深圳市2015~2019年受理案件数量与审结案件数量推算得出。因为在实际计算中使用了横截面数据，因此不需要对于数据开展平稳与稳健性检验。回归方程如式（1）所示。

$$y_i = \beta_0 x_i + \alpha \tag{1}$$

式中y_i为因变量，代表i城市的营商环境指数；x_i为自变量，代表i城市的法制化建设水平，利用结案率表示；α为常数项。回归结果见表11。

表11　2020年13个CBD所在城市营商环境与法制化建设水平的回归结果

变量	模型（1）	模型（2）
β_0	0.3648	15.9300
α	14.6574	—
P值	0.9629	0.0000
R^2	0.0002	0.9906

由表11可知，无常数项模型的R^2是0.9906，P值是0.0000，有常数项模型的R^2是0.0002，P值为0.9629，无常数项模型在统计上是显著的，因此最后取模型（2）结果。由模型（2）可知，2020年法制化建设对13个CBD所在城市的营商环境具有明显的正向促进作用。

四　结论及对策建议

由上述分析可知，一线城市CBD营商环境优势突出，上海陆家嘴CBD、北京CBD继续保持领先地位；新一线城市CBD营商环境差异很大，且各CBD优势与短板并存；法制化建设对营商环境具有明显的正向促进作用。

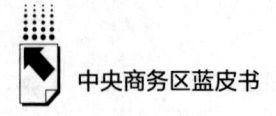

因此，优化CBD的营商环境，就必须根据CBD的定位和职能，因地制宜地采取有效措施。

（一）京沪两地CBD全面对标国际标准，营造超一流营商环境

京沪两地CBD要继续加强在税务、对外贸易、投资项目审核等领域的改革；提升医疗条件和城市环境，继续改善居民生活环境；进一步完善产业结构，全力打造国际超一流营商环境，为国内其他地区立标杆、做榜样。

（二）广深CBD应进一步突出优势，引领全国营商环境建设

广深两地CBD应进一步突出自身城市优势，提高营商环境建设质量，引领全国CBD营商环境建设。提高司法效率，进一步出台相关政策提高营商环境便利化水平，增强城市活力。发挥产业结构与生活环境优势，提高外资利用效率。

（三）新一线城市CBD应深化营商环境改革，破难点补短板

新一线城市CBD要改善研发创新条件，激励和指导中小企业加大研发创新力度，特别是要保护知识产权，促进成果转化与产业转型，建设良好的经济与产业结构环境；提升居民生活质量，打造安稳的生活环境；指导和支持商业银行开展金融技术创新，化解商业银行融资难问题，强化对风险的控制，科学识别、管理金融风险，营造安全的金融环境；稳步提高本地区对外开放程度，为外资进入提供便利的审批程序，制定与落实外商直接投资细则，积极合理地引入外商直接投资，营造良好的对外开放环境。

政府应进一步深化"放管服"改革，取消多余的服务流程，推进"互联网+政务服务"，加强各部门协作，减少重复性报表填报及检查工作。尊重市场的同时，进一步提高政府服务的高效性、便利性。各地基层法院应深入研究和了解新产业、新业态、新模式，慎重处理经济纠纷，在公平、公正、公开的基础上提高结案效率。

参考文献

［1］董志强、魏下海、汤灿晴：《制度软环境与经济发展——基于30个大城市营商环境的经验研究》，《管理世界》2012年第4期，第9~20页。

［2］郭亮、单菁菁主编：《中国商务中心区发展报告No.5（2019）》，社会科学文献出版社，2019。

［3］蒋三庚、张杰等：《中央商务区产业发展报告（2019）》，社会科学文献出版社，2019。

［4］蒋三庚等：《中国特大城市中央商务区（CBD）经济社会发展研究》，首都经济贸易大学出版社，2017。

［5］李志军：《中国城市营商环境评价》，中国发展出版社，2019。

［6］普华永道、财新智库、数联铭品、新经济发展研究院：《2018中国城市营商环境质量报告》，中文互联网数据资讯网，http://www.199it.corn//archives/794577.html，2018年11月12日。

［7］宋林霖、何成祥：《优化营商环境视阈下放管服改革的逻辑与推进路径——基于世界银行营商环境指标体系的分析》，《中国行政管理》2018年第4期，第67~72页。

［8］孙丽燕：《企业营商环境的研究现状及政策建议》，《全球化》2016年第8期，第106~119页。

［9］王小鲁、樊纲、胡志鹏：《中国分省份市场化指数报告（2018）》，社会科学文献出版社，2018。

［10］夏后学、谭清美、白俊红：《营商环境、企业寻租与市场创新——来自中国企业营商环境调查的经验证据》，《经济研究》2019年第4期，第84~98页。

［11］谢卫群：《优化营商环境，上海树立标杆》，人民网，http://nance,people.com.cn/n1/2019/1026/c1004-31421933.html，2019年10月26日。

［12］张景华、刘畅：《全球化视角下中国企业纳税营商环境的优化》，《经济学家》2018年第2期，第54~61页。

［13］张三保、康璧成、张学志：《中国省份营商环境评价：指标体系与量化分析》，《经济管理》2020年第4期，第5~19页。

［14］钟飞腾、凡帅帅：《投资环境评估、东亚发展与新自由主义的大衰退——以世界银行营商环境报告为例》，《当代亚太》2016年第6期，第118~159页。

专题篇
Special Topics

B.6 我国 CBD 高端服务业的创新发展研究

苗婷婷*

摘　要： 作为高端服务业主要聚集区，CBD 遵循新发展理念，以供给侧结构性改革为主线，大力支持金融服务、科技服务、信息服务、商务服务和文体娱乐服务等行业发展，高端服务业开放水平不断提升、产业能级有效提高、新兴业态加快发展、服务模式不断创新，在经济新常态时期发挥了引擎作用。但面对国际贸易格局转变和国内服务业发展制度建设滞后的现实状况，CBD 高端服务业的创新发展也面临诸多问题和挑战。对此，CBD 应优化国际化营商环境，审慎实施重点领域对外开放，培育公平统一的国内服务业市场，探索完善要素市场配置的体制机制，着力打造新型消费服务模式，进一步发挥高端服务业的带动作用。

关键词： 中央商务区　高端服务业　创新发展

---

* 苗婷婷，中国社会科学院博士后，首都经济贸易大学讲师，主要研究领域包括城市治理、城乡公共政策、韧性城市等。

一 引 言

随着我国步入经济新常态阶段，加快产业结构调整成为经济稳步增长的重要途径。2017年6月，国家发改委印发《服务业创新发展大纲（2017—2025年）》，明确提出"聚焦服务业重点领域和发展短板，促进生产服务、流通服务等生产性服务业向专业化和价值链高端延伸，社会服务、居民服务等生活性服务业向精细和高品质转变"。高端服务业，包括金融业、科技服务业、信息服务业、商务服务业和文体娱乐业等，是高层次的、具有较强外溢效应和低能耗的现代服务业[①]，被认为是未来产业发展的重点和新增长极，并被赋予带动全国服务业和其他产业转型发展的重要使命。与此同时，CBD是城市的功能核心，在经济体量、产业结构、城市配套、营商环境等方面具备显著优势，资金流、信息流、知识流和服务流汇集于此，是高端服务业发展的重要载体和平台。CBD高端服务业增长对经济新常态阶段的高质量发展具有重要的战略意义。

二 我国CBD高端服务业概况

受地理位置、资源要素、产业基础、规划政策等多种因素影响，各地CBD高端服务业的优势领域各有不同，我国CBD高端服务业分布格局日益清晰。

在金融业领域，上海陆家嘴CBD坐拥上海证券交易所、上海期货交易所和中国金融期货交易所，金融要素市场和金融基础设施最完备，拥有金融机构6000多家、持牌金融机构超过900家，2020年金融业增加值超过3000亿元，金融服务业一直领先于全国其他地区。截至2018年11月，北京CBD

---

① 本报告对高端服务业的界定主要借鉴了朱晓青主编的《北京市高端服务业发展研究报告（2017）》，我国不同省份关于高端服务业的理解不同，但无本质意义的差别。

拥有金融机构 1200 多家，其中外资金融机构 250 多家，国际金融业集聚程度较高。深圳福田 CBD 拥有持牌金融机构（含市级分支机构）258 多家①，深圳证券交易所落户于此，金融资源优势显著。广州天河 CBD 的持牌金融机构达到 236 家，并吸引了广州期货交易所落户，目前正在推进粤港澳大湾区金融合作示范区建设。郑州郑东新区 CBD 的郑州商品交易所是全国五家期货交易所之一，2020 年郑州商品交易所新上市动力煤、花生等 4 个期权期货品种，市场规模和全球影响力进一步提升。

在信息和科技服务业领域，北京 CBD 聚焦高精尖产业，力推金融、科技和互联网信息服务等产业在 CBD 集聚，目前已培育出十余家独角兽企业，国家级众创空间数量众多，是目前国内信息科技服务业发展程度最高的 CBD 之一。上海陆家嘴 CBD 以金融科技服务业为优势，依托国家级众创空间——陆家嘴金融科技产业园，联合业界推出了金融科技"陆九条"（1.0版、2.0版），并试点金融科技监管沙盒以打造全球最优金融科技生态圈。近年来，深圳福田 CBD 全面引入国内外高端科技创新资源，加速重点科研机构、重大科技公共平台、龙头科技企业等科技资源集聚，金融科技与信息技术产业发展迅猛。广州天河 CBD 自 2020 年获批国家数字服务出口基地以来，聚集了超 700 家高新技术企业，有近 300 家规模以上软件企业入驻，信息和科技服务业实力不凡。郑州郑东新区 CBD 近年来通过建设国家科技服务业集聚区扶持电子信息产业和现代服务业发展，吸引了中原云数据中心、世导大数据中心等龙头企业落户，信息和科技服务业发展态势良好。

在商务服务业领域，CBD 是城市商务服务类企业最集中的区域，国际展览中心、高级商务中心、高星级酒店等商务交流和工作平台在此集聚，是城市商务活动最为活跃的地区。近年来，依托服贸会、广交会、进博会、自贸试验区、国家服务业对外开放综合示范区等会展与政策平台，CBD 商务服务业发展呈上升趋势。其中，广州琶洲 CBD 是中国进出口商品交易会举办地；上海虹桥 CBD 是中国国际进口博览会的举办地；北京 CBD 立足北京

---

① 数据统计时间截至 2020 年，引自搜狐网，https：//www.sohu.com/a/420710627_ 664214。

自贸试验区商务服务片区、服务业扩大开放综合试点区，多年来举办了诸多高水平国际商务活动，国际商务优势越发明显。

在文体娱乐产业领域，北京 CBD 设有人民日报社和中央电视台两家国内级别最高、最权威的新闻机构，同时设有以华尔街日报、路透社、美联社为代表的 200 家国际新闻机构，中外文化总部企业 92 家，文化传媒企业1800 余家。借助"两区"政策机遇，北京积极出台了《关于加快国家文化产业创新实验区核心区高质量发展的若干措施》等政策，为 CBD 文化产业的进一步发展创造了有利条件。此外，天津河西 CBD、西安长安路 CBD、杭州武林 CBD、长沙芙蓉 CBD、重庆江北嘴 CBD 等也依托自身文化资源，大力发展夜间经济、网红经济和文化创意产业，成为城市及区域的文体娱乐服务业高地。

三 CBD 高端服务业创新进展

在经济新常态阶段，各 CBD 充分发挥区位优势，以加快改革开放和实施供给侧结构性改革来对冲压力，从而使高端服务业获得更多发展机遇，在对外开放、产业升级、业态发展、模式创新方面取得了显著成效。

（一）对外开放取得显著进展

党的十九大以来，国家宏观层面强调"放宽服务业准入限制""扩大服务业对外开放"。在国家有序推进服务业对外开放的政策引导下，各地 CBD 率先开展制度创新，积累了许多有益经验，取得了显著的成效。具体措施如下：在服务业市场准入方面，探索实施准入前国民待遇加负面清单管理制度；在优化营商环境方面，通过商事制度改革、注册资本制度改革和登记制度改革等，降低制度性交易成本，增加外资活力；在知识产权保护方面，加快建立查处知识产权侵权行为快速反应机制与知识产权申请集中受理快速通道；在人才服务方面，积极破除人才引进方面的制度障碍，不断完善人才服务制度体系。近年来，各地 CBD 充分利用高能级开放载体及平台（见

表1），拓展对外交流渠道，全球功能性机构不断集聚，金融、科技、信息、商务服务等高端服务业加快对外开放，保持了较高的外资利用质量和水平。例如，2020年北京CBD、广州天河CBD外资利用规模分别为55亿美元、11.99亿美元，显示了CBD高水平的对外开放层次和规模。

表1 代表性CBD列入自贸试验区情况

代表性CBD	自贸试验区
北京CBD	北京自贸试验区国际商务服务片区
上海陆家嘴CBD	上海自贸试验区陆家嘴金融片区
深圳前海CBD	广东自贸试验区前海蛇口片区
天津滨海新区CBD	天津自贸试验区滨海新区中心商务片区
郑州郑东新区CBD	河南自贸试验区郑州片区
重庆江北嘴CBD	重庆自贸试验区两江片区
四川天府总部CBD	四川自贸试验区成都天府新区片区

（二）产业能级不断提高

目前，各地CBD已吸引众多跨国公司企业总部及会计、法律、咨询等国际高水平专业服务业企业集聚，为提升CBD所在城市、区域乃至国家的经济竞争力发挥了积极作用。在经济效益层面，2020年广州天河CBD、深圳福田CBD和北京CBD地区生产总值分别为3328亿元、2400亿元、1795亿元，分别以0.16%、4.00%、0.48%的空间创造了广州、深圳和北京全市约13.3%、8.70%、4.97%的生产总值[①]，是当之无愧的城市和区域经济增长极。同时，高端服务业处于服务业价值链高端环节，通过产业关联向相关行业提供信息服务、研发服务和技术咨询等高端服务，有效带动了城市和区域的产业结构优化升级，形成了对区域经济的辐射与带动。以北京、上海、深圳和广州为例，2018~2020年，四大城市第三产业占比均有所提高（见图1），三次产业内部结构不断优化，高附加值、高生产率产业的份额有所

---

① 数据来源于2021年广州、深圳、北京三市的统计年鉴。

提升，产业结构高级化指数不断提高（见图2），CBD高端服务业发展在其中发挥了重要的引擎作用。

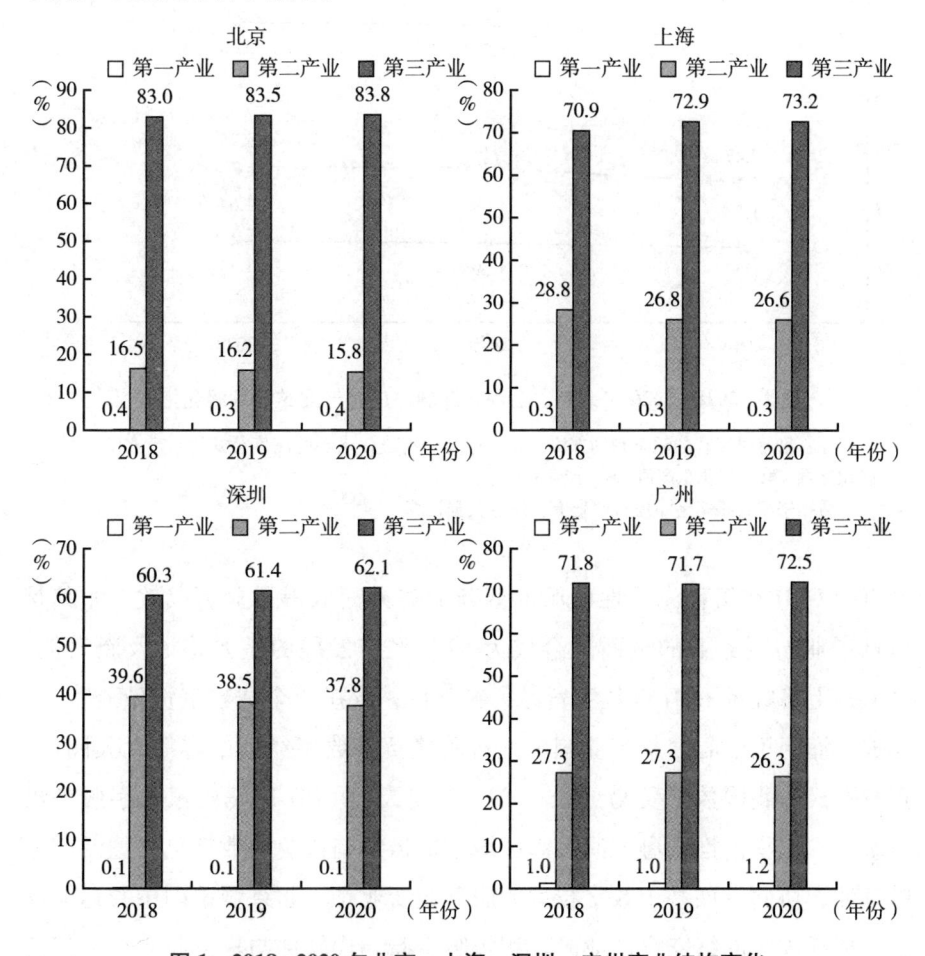

图1　2018~2020年北京、上海、深圳、广州产业结构变化

数据来源：历年北京、上海、深圳、广州的地方统计年鉴。

（三）新兴业态加快发展

面对第四次工业革命机遇，各地CBD充分利用网络信息技术对传统服务业进行赋能升级，鼓励发展跨境电商、新型金融、数字创意产业等服务业新兴业态，挖掘新的经济增长点。北京、上海、深圳、杭州、广州等

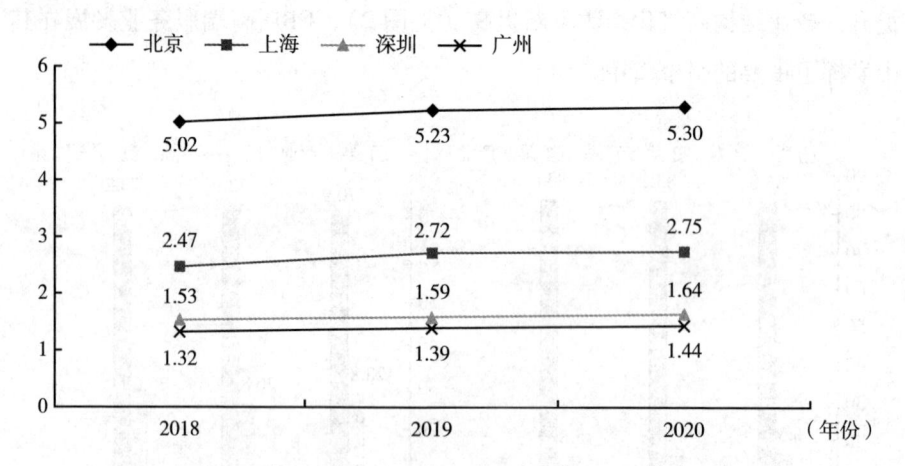

图 2　2018~2020 年北京、上海、深圳、广州产业结构高级化指数

注：借鉴付凌晖的动态判别方法，对产业结构高级化水平的测度公式为：产业结构高级化指数=第三产业总产值/第二产业总产值。

数据来源：根据各市统计年鉴有关统计数据计算。

城市的 CBD 在培育先导性的服务业新业态方面取得了显著成效，尤其是信息产业与服务业的全面融合成为 CBD 经济发展的重要特征及新动能。其中，上海虹桥 CBD 以数字贸易为突破口，依托"全球数字贸易港"，已建成上海阿里中心智慧产业园、虹桥跨境贸易数字经济中心等九大园区，正打造成为我国数字贸易成长中心。广州天河 CBD 依托国家数字服务出口基地，正积极推动粤港澳大湾区城市群传统制造业的数字化转型及产业链延伸，协同发展基于数字技术的服务业新业态。北京城市副中心运河商务区依托国家网络安全产业园，积极吸引新一代软件与信息技术、人工智能等产业要素，打造全国网络安全产业聚集区。杭州武林 CBD 则以数字人民币为抓手，在大武林商圈打造五大核心场景，形成数字人民币消费生态圈，创造性地提供数字生活新服务。

（四）服务模式不断创新

为培育服务业发展新动能，CBD 推出首店经济、夜间经济、网红经济等新型服务模式，着力推动服务业高质量发展。例如，为创造需求，北京

CBD大力引进高端品牌"首店"、概念店、主力店,通过提供资金支持、加大对首发首秀活动的支持力度等方式吸引众多国内外一线品牌总部机构在CBD落地,不断聚集全球高端知名品牌,打造"首店"优势。截至2021年上半年,北京CBD引入亚洲首家史瓦兹玩具旗舰店、法国高端香氛品牌凯立安、Pierre Marcolini、蒂芙尼咖啡等品牌首店175家,约占北京全市的40%,在各大商圈中占据领先地位。自2018年以来,上海明确提出"打造全球新品首发地",上海虹桥CBD积极出台首发经济支持政策,在2021年4月"上海全球新品首发季"中提出新品首发等进口贸易高端活动费用最高支持80万元,推广了一批上海市首发经济引领性本土品牌。为发展夜间经济和网红经济,杭州武林CBD积极推广"潮武林不夜城""运河湾国际风情港",打造了"延安路武林商圈"以及"新天地活力PARK"两大夜地标。长沙芙蓉CBD则从特色餐饮入手,于"长沙不夜街"和"长沙不夜城"打造了IFS、万家丽国际MALL、沁园美食街等一系列知名夜间经济"名片",吸引了全国各地游客来长沙消费,提升了夜间经济集聚区的影响力,湖南米粉街也成为网红消费新热点。宁波南部商务区创新开发经营模式,由专业商业运营团队负责策划及运营,政府则强化政策支持、基础设施服务和监管保障,以政企合作模式成功打造"鄞州之夜"夜市,形成了一个集美食、文创、音乐、艺术于一体的市集综合体,网红效应突出。

四 我国CBD高端服务业发展存在的问题与挑战

现阶段,我国CBD高端服务业迎来了前所未有的发展机遇,同时也面临外部动力减弱与内部转型受限等诸多问题和挑战。

(一)全球经贸格局变化导致外部动力减弱

当今世界正面临百年未有之大变局,全球产业链、价值链步入重构阶段,国家间竞争加剧,发达国家内顾倾向上升,全球化陷入低潮,再加上新冠肺炎疫情在全球的蔓延,全球经济发展速度进一步放缓,国际投资低

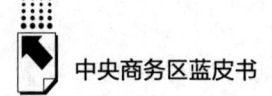

迷。自2008年以来，我国经济也逐渐由高增长转入新常态。而受疫情影响，我国经济下行压力加大，居民消费低迷、内需不足的问题进一步凸显。国际货币基金组织（IMF）2021年10月发布的《世界经济展望》指出，2022年之后全球经济增速预计将在中期内放缓至3.3%。CBD作为国内服务业最集中、开放强度最高的区域之一，国际化程度高，跨国公司和外资企业众多，经济发展易受到全球经贸格局变化的冲击。

（二）服务业开放存在诸多制度性限制

CBD聚集了众多跨国公司总部和国际组织机构，是对外开放的重要窗口，承担着参与国际分工与合作的任务。但现有国际多边贸易规则面临诸多争议，全球投资贸易也从"经济之争"向"规则、制度之争"转变。在此前景下，我国CBD及自由贸易试验区的制度创新仍处于探索阶段，我国难以有力参与全球经贸秩序重构。此外，相较于制造业，我国服务市场，包括金融、通信、媒体等行业的外资准入壁垒总体而言仍然相对较高，外资在准入范围、股比和业务范围等方面仍面临不少限制。根据经济合作与发展组织（OECD）2020年发布的FDI限制指数，我国FDI的开放程度明显低于印度、巴西等新兴经济体。① 这导致我国在全球金融服务、科技服务和总部能级方面不仅与发达经济体存在较大差距，且面临被其他新兴经济体赶超的风险。

（三）服务业创新发展内部体制机制有待完善

CBD内聚集的商务服务、金融服务、科技服务、文化传媒等各类服务业市场主体深度参与生产、分配、消费和流通等重点环节，在促进我国经济高质量发展中发挥了重要作用。但就市场主体的性质而言，我国服务业市场主体包括外资企业、国有企业、民营企业等多种类型。与制造业相比，我国服务业的市场友好程度在不同类型企业之间存在较大差异。一方面，在软件

---

① 《金融开放评价指数之FDI RRI：我国金融业限制程度大幅降低》，东方财富网，2022年7月1日，https://finance.eastmoney.com/a/202207012432144097.html。

信息、交通运输、商务服务、科技研发、教育、文化娱乐等领域，针对外资企业的特别管理措施较多，不利于各类市场主体平等参与竞争；另一方面，我国民营企业在生产要素的获取和市场准入方面面临较多壁垒，不利于充分发挥市场竞争的有效性和激励性。另外，随着信息技术、大数据、人工智能的发展，技术、数据等新型生产要素的重要性凸显，而在新型生产要素的市场化配置方面，我国与发达国家之间还有较大差距。2020年中共中央、国务院发布《关于构建更加完善的要素市场化配置体制机制的意见》，明确提出将数据纳为新型生产要素，加快培育数据要素市场。未来，加大新型生产要素的市场化配置改革力度是服务业高质量发展的关键。

（四）高端服务业服务支撑能力不足

我国CBD的产业主要聚焦金融、咨询、管理等领域，这些产业在我国尚未形成明显优势，在国际竞争格局中处于弱势地位，特别是在我国各CBD占重要地位的金融产业，其国际出口比较优势几乎居于我国服务产业的末位。另外，在新一轮科技革命的推动下，我国制造业有机会迈向全球价值链的中高端。但实际上，我国制造业在全球价值链提升过程中面临诸多技术和制度上的障碍。随着发达国家的制造业回流，我国原本一些具备竞争力的高新技术产业和产品将面临来自发达国家的竞争压力，我国与发达国家的产业竞合关系将由价值链上下游的分工协作转为同一环节的正面竞争。而我国CBD以金融和现代商务服务为主，高端生产性服务业的创新能力与服务能力不足，难以带动各行业的优质高效协同发展。

（五）CBD服务业布局同质化严重

由于缺乏差异化的发展战略，国内各CBD在产业布局和发展定位方面存在同质性较高的问题。多数CBD提出发展金融服务业，倾向于将自己定位为全国或地区的金融中心。例如，上海陆家嘴CBD是全国重要的金融中心，其高端服务业侧重于金融、房地产等产业，而北京CBD、深圳福田CBD、广州天河CBD、郑州郑东新区CBD、重庆江北嘴CBD等都将金融业

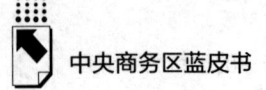

定位为 CBD 的主导产业。然而由于各方面的限制，目前我国的金融业开放度仍处于较低的水平，并不具备开展大规模金融服务贸易的条件。同时，强调 CBD 的金融业布局而忽略本地区的产业特色，不利于发挥本地区的比较优势，还可能引发 CBD 之间的不良竞争，造成资源错配与浪费，严重影响 CBD 的发展效益。

五 对策建议

在我国经济由高速增长向高质量发展转变的背景下，CBD 需要向全球价值链的高附加值环节不断跃升，解决好目前存在的问题，更好推动高端服务业总体发展质量的提升。

（一）优化国际化营商环境，建设高标准市场体系

营商环境直接影响生产要素的配置效率以及市场主体的创新活力。CBD 应积极对接国际高标准经贸规则，坚持包容审慎原则，打造有利于服务贸易自由化、便利化的营商环境，推动 CBD 高端服务业发展。一是进一步放宽服务业准入限制，压缩跨境服务贸易负面清单，除特殊行业外，给予外资一定的国民待遇，加大对优质企业的引进力度。二是鉴于当前服务贸易、投资、知识产权、数字经济等越来越多的议题被纳入全球自由贸易协定，各 CBD 应依托相关服务业政策平台，加大改革力度，做好国际经贸新规的压力测试。三是探索完善知识产权服务体系，积极争取国家政策支持，在 CBD 开展知识产权保护的体制机制创新和组织建设，提升 CBD 的国际商事纠纷解决能力。四是完善境外专业人才引入机制，畅通外籍高层次人才来华创新创业的渠道，完善配套服务体系，探索与数字经济、数字贸易等新兴服务业态相适应的灵活就业制度与政策，率先建成竞争有序、治理完善的高标准市场体系。

（二）审慎实施重点领域对外开放

继制造业之后，服务业是我国扩大对外开放的又一重要领域。基于我国服务业发展结构不均衡以及全球经济中的多重安全风险，我国在实施服务业对外开放过程中需秉持审慎的态度，理性把握开放节奏。一是基于服务业风险等级，未来服务业开放应首先侧重风险较小且对国内产业链具有明显扶持和拉动作用的现代商务服务（如法律、财务、咨询）以及软件、研发等产业。然后在总体风险可控的情况下，适当推进风险较高的金融、电信行业的对外开放，如可探索能够对涉外经贸活动提供融资支持的离岸金融、商业保险以及汇兑领域的开放路径。此外，在教育、医疗、传媒等领域也可结合国内产业的发展情况，在给出必要限制的同时允许其有限地进入。二是扩大服务业开放须强化事中事后监管。长期以来，我国的审批监管模式重视事前监管，事中事后监管机制不健全。扩大服务业开放必须积极推进监管制度改革，鼓励多维多主体监管，推广完善"守信激励、失信惩戒"的信用监管制度，形成"前端放宽和放开，中端和后端加强监管"的管理模式，维护服务业市场规则和秩序。

（三）培育公平统一的国内服务业市场

CBD 在对外开放的基础上，应从培育公平的国内服务业市场、加大服务业对内开放和改革创新着手，释放服务业市场活力、增强服务业国际竞争力。一是培育公平的服务业市场。CBD 应强化竞争政策的基础性地位，加快取消对民营资本的各种限制，如逐步破除民营企业在从事离岸金融、跨境商务服务、信息与数据服务以及设计和研发等活动时面临的体制性壁垒，取缔区别性、歧视性的优惠政策及不正当市场干预措施，培育公平的国内服务业市场，大幅推进服务业对内开放。二是打破地方保护，构建统一的全国市场。在目前存在市场分割的情况下，可以从服务标准、服务流程、关键资源等方面入手，利用 CBD 内企业总部与分支机构之间的关系，推动不同地区的市场一体化建设，在全国范围内推动服务市场一体化发展。

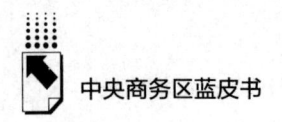

（四）探索完善要素市场配置的体制机制

长期以来，我国要素市场化改革严重滞后于产品市场化改革。2020年4月，中共中央、国务院发布《关于构建更加完善的要素市场化配置体制机制的意见》，明确提出"推进土地、劳动力、资本、技术、数据等要素市场化改革，健全要素市场运行机制，完善要素交易规则和服务体系"，为我国推进服务业要素市场化配置改革指明了方向。CBD作为现代服务业的集聚区，应积极探索完善要素市场化改革的创新机制，如CBD可以联合城市和区域相关政策研究部门、行业协会及企业等，参与研究制订推进要素市场化改革的优化方案，及时评估各项改革方案的效果并进行经验推广。同时，CBD应在技术、数据等新型生产要素的市场化改革方面率先探索，完善数据权属界定、开放共享、交易流通等标准，加快培育数据要素市场，及时评估各项改革方案的效果，在更广范围内推广改革成果。

（五）着力打造新型消费服务体系

为满足人民群众日益增长的美好生活需要，CBD应顺应数字技术创新和服务业加速数字化转型的发展趋势，全面探索服务业的数字化转型，并鼓励新型服务和新消费模式发展，以新服务带动新消费，为广大市民提供高品质、多样化、便捷的生活服务。一是培育新消费业态。CBD需积极引导区域内的企业适应消费升级新趋势，支持企业借助5G技术、互联网、智慧基础设施，加快开发新的网络消费形态和服务场景，增加高端优质服务供给，满足国内高端消费市场的需求。二是完善新型消费体系建设的体制机制。CBD应联合城市和区域的相关政策部门和行业协会等，加快出台有关首店经济、网红经济、体验经济、共享经济等新型业态的配套规章制度，落实鼓励新型消费业态发展的审批便利化改革措施，创新监管方式方法，构建规范的消费市场环境。

（六）推动高端服务创新发展

当前，高端服务业已成为国民经济发展的引擎，CBD需基于自身优势，加强基础设施建设，加快培育高能级市场主体，促进高端人才集聚，优化CBD企业层次和产业布局，推动CBD高端服务创新发展。第一，CBD应结合自身定位，加大与高端服务业发展相关的硬件基础设施，特别是数字基础设施的建设力度，支持新型服务业稳步发展。第二，加快培育高能级市场主体。在强化总部经济建设方面，实施更开放的总部政策，引进具有影响力的优质服务型企业；在增强CBD服务支撑力度层面，可结合我国制造业发展程度较高的特点，推动先进制造业与服务业的深度融合，以产业关联带动服务业发展。第三，促进高端人才集聚。CBD可进一步优化外籍高端人才的引进政策与签证审批程序，促进国际高层次人才在CBD集聚；同时，为国内高层次人才创新创业提供更宽松的政策环境，最大限度发挥高端人才在推动科技创新方面的作用。第四，优化CBD产业布局。针对我国CBD产业结构同质性高的问题，赋予市场更多的选择权利，同时，CBD须对本地资源禀赋和产业基础准确研判，对符合本地区服务业发展方向的产业进行引导，进而形成突出城市特色、契合城市发展优势的产业布局。

参考文献

［1］《2020年中国CBD发展评价》，载郭亮、单菁菁主编《中国商务中心区发展报告No.7（2021）》，社会科学文献出版社，2021。

［2］《CBD：打造国内国际双循环相互促进的战略枢纽》，《中国商务中心区发展报告No.7（2021）》，社会科学文献出版社，2021。

［3］董亚宁：《"双循环"背景下CBD建设国际运筹中心的基础与路径》，载郭亮、单菁菁主编《中国商务中心区发展报告No.7（2021）》，社会科学文献出版社，2021。

［4］《深化CBD服务业扩大开放：进展、挑战与应对》，载郭亮、单菁菁主编《中国商务中心区发展报告No.6（2020）》，社会科学文献出版社，2020。

［5］谭洪波：《促进 CBD 服务业对内开放的思路与建议》，载郭亮、单菁菁主编《中国商务中心区发展报告 No.6（2020）》，社会科学文献出版社，2020。

［6］陶峻：《北京商务中心区现代服务业创新发展研究》，载蒋三庚等主编《中央商务区产业发展报告（2020）》，社会科学文献出版社，2020。

［7］王冠凤：《中国高端服务业发展驱动因素研究》，复旦大学出版社，2017。

［8］王燕青、杜倩倩、赵福军等：《北京 CBD 发展之路回顾与解析》，《中国城市观察》2019 年第 5 期。

［9］湛军：《供给侧结构性改革背景下中国高端服务业创新发展研究》，上海交通大学出版社，2019。

［10］张宇：《CBD 服务贸易发展的现状、问题与对策》，载郭亮、单菁菁主编《中国商务中心区发展报告 No.6（2020）》，社会科学文献出版社，2020。

［11］钟勇：《首都功能定位下北京高端服务业发展问题研究》，中国社会科学出版社，2021。

B.7
制度创新与北京CBD功能区高端服务业发展

苏二豆*

摘　要： 中央商务区高端服务业的发展是增强城市竞争力、实现区域经济发展质量跃升的关键。本报告以制度创新和高端服务业的关系为出发点，分析了北京CBD功能区金融业、商务服务业、研发服务业和信息服务业四大高端服务业的发展现状，系统梳理了北京"两区"建设背景下开展的一系列制度创新对高端服务业发展的影响及作用路径，筛选出制度性交易成本、市场竞争、人力资本、资金支持四大影响机制，提出了通过进一步深化"放管服"改革、放宽外资准入、推进高端服务业人才队伍建设、完善资金支持政策四方面促进北京CBD功能区高端服务业发展的具体建议。

关键词： 北京CBD功能区　制度创新　高端服务业

一　引　言

服务业是带动一国经济增长的重要力量。根据《中华人民共和国2022年国民经济和社会发展统计公报》，2021年我国服务业增加值约61万亿元，同比增长8.2%，占GDP的53.3%，拉动GDP增长4.5个百分

---

* 苏二豆，博士，首都经济贸易大学讲师，主要研究领域为服务经济、亚太经济。

点，高于第二产业 1.4 个百分点。尽管如此，与发达国家相比，我国服务业发展水平不够高。例如，当前日本、美国、德国的服务业占 GDP 的比重均已高于 70%。服务业发展的滞后在一定程度上阻碍了我国产业结构的升级和国际竞争力的提升，我国政府也意识到了发展服务业的重要性，在《中华人民共和国国民经济和社会发展第十四个五年规划和 2035 年远景目标纲要》中明确指出，要"聚焦产业转型升级和居民消费升级需要，扩大服务业有效供给，提高服务效率和服务品质，构建优质高效、结构优化、竞争力强的服务产业新体系"。其中，作为承接高层次人才核心产业的高端服务业是各大城市构建服务产业新体系的关键推动力。高端服务业伴随工业化发展而产生，具有明显的高技术、高知识、高资本、高产业带动力等典型特征，其本质功能是通过上下游产业关联关系提高经济总体竞争力。从现状来看，我国的高端服务业主要分布于各大城市的中央商务区。因此，充分发挥中央商务区高端服务业的外溢效应对于各大城市经济发展具有重要的作用。

北京 CBD 地处北京市朝阳区，是长安街、国贸、呼家楼、东大桥、和大望路地区的中心交汇区。作为首都经济发展的三大功能区之一，北京 CBD 充分结合了北京市和朝阳区的发展优势，将金融、电信、信息和咨询等作为主导产业，已成为首都服务业尤其是高端服务业的聚集地。

近年来，为进一步激发北京 CBD 功能区服务业的发展潜力，我国政府立足北京市和朝阳区的区位优势，聚焦重点领域颁布了一系列政策，开展了诸多制度创新。2015 年经国务院批复，北京成为全国首个服务业扩大开放综合试点城市。北京充分发挥服务业的比较优势，推动科学技术服务、金融服务、商务服务等重点领域扩大开放，带动服务业整体转型升级，形成与国际接轨的北京市服务业扩大开放新格局。2020 年国务院颁布了《中国（北京）自由贸易试验区总体方案》，指出北京自贸试验区的战略定位和发展目标是助力建设具有全球影响力的科技创新中心，加快打造服务业扩大开放先行区、数字经济试验区，着力构建京津冀协同发展的高水平对外开放平台。2021 年北京市朝阳区商务局颁布了《朝阳区国家服务业扩大开放综合示范区和中国（北京）自由贸易试验区国际商务服务片区建设工作方案》，明确指出朝阳区将以 CBD、金盏国际合作服务区、中关村朝阳园为核心承载，构建国际商务功能枢纽。北京"两区"以制度创新为核心，先行先试，对标国际高标准、高规则，形成了一系列制度创新成果。制度创新成果的相继落地促进了北京高端服务行业的市场竞争，进而为北京 CBD 功能区高端服务业的发展提供了契机。那么，北京市的制度创新主要通过哪些途径影响 CBD 功能区高端服务业发展？本报告将结合制度创新的理论和实践来对制度创新影响 CBD 功能区高端服务业的机制进行系统分析，这对进一步促进中央商务区高端服务业的发展具有启示意义。

二 北京 CBD 功能区高端服务业发展现状

（一）北京已成为"服务型经济"城市

1. 服务业增加值对北京 GDP 贡献大

第三产业（即服务业）是北京经济增长的首要推动力。根据国家统计局公布的数据，早在 2011 年，北京服务业增加值便达到了 1.2 万亿元，占 GDP 的比重高达 76.1%，高于全国 31.8 个百分点，其对 GDP 增长的贡献率达到了 80.8%，这表明在北京 GDP 8.1% 的同比增长率中，服务业就拉动了约 6.5 个百分点。根据图 1 可知，2011~2020 年，除个别年份外，北京服务业增加值对 GDP 增长的贡献率、占 GDP 的比重始终维持在 80% 以上，在全国率先形成了"双 80"服务经济格局，达到了全球先进城市的水平。

2. 北京产业结构持续优化升级

随着服务业在 GDP 中占比的上升，北京的产业结构也实现了进一步优化升级。所谓产业结构，主要指社会再生产过程中，国民经济各产业之间的经济联系和数量比例关系，也可以理解为劳动力、资本等生产要素在各产业部门之间的配置关系。产业结构升级主要指，第一产业比重逐步下降，而第

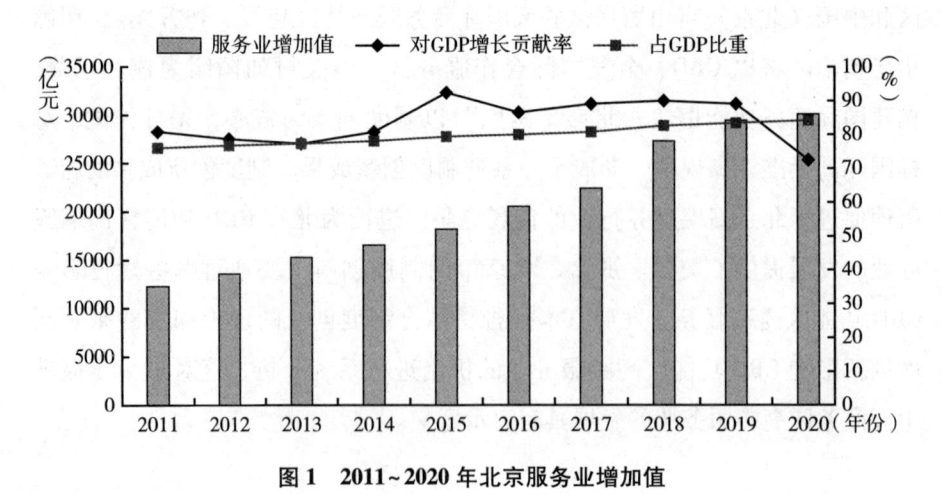

图 1　2011~2020 年北京服务业增加值

数据来源：国家统计局、Wind 数据库。

三产业即服务业比重稳步上升的过程，在我国指的便是产业结构由"二、一、三"向"二、三、一"，再逐步向"三、二、一"的产业格局演变。产业结构升级包括产业结构高级化和合理化两个层次，其中，高级化指的是产业结构由第一产业占优势逐步向第二产业、第三产业占优势演变，合理化则反映了产业之间关联度的提升。

作为"服务型经济"城市的北京，其产业结构调整的步伐较其他 CBD 所在城市而言要更快一些。本报告借鉴《中央商务区产业发展报告（2021）》的选取标准，选取了 13 个核心 CBD 所在城市（一线城市 4 个，包括北京、上海、广州、深圳；新一线城市 9 个，包括南京、天津、成都、杭州、武汉、沈阳、西安、重庆、长沙），并参考付凌晖的思路测算了 CBD 所在城市产业结构高级化指数，该指数越高代表产业结构越高级。进一步地，本报告使用泰尔指数测算了产业结构合理化指数，该指数越接近 0，表明产业结构合理化程度越高。数据主要来源于历年中国城市统计年鉴和 Wind 数据库。在对上述指数进行测算的基础上，本报告对比分析了北京产业结构高级化和合理化程度与其他 CBD 所在城市的差异。

从产业结构高级化指数来看（见图 2），较其他城市而言，北京有绝对的优势。一方面，2017~2019年，北京产业结构高级化指数均维持在7.6以上的水平，不仅高于其他新一线城市，而且也高于其他一线城市；另一方面，在这三年间，北京产业结构高级化指数始终保持稳步上升趋势，表明北京产业结构仍在优化。

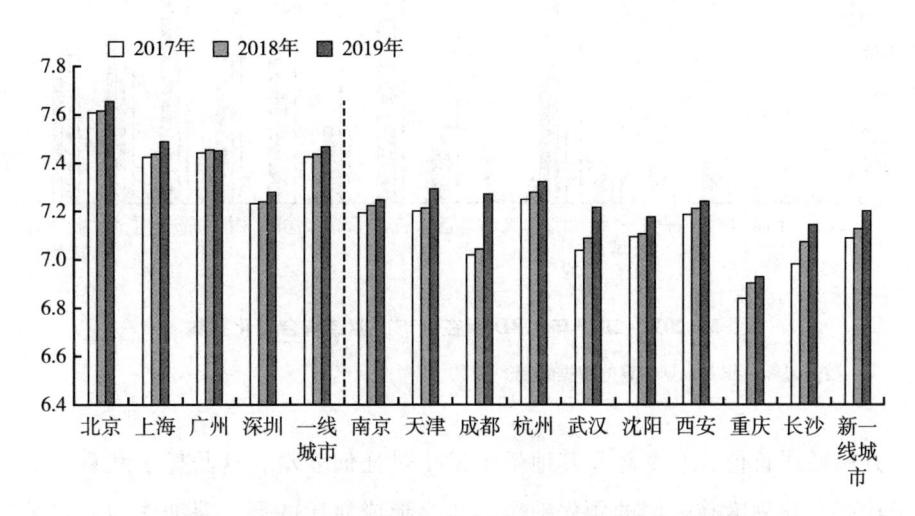

图2 2017~2019年CBD所在城市产业结构高级化指数

数据来源：作者根据测算的数据绘制。

从产业结构合理化指数来看（见图3），北京呈现两个特点。其一，2017~2019年，北京产业结构合理化指数接近0，均未超过0.01，与上海接近，但明显低于广州和深圳这两个一线城市以及其他新一线城市。这表明与其他城市相比，北京产业结构合理化程度相对较高。其二，2017~2019年，在大部分城市产业结构合理化指数不断下降的情况下，北京产业结构合理化指数却呈现出偏离0的趋势。这表明从时间趋势上看，北京产业结构合理化程度在下降，意味着北京各产业间的关联程度和互补性在减弱，也意味着北京在专业化分工方面还有改进空间。

为了更为全面地刻画北京产业结构的现状，本报告测算了2011~2019年13个城市的产业结构高级化指数和合理化指数，并对其进行了排序，表1和表2是排序的结果。可以看到，北京的产业结构高级化指数自2011

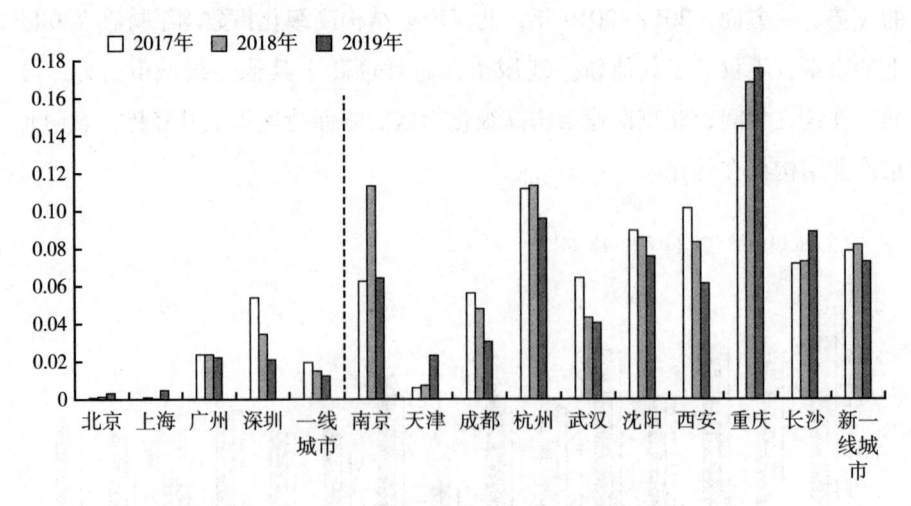

图 3　2017～2019 年 CBD 所在城市产业结构合理化指数

数据来源：作者根据测算的数据绘制。

年开始便居首位，且 9 年间其地位未发生过任何变动，这凸显了北京产业结构高级化程度在全国的领先地位。与之形成对比的是，深圳作为一线城市，近几年的产业结构高级化指数在 13 个城市中的排名有所下降，有时要低于新一线城市中的杭州和天津。另外，2011～2019 年，北京产业结构合理化指数始终保持在全国前 2 位，仅在个别年份被上海赶超。这表明，北京产业结构合理化水平在全国有明显的优势。同样地，深圳作为一线城市，其产业结构合理化程度却在多个年份低于新一线城市，表明其产业结构还有较大的优化空间。

表 1　2011～2019 年 CBD 所在城市产业结构高级化指数排序

城市分类	CBD 所在城市	2011 年	2012 年	2013 年	2014 年	2015 年	2016 年	2017 年	2018 年	2019 年
一线城市	北京	1	1	1	1	1	1	1	1	1
	上海	3	3	3	2	2	2	3	3	2
	广州	2	2	2	3	3	3	2	2	3
	深圳	4	4	4	4	4	4	5	5	6

续表

城市分类	CBD所在城市	2011年	2012年	2013年	2014年	2015年	2016年	2017年	2018年	2019年
新一线城市	南京	5	5	5	5	7	7	7	6	8
	天津	8	8	7	8	8	8	6	7	5
	成都	10	9	9	9	9	11	11	12	7
	杭州	9	6	6	6	5	5	4	4	4
	武汉	7	10	10	10	10	10	10	10	10
	沈阳	11	11	11	11	11	9	9	9	11
	西安	6	7	8	7	6	6	8	8	9
	重庆	13	13	13	13	13	13	13	13	13
	长沙	12	12	12	12	12	12	12	11	12

表2 2011~2019年CBD所在城市产业结构合理化指数排序

城市分类	CBD所在城市	2011年	2012年	2013年	2014年	2015年	2016年	2017年	2018年	2019年
一线城市	北京	1	1	1	2	1	1	1	2	1
	上海	2	4	2	1	2	2	2	1	2
	广州	6	7	5	5	5	4	4	4	4
	深圳	3	2	9	8	9	8	5	5	3
新一线城市	南京	5	5	7	7	7	5	7	11	9
	天津	4	3	3	4	3	3	3	3	5
	成都	12	12	6	11	6	6	6	7	6
	杭州	10	11	11	12	13	12	12	12	12
	武汉	7	8	8	6	8	7	8	6	7
	沈阳	9	10	10	9	11	10	10	10	10
	西安	8	9	12	10	10	9	11	9	8
	重庆	13	6	4	3	4	13	13	13	13
	长沙	11	13	13	13	12	11	9	8	11

（二）北京CBD功能区高端服务业增长迅速

北京CBD既是世界城市试验区、国际金融功能区，也是国际高端商务密集区，承担着培育高端服务业、构筑发达服务体系的责任。北京CBD主要通过吸引高端服务业企业总部入驻，形成顶级企业总部集群，并将其打造成北京重要的经济运作管理中心，进而增强对北京产业的控制力和影响力。高端服务业主要指知识密集度比较高的生产性服务业，需要具备四个要素：一是要素高端，专业的人力资本是其主要的投入要素，因为只有高素质专业人员才有能力提供高水平服务；二是需求高端，即其服务对象主要是高端制造业或服务业；三是技术密集度高，高端服务业往往需要高技术作为支撑；四是产业联动效应强，高端服务业的一个重要功能属性是带动其他产业升级。商务服务业、信息服务业、研发服务业、金融业是高端服务业的主要行业。本报告将遵循这个分类，对北京CBD所在城区——朝阳区的四大核心高端服务业的发展现状进行分析①。

2020年，北京市朝阳区服务业增加值为6551亿元，占朝阳区GDP的比重为93%，高于北京市平均水平约9.5个百分点，可见服务业已经成为朝阳区经济增长的重要驱动力。2020年，北京朝阳区四大核心高端服务业增加值占朝阳区服务业增加值的比重超过50%，达到56.3%（见图4）。其中，金融业占比最大，北京朝阳区不仅集聚了世界银行、国际货币基金组织等国际金融组织，还吸引了德意志银行、韩亚银行、中英人寿等外资金融企业入驻，可见朝阳区已初步形成了以国际金融企业为龙头的金融体系。排在第二位的是商务服务业，德勤、普华永道等全球知名商务服务企业均聚集在此。

从增长率来看（见图5），2011~2020年，朝阳区高端服务业发展整体向好。2020年因受新冠肺炎疫情影响，全区服务业呈负增长（-1.0%），而高端服务业却依旧保持4.6%的正增长态势，且在大部分年份，高端服务业增长率要高于服务业增长率。从占比来看，高端服务业增加值占服务业增加值的比重由2011年的33.6%增长到2020年的56.3%，表明高端服务业的发展对朝阳区服务业发展有引领作用。

---

① 本报告中的商务服务业、信息服务业、研发服务业分别对应国民经济行业分类（2017年）中的租赁与商务服务业，信息传输、软件和信息技术服务业，科学研究和技术服务业。

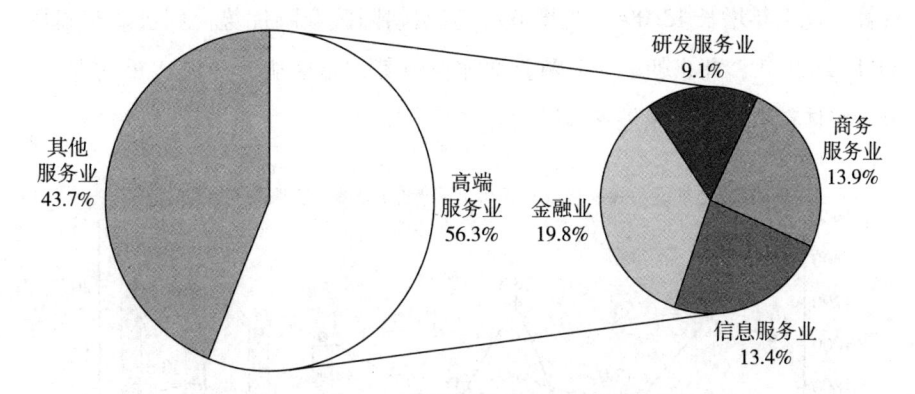

图 4　2020 年北京朝阳区高端服务业增加值占比

数据来源：Wind 数据库。

图 5　2011~2020 年北京朝阳区高端服务业增长趋势

数据来源：Wind 数据库。

1. 金融业

金融是现代经济的核心，对于促进区域经济增长、加快首都建设成为国际知名金融中心城市有重要作用。2020 年 7 月，北京朝阳区出台了《朝阳区支持金融业发展的若干措施》，对新落户的金融机构总部、驻区金融机构等提供不同程度的补助。2021 年北京朝阳区金融业增加值为 1417 亿元，按不变价计算，比上年增长 12.0%（见图 6），表明朝阳区金融优势得到进一步巩固。2011~2021 年，北京朝阳区金融业增加值及其占全区服务业的比重均稳步上升，整体趋势向好，发展潜力巨大。

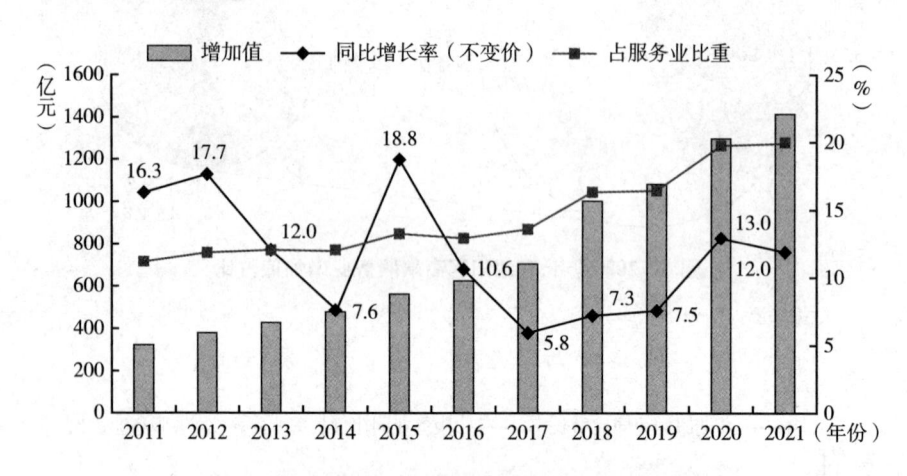

图 6　2011~2021 年北京朝阳区金融业增长趋势

数据来源：Wind 数据库、《朝阳区 2021 年国民经济和社会发展统计公报》。

2. 商务服务业

商务服务业是一种高附加值行业，主要包括管理服务、法律服务、咨询服务等，对于实现产品的价值增值、提高企业竞争力具有重要作用。作为北京自贸试验区国际商务服务片区的成员之一，北京 CBD 全力推进国际一流商务中心区建设。2011~2021 年北京朝阳区商务服务业增加值占全区服务业的比重均高于 10%，2021 年商务服务业增加值达 1027 亿元，按不变价计算，比上年增长了 9.0%（见图 7），实现了连续两年负增长之后的首次攀升，商务服务业成为拉动全区服务经济增长的重要力量。

3. 研发服务业

创新是引领发展的第一动力。2021 年 9 月北京 CBD 管委会颁布《促进中国（北京）自由贸易试验区国际商务服务片区北京 CBD 高质量发展引导资金管理办法（试行）》，明确指出将鼓励跨国公司在区域内设立研发中心、创新中心等功能性机构，旨在激发北京创新活力，助力北京融入全球科

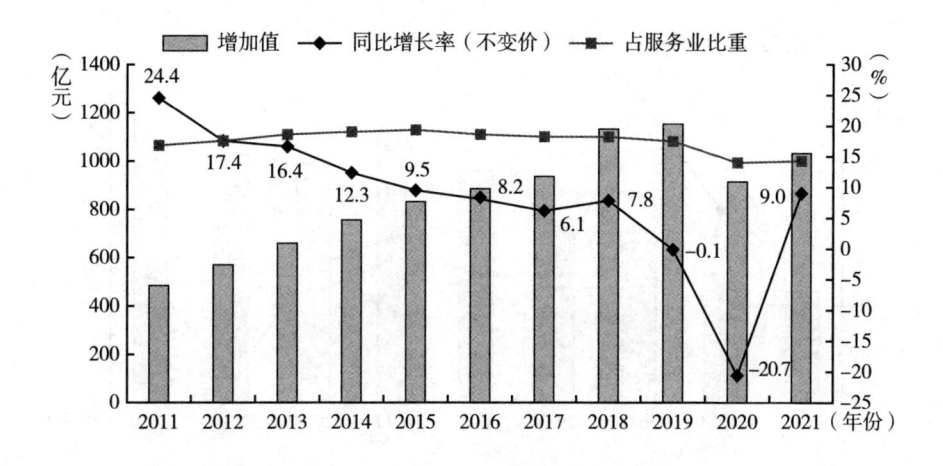

图 7　2011~2021 年北京朝阳区商务服务业增长趋势

数据来源：Wind 数据库、《朝阳区 2021 年国民经济和社会发展统计公报》。

技创新网络。北京朝阳区已吸引了苹果、默沙东、特斯拉等世界 500 强企业的研发中心落户。2020 年北京朝阳区研发服务业增加值创历史新高（见图 8），且按不变价计算，2012~2020 年北京朝阳区的研发服务业均保持正增长。

4. 信息服务业

信息服务业指的是利用计算机和通信技术对信息进行处理加工，并以信息产品的形式向社会提供服务的行业，主要包括信息传输服务、信息技术服务以及信息资源服务三大类。这类高端服务业对生产和消费的带动作用较大，在北京经济发展中具有重要的战略地位。2020 年的《朝阳区重点产业政策申报指南》针对信息服务业设置了专门的章节，明确表示信息服务业是北京朝阳区重点发展的产业之一。2021 年北京朝阳区信息服务业增加值达到了 971 亿元（见图 9），按不变价计算，较 2020 年增长了 2.5%，其占全区服务业的比重由 2011 年的 5.8% 上升到 2021 年的 13.7%，表明北京朝阳区的信息服务业发展势头较为强劲。

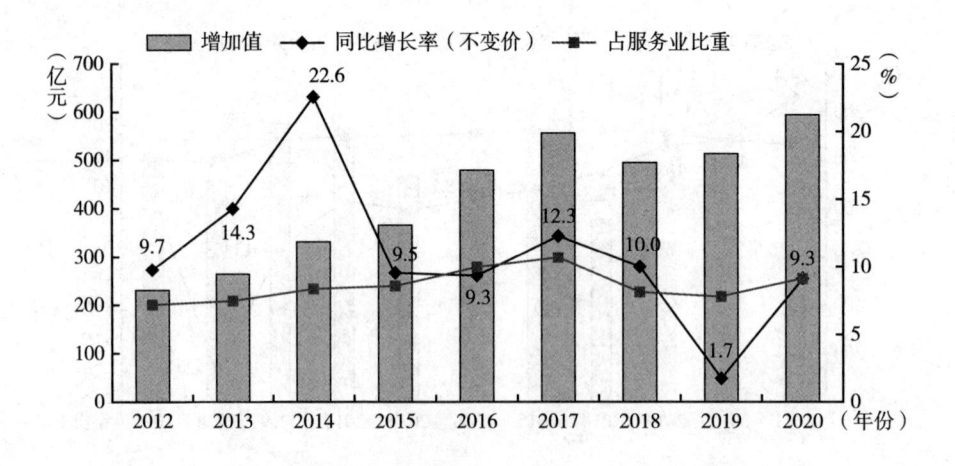

图8　2012~2020年北京朝阳区研发服务业增长趋势

数据来源：Wind 数据库。

注：因 Wind 数据库中未公布朝阳区 2011 年研发服务业增加值，《朝阳区 2021 年国民经济和社会发展统计公报》未公布 2021 年研发服务业增加值，因此仅展示 2012~2020 年的数据。

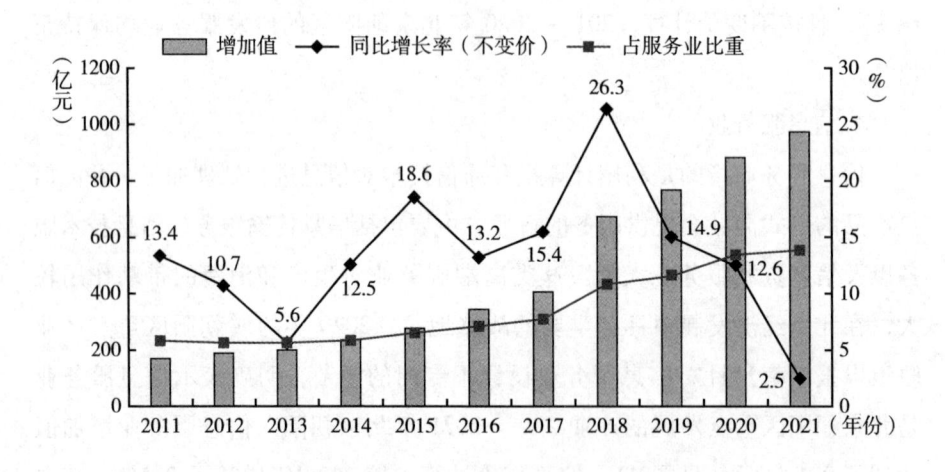

图9　2011~2021年北京朝阳区信息服务业增长趋势

数据来源：Wind 数据库、《朝阳区 2021 年国民经济和社会发展统计公报》。

三 制度创新对北京CBD高端服务业发展的影响机制

（一）制度创新的内涵

制度创新主要指社会政治、经济和管理等方面制度的革新，包括人们行为规则的变化、组织与其外部环境相互关系的变更。随着制度的更新和演变，社会资源被重新配置，资源配置的优化将推动经济稳步增长。早期中国的改革开放就是一个渐进性制度创新的过程，其中，经济特区是改革开放的起点。经济特区在对经济制度和管理体制先行试验的基础上总结成功经验，并将可行的制度创新成果在全国范围内推广。当前，北京"两区"建设是我国新一轮制度创新试验的前沿，其目的是打造对外开放与制度创新的新高地。与经济特区类似，北京"两区"也是通过开放来深化改革，以改革促进开放，进而助力中国经济转型升级。但两者也存在差异，经济特区是中国计划经济体制改革的"试验田"，重在政策优惠，而北京"两区"是在我国加快推进经济体制改革的背景下，通过打破经济发展的体制束缚，探索更开放的市场，重在消除壁垒。

（二）影响机制

根据《北京自由贸易试验区国际商务服务片区朝阳组团实施方案》，北京CBD中心区要与国际一流商务中心区对标，畅通专业服务集聚的国际化商务通道，打造国际金融开放前沿区、跨国公司地区总部和高端商务服务集聚区。自该方案实施以来，已有一系列政策和重点产业项目落地。

具体而言，朝阳区建立了五大便利化制度创新体系。其一，投资便利化。朝阳区积极推进投资自由化便利化政策落地，全面落实外商投资准入前国民待遇加负面清单管理制度。其二，人才服务便利化。朝阳区先行先试设立北京CBD国际人才一站式服务平台，大力整合服务资源、创新服务方式、优化服务渠道，便利海内外人士办理工作和居留许可；推行来华外籍人才薪酬购付汇便利化业务，推行专点专办，缩减办理手续和时间；开展国际保险实时结算，为国际人才提供更加优质便利的医疗服务等。其三，数据交互便利化。朝阳区建立了全国首家"数据可用不可见，用途可控可计量"交易范式的数据交易所——北京国际大数据交易所。交易所聚焦数据交易标准化程度不高、缺乏监管等问题，致力于创新交易模式，打造数字贸易生态。其四，贸易便利化。朝阳区搭建了全市首家跨境贸易投资风险管理与法律综合服务平台，旨在为企业提供海外投资咨询、法律咨询、信用风险管理等服务。其五，资金流动便利化。北京市首批、CBD首个本外币一体化试点账户落地，实现了各币种统一账户收付款管理，节约了企业账户运营和维护成本。此外，朝阳区作为北京市对外交往的关键窗口，大力深化"放管服"改革，降低制度性交易成本，打造国际一流的营商环境，以期培育开放发展新优势。朝阳区的一系列制度创新成果在一定程度上促进了北京CBD功能区高端服务业的发展，影响机制主要包括以下几个方面。

1. 制度性交易成本渠道

任何服务活动都是在一定的外部营商环境下进行的，都会涉及人与人之间的交易，需要交易双方了解信息、履行契约等，在此过程中不可避免地会产生交易成本，若这种成本来源于体制机制因素，便属于制度性交易成本。与制造业相比，高端服务业的发展受到制度性交易成本的影响更大。一方面，高端服务业与制度、监管等行政环境的联系更紧密，比如，金融业的发展往往需要配套完善且高效的监管制度，与制度联系越紧密受到制度性交易成本的影响就越大；另一方面，高端服务业的外资流入水平直接受东道国制度性交易成本的影响。高端服务业具有知识密集的特性，且生产和消费的过程往往同时发生，无法像制造业一样对生产过程进行分割。因此，高端服务业中母公司和子公司的技术水平不会有太大差距，较制造业而言更容易产生技术溢出。若一个地区的营商环境较差，无法为外资企业提供公平的市场竞争环境，无法对其提供知识产权保护，外资企业将面临高昂的制度性交易成本，该地区将难以吸引国际高端服务业企业入驻。因此，营商环境越好的地方，制度的科学性越高，制度摩擦越低，从而制度因素给高端服务业企业带来的不必要支出也越低（即高端服务业企业面临的制度性交易成本越低），企业的活力将越强。

朝阳区针对区内营商环境进行了一系列制度创新，从而有效降低了高端服务业企业面临的制度性交易成本，为其发展营造了良好的环境。例如，朝阳区创新推进"一窗式"改革，全力为企业提供集成式服务，减少了办理环节、缩短了办理时限。当前，实现一窗通办的主题事项已经超过200个，企业在"联动联办"服务现场最长4个小时就可以领到营业执照。不仅如此，朝阳区还推出了"跨省通办"服务，企业无须线下亲自跑，只需要通过"一网通办"服务平台便可以跨省办理91个政务服务事项。优质高效、规范透明、宽松便捷的营商环境为高端服务业的发展营造了良好的外部环境。

2. 市场竞争渠道

市场化水平低是阻碍我国高端服务业发展的重要原因。扩大服务业开放将吸引外资服务业进入国内市场，有利于增强国内服务市场的竞争程度，从而促进企业创新。由此可知，扩大高端服务业开放是驱动国内高端服务业企业发展的一个重要渠道。自改革开放以来，我国逐步放开了外资市场准入限制，尤其是制造业已基本实现全行业对外开放，这也是我国制造业得以飞速发展的重要原因。与之形成鲜明对比的是，由于服务业涉及"商业存在"，同时面临"市场准入"与"市场规制"的问题，开放难度较大，使得我国服务业一直保持在较低开放水平，甚至有不少服务行业当前还处于垄断竞争状态，这大大阻碍了我国高端服务业的进一步发展。

北京CBD是服务业重要聚集区，是服务业开放的关键阵地。朝阳区开展了一系列制度创新，通过扩大开放引入了市场竞争，充分发挥市场在资源配置中的决定性作用，进而促进北京CBD功能区高端服务业的发展。2019年1月，在国务院批复《全面推进北京市服务业扩大开放综合试点工作方案》后，朝阳区便率先推出了服务业开放"3.0方案"，旨在对标伦敦、纽约等服务业发达城市，探索新的开放路径。随着方案的实施，北京CBD先后成立了北京国际CBD生态联盟、世界500强与跨国公

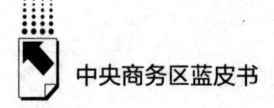

司智库联盟等组织；中意财产保险、ABB（中国）投资有限公司等国际投资公司，德勤创新孵化中心等国际企业也落户朝阳；此外，朝阳区还逐步落实了支持跨国公司自建或共建研发机构、在境外设立孵化基地等政策，创新性地推出了外资审批登记一体化、面向服务业的外籍人才出入境"新十条"等，在服务领域全面推进更深层次的扩大开放，构建开放型经济新体制。

3. 人力资本渠道

人才是高端服务业竞争力的"核心"。高端服务业是依托信息技术而发展起来的，具有技术密集的特征，其发展离不开具备专业知识的高技能创新性人才。一方面，高端服务业的性质决定了从业人员需要有专业知识；另一方面，随着技术的更迭，高端服务业更新速度也在不断加快，这就需要从业人员具备较高的个人素质，不仅要有国际化视野，还要有较强的学习能力和创新意识，能够及时根据外部技术变化更新自身的知识库。与发达国家相比，我国的高端服务业发展水平整体偏低，其原因之一就是缺乏高素质人才。因此，培养和引进一批拥有专业技术知识的高层次人才便成为我国发展高端服务业的关键。

为支持"两区"建设，朝阳区构建了人才"引用育留"全链条服务体系，这为北京CBD高端服务业的发展提供了充足的人才资源。例如，在人才政策方面，朝阳区制定了分层分类的"凤凰计划"，评选认定具有国际影响力和知名度的"杰出人才"，在科技、商务、金融等领域处于领先水平的"领军人才"，以及具有发展潜力的"青年拔尖人才"；专门打造了"CBD国际人才港"和"国际人才一站式服务平台"，拓展国际人才服务机制，便利国际人才的跨境流动；此外，定期举办北京CBD人才发展双月坛，专门围绕CBD区域如何引才留才的问题展开深入探讨。人才汇聚为北京CBD功能区高端服务业的发展提供了有力支撑。

4. 资金支持渠道

北京CBD所处区域的办公成本、物业成本、用人成本等都较高，这不利于高端服务业企业总部入驻，高昂的成本甚至导致部分已入驻的外资企业撤离。在企业经营过程中，从政府部门获取的补助可以转换为自身的现金流，有利于缓解企业面临的高入驻成本，促进资源的合理配置。由此可知，给予企业一定的资金支持是吸引高端服务业企业落户朝阳区的一个有效方式。

为支持高端服务业发展，朝阳区推出了若干与产业发展相关的资金支持政策。在商务服务业方面，朝阳区对落户本区的新设立或新迁入的国际知名商务服务企业，按照区级可控财力的50%给予企业一次性奖励，并提供办公用房补贴；对于贡献排名靠前的企业给予资金奖励；对于开办会展和构建商务服务平台的企业也提供了不同金额的资金支持。在金融业方面，朝阳区对于新注册、新迁入的金融机构总部，根据企业实收资本规模给予一次性落户奖励；结合"国际再保险中心"定位，对外资再保险公司提供补助；支持外资金融类亚太区、大中华区控股公司及外资金融机构集聚发展；推动金融机构设立专营机构或专业子公司，对经国家金融监管部门批准在朝阳区新注册设立或新迁入的独立纳税的银行专营机构，给予500万元一次性落户奖励；为金融机构提供购房和租房补贴等。政府推出的一系列资金支持政策有利于缓解企业的资金压力，对吸引更多国际优质企业落户、助力朝阳区打造国际一流商务区具有重要作用。

四 对策建议

"两区"建设是北京构建新发展格局、引领高质量发展的重大战略机遇，其核心是制度创新，旨在围绕重点优势产业，形成与国际先进规则衔接的、可在全国范围内复制与推广的新制度。自"两区"设立以来，朝阳区作为北京对外交往的重要窗口和"两区"建设的主阵地之一，积极对接国际高标准，通过降低制度性交易成本、提高市场竞争水平、增加人才储备和提供资金支持四个渠道，打造对外开放的"北京CBD方案"，取得了一系列的制度创新成果，促进了北京CBD功能区高端服务业的发展。当前，国内外经济形势正在发生深刻复杂的变化，北京CBD高端服务业的发展也将

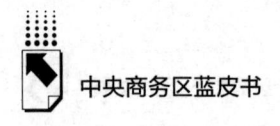

面临更加严峻的外部挑战。为进一步提高高端服务业的竞争力，本报告提出以下几个方面的对策建议。

（一）进一步深化"放管服"改革，释放制度活力

要继续深化"放管服"改革，营造市场化、法制化、国际化的营商环境。一方面，要进一步完善服务机制，破除不合理的体制机制障碍，为高端服务业企业松绑减负。在此过程中，可尝试应用数字技术，开放数据资源，实现政务数据互通共享，构建数字型政府，进一步节约企业办事成本，提升办事效率。另一方面，要积极开展企业座谈会，了解高端服务业企业的真实需求，精准施策，并及时为企业解读新出台的相关政策，确保政策可以传达到"一线"、落实到"一线"，降低企业与政府之间的信息不对称性。此外，还要注重法律服务机制创新，规范执法，解决CBD内高端服务业企业在发展过程中可能面临的多元化司法需求。

（二）持续放宽外资准入，打造高端服务业开放新高地

提升高端服务业外资开放水平是中国高端服务业发展的必由之路，因此，要持续放宽外资准入。一方面，朝阳区要将招商引资摆在更加重要的位置。针对高端服务业重点领域进一步完善投资促进体系。在此过程中，要注意筛选，不能盲目引进。对于涉及国家命脉的行业、风险较高的行业，要谨慎引进。同时，要组织专门的招商团队跟踪、研究国际投资的最新动态，对于优质项目要尝试主动出击，实现精准引进。另一方面，要注重培育本土高端服务业企业竞争力。在扩大开放过程中，要重视外资引进的质量，为本土企业提供学习的模板，助力本土高端服务业企业发展。

（三）推进高端服务业人才队伍建设，夯实高端服务业发展根基

北京高校和科研院所众多，一直是我国人才的聚集地，但当前高端服务业领域的人才缺口还较大。因此，朝阳区应主动创新人才发展理念，树立人才危机意识，深刻理解北京当前高端服务业领域人才供求不匹配的问题；及

时把握国际高端人才发展的动向，积极学习国外经验，进一步细化北京高端服务业人才发展规划，并出台相应的人才吸引、人才落户、人才培育、绩效考核、成果评价等配套政策；建立朝阳区高端服务业人才统计调查数据库，实时跟踪高端服务业人才需求变动情况；对于高级人才，朝阳区还要健全人才流动体系，构建人才共享中心，支持高级人才参与合作项目。

（四）完善资金支持政策，增强高端服务业发展保障

为进一步助力金融业、商务服务业等产业的发展，要进一步完善资金支持政策。首先，建立可行性评估制度，委托专家或专业机构对政策实施流程、实施方式、实施效果进行前期评估，制定具体的、透明的、公开的操作规范，避免产生钱权交易，提高资金支持政策的公平性和合理性；其次，出台严格的资金管理办法，对拨付到企业的专项资金进行全流程监管，确保资金支持政策真正落到实处；最后，应通过多种方式及时宣传相关奖励政策，提高企业对政策的知晓度，使符合条件的企业可以充分享受到政策红利。

参考文献

［1］Aghion, P., Bloom, N., Blundell, R., Griffith, R., & Howitt, P., 2005, "Competition and Innovation: An Inverted-U Relationship," The Quarterly Journal of Economics, 120（2）：701-728.

［2］《北京自由贸易试验区国际商务服务片区朝阳组团实施方案》，北京市人民政府网，2021年6月23日，http：//www.beijing.gov.cn/zhengce/gfxwj/qj/202107/t20210702_2427510.html。

［3］《实现"五个更加便利"营商环境持续优化 朝阳"两区"建设跑出加速度》，北京朝阳区人民政府网，2021年8月30日，http：//www.bjchy.gov.cn/dynamic/zwhd/8a24fe837b93ed69017b94cef3960160.html。

［4］陈艳莹、原毅军、袁鹏：《中国高端服务业的内涵、特征与界定》，《大连理工大学学报》（社会科学版）2011年第3期，第20~26页。

［5］戴伯勋、沈宏达：《现代产业经济学》，经济管理出版社，2001，第51~52页。

［6］杜人淮：《努力推进高端服务业的发展》，《经济研究参考》2007年第65期，

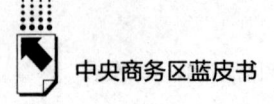

第 27~35 页。

[7] 付凌晖：《我国产业结构高级化与经济增长关系的实证研究》，《统计研究》2010 年第 8 期，第 79~81 页。

[8] 《关于促进中国（北京）自由贸易试验区国际商务服务片区朝阳组团产业发展的若干支持政策》，北京市人民政府网，2021 年 4 月 1 日，http://www.beijing.gov.cn/zhengce/zhengcefagui/202104/t20210401_2341991.html。

[9] 蒋三庚主编《中央商务区产业发展报告（2021）》，社会科学文献出版社，2021。

[10] 刘强、曾民族：《构筑可持续发展的科技信息服务业》，《情报理论与实践》2001 年第 6 期，第 401~405 页。

[11] 《北京：服务业扩大开放带来新动能》，《人民日报》2019 年 3 月 21 日。

[12] 史亚洲：《营商环境改善中的制度性交易成本问题研究》，《长安大学学报》（社会科学版）2020 年第 4 期，第 86~92 页。

[13] 孙丽燕：《企业营商环境的研究现状及政策建议》，《全球化》2016 年第 8 期，第 106~119 页。

[14] 王力、王秀云：《发挥首都优势，加快北京 CBD 金融产业发展——关于首都发展金融业的思考》，《中国城市经济》2004 年第 4 期，第 46~49 页。

[15] 颜博：《营商环境对服务业发展的影响研究——基于跨国面板数据的分析》，《湖北经济学院学报》（人文社会科学版）2019 年第 2 期，第 69~72 页。

[16] 尹伟华：《"十四五"时期我国产业结构变动特征及趋势展望》，《中国物价》2021 年第 9 期，第 3~6 页。

[17] 袁航、朱承亮：《国家高新区推动了中国产业结构转型升级吗》，《中国工业经济》2018 年第 8 期，第 60~77 页。

[18] 赵振华：《"放饵钓鱼"与"开闸引鱼" 我国自贸区与经济特区的异同》，《人民论坛》2015 年第 18 期，第 49~51 页。

B.8 北交所服务"专精特新"企业创新发展

高杰英 黄素勤 曹 娜*

摘 要： "专精特新"企业是创新经济发展的重要推动力量。在由主板、科创板、创业板等市场构建的中国多层次资本市场体系中，北京证券交易所聚焦于服务创新型企业，特别是"专精特新"企业。北交所力图解决"专精特新"企业面临的融资难、孵化资金退出难以及创新成果转化难的问题，为企业提供递进式融资、对接私募股权、为"专精特新"企业创新成果转化提供服务并为居民理财提供权益资产配置选择。为了进一步提升资本市场服务，本报告提出了更顺畅的转板机制、更活跃的交易机制、更优质的信息披露、更丰富的金融产品以及更完善的风险管理五个方面的建议。

关键词： 北交所 "专精特新"企业 资本市场 金融服务

中小企业是新时期拉动经济增长的重要引擎、技术创新的核心主体，是实现产业高质量发展的主要驱动力。2013 年工业和信息化部印发《关于促进中小企业"专精特新"发展的指导意见》，加强对中小企业的培育和支持，促进中小企业走专业化、精细化、特色化、新颖化发展之路。基于

---

* 高杰英，经济学博士，首都经济贸易大学金融学院教授，北京市哲学社会科学 CBD 发展研究基地主任，主要研究领域为金融市场与金融机构、区域金融和风险管理。黄素勤，首都经济贸易大学博士研究生，主要研究领域为金融市场与金融机构、公司金融。曹娜，首都经济贸易大学博士研究生，主要研究领域为金融市场与金融机构、风险管理。

"专精特新"企业①发展的重大意义和迫切需要，2021年11月，以"打造服务创新型中小企业主阵地"为主要目标的北交所成立。北交所将进一步优化"专精特新"金融服务制度供给，增强多层次资本市场改革动力，为"专精特新"企业发展注入新鲜活力。

北交所的发展有利于北京科技中心建设，北交所北京服务基地"育英计划"入库企业达到868家，其中，超过半数企业拥有瞪羚企业、中关村前沿科技企业、金种子企业、展翼企业或"专精特新"企业等称号。北交所的发展有利于北京CBD高端服务产业的集聚。随着"专精特新"企业在北交所上市，相应的技术研发、交易服务、法律咨询、征信评级等相关高端专业服务机构和科技金融信息将集聚CBD，而且不仅仅表现为物理空间的集聚，更是数据信息的网络聚集，有利于机构与居民的资产配置和风险管理。

一 "专精特新"企业面临的难题

（一）"专精特新"企业融资难

2021年，共有481家企业在A股首发上市，同比增长约22%，IPO融资规模创十年新高；另有546家上市公司完成再融资，IPO、再融资规模合计逾1.5万亿元。② 相比而言，"专精特新"企业大部分是规模较小，且具有"两高一轻"（高技术投入、高人力资本投入和轻资产）特征的企业。企业需要大量长期性资金投入，但是由于企业技术成果转化具有不确定性，风险相对较大，又缺乏合格的抵质押物，"专精特新"企业不仅很难从银行获得贷款，而且很难迈过科创板、创业板的上市门槛，"融资难、融资贵"的问题依旧明显。

---

① "专精特新"企业是指具有专业化、精细化、特色化、新颖化特征的企业。
② 数据来源于Wind数据库。

（二）"专精特新"企业孵化资金退出难

股权市场，特别是私募股权市场，是连接政府、企业和市场，实现创新资源流向"专精特新"企业及孵化"专精特新"企业的重要机制。股权投资分为天使投资、风险投资和私募股权投资等多种形式，它们为处于种子期、初创期、发展期、扩展期、成熟期等各阶段的"专精特新"企业提供全面和专业的投融资、公司治理以及市场拓展等服务。

以境外成熟资本市场为例，IPO成为VC投资退出的重要渠道，占退出总额的近90%。剔除2021年IPO大年的极端影响，2017年以来，历年VC投资通过IPO退出的金额均在50%以上①。国内并购市场2016年以来并不活跃，中国私募股权投资对于IPO退出的依赖程度更高。私募股权转让在国内发展至今，尚没有形成规模化、系统性、可持续性的市场。在实际操作过程中私募股权转让受到以下几个关键因素的影响：第一，市场参与主体较少，众多机构投资者和企业很难集中到单一交易平台；第二，交易主体间存在信息不对称，沟通机制不完善；第三，定价体系不完善，定价机构与市场不成熟。

（三）"专精特新"企业的创新成果转化难

"专精特新"企业一般具有规模较小、成立较晚且"两高一轻"的特点，这些特点也成为限制其科技创新成果转化的关键因素，使它们面临以下难题。一是创新协同难。中小企业本身影响力较小，而专业化属性就意味着企业专攻产业链中的一环，因此企业以自身技术提升或价值提升来整合上下游产业从而进行协同创新的难度较大。二是激励保障措施落地难。从"科技强、人才强"到"技术强、工艺强"再到"产业强、经济强"的整个创新链，涉及多方面的创新与突破，相应地需要多方位的激励保障措施，"专精特新"企业难以全面落实到位。三是高层次人才引进难。中小企业声誉

---

① 数据来自Pitchbook-NVCA Venture Monitor对美国资本市场情况的统计。

未振，同时未上市的中小企业也不能以期权激励等方式吸引高层次人才。四是研发成果市场推广应用难。市场变化很快，"专精特新"企业只有敏锐洞察行业变化，才能抓住市场机会，推广新技术和新工艺。因此，通过资本市场增进全社会对"专精特新"企业的理解、解决"专精特新"企业面临的融资困境有利于此类企业的创新成果转化。

二 北交所服务"专精特新"企业的路径

北交所的成立，为"专精特新"企业发展提供了良好的平台。北交所定位为服务创新型中小企业，是帮助中小企业解决直接融资问题、助力"专精特新"企业成长的主阵地。

（一）为"专精特新"企业提供递进式融资

北交所的上市发行条件充分考虑"专精特新"企业的特征，体现"更早、更小、更新"的定位。北交所设置四套上市标准，最低市值要求为2亿元，最高市值要求也仅为15亿元，同时允许未赢利企业上市。北交所的多元化上市标准充分考虑了创新型中小企业的特点，与创业板、科创板形成对照和补充，有利于解决"专精特新"企业孵化"最后1公里"的问题。截至2022年6月14日，北交所上市企业中有21家属于国家级专精特新"小巨人"企业，占比超20%[①]。"小巨人"企业大都在所属细分行业中具有较高的市场地位，被冠以"市占率行业前列""国产替代投资逻辑""新技术倡导者""全球市场竞争者"等头衔。

2022年3月31日，观典防务转板到科创板上市的申请获批，观典防务成为北交所首家转板公司和首家转板科创板的公司，北交所迎来"转板第一股"，这标志着我国多层次资本市场实现了有机互联。转板上市制度落地，意味着我国形成了多层次资本市场对接的有效机制，为企业上市提供了

---

① 北交所上市企业名单来源于Wind，"专精特新"企业名单来自工业和信息化部网站。

更具差异性的便利服务，促进了科技与资本的融合。

新三板企业通过"基础层—创新层—精选层—转板"的路径完成在北交所上市。北交所上市的企业可直接转板至科创板或创业板上市，转板制度与精选层转板制度基本一致。北交所提供了直接定价、询价、竞价等多种定价方式，可以对不同阶段、不同类型的中小企业进行培育和规范。基础层与创新层关注中小企业发展的早期阶段，重在挖掘并培育优质企业。北京股权交易中心披露的数据显示，截至 2022 年 5 月末，该平台已完成基金份额转让 21 单、交易份额 37.41 亿元、交易金额 34.02 亿元；同时累计完成 12 笔份额质押业务，规模达到 15.68 亿元。①

（二）对接私募股权，丰富多层次市场

2020 年 12 月，国务院复函同意在北京区域性股权市场开展私募股权基金份额转让试点，拓宽股权投资和创业投资的退出渠道。北交所上市退出渠道是连接私募股权市场与创业板和科创板的另一条通道，为私募股权退出提供了多层级递进式选择，由此也提供了多元化投资标的与差异化的估值定价体系。

（1）已投项目有了多层级退出选择。"专精特新"企业不仅可以通过进入新三板"精选层"在北交所上市，再通过北交所转板至科创板或创业板，也可以在"精选层"孵化后直接进入科创板或创业板。由此，北交所给了企业更多的上市选择以应对孵化过程中的不确定性，从而有更多的企业愿意在新三板孵化，也为私募股权投资机构提供了更多退出方式的选择。

（2）多层次市场培育更多优质标的。有效的退出机制将促使"基础层—创新层—精选层—转板"机制更为顺畅，由此，多层次市场能培育更多优质项目，私募股权基金也有了通过定增或交易所买入的方式来获得优质资产的选择。

---

① 《北股交拟设立私募基金纾困企业 三个难题下政策如何落地?》，腾讯网，2022 年 6 月 24 日，https://view.inews.qq.com/k/20220624A0AIKL00?web_channel=wap&openApp=false。

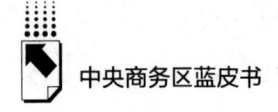

(3）估值定价合理化。北交所和现有其他证券交易所将呈现错位竞争之势，推动形成各有侧重、相互补充的适度竞争格局，从而激发市场活力。北交所将提供公平、透明的信息平台，为机构投资者估值定价提供更加精准的判断依据。

（三）为"专精特新"企业创新成果转化提供服务

北交所的发展将促进创新资源集聚和创新生态营造、提高科技成果转化效率。同花顺iFinD数据显示，截至2022年6月28日，A股337家"专精特新"企业共有96149项专利，其中专利数量超100项的企业有260家，占比达到77.15%，反映了"专精特新"企业的科技底色。创新成果转化呈现出两个特征。

第一，创新成果转化主要集中在补短板、强民生领域。从行业分布情况来看，目前"小巨人"上市企业分布于21个细分行业（依据申万一级行业分类标准划分），其中机械设备制造业的"小巨人"上市企业最多，达92家；电子设备制造业和基础化工制造业分列第二名和第三名，分别有49家和48家。从专利总量来看，机械设备制造业专利总数为27382项，位居第一；电子设备制造业专利总数为11328项，排在第二位；基础化工制造业专利总数为7978项，排在第三位。

第二，经济发达地区的创新成果转化率更高。截至2022年6月28日，全国专利总量前十名中，中东部省份占据7名，尤其以江苏、广东、北京、上海最多，专利总量分别为14391项、12695项、10848项、9754项，企业数分别为68家、51家、25家、35家。

（四）为居民理财提供权益资产配置选择

A股投资者数量已突破两亿，即每7个人中有1人是股票市场投资者。北交所的成立与发展增加了投资者资产配置的渠道。2008年以来，我国城市中产阶层大部分投资的是房产，经济新常态下，更多优质的创新型企业将涌现出来，成为优质的权益投资标的。

北交所上市的企业具有"更早、更小、更新"的特点，这意味着投资这些企业将获得更多成长性红利。2004年6月16日，腾讯在港股上市市值为62亿港元，到2022年7月4日市值已达3.34万亿港元（按照7月4日收盘价），是18年前的539倍，给投资者带来丰厚回报。从投资企业成长性角度来看，"小"就是机遇。

北交所上市企业在转板后流动性水平也将显著改善。在北交所连续上市一年以上（精选层挂牌时间与北交所上市时间合并计算）且符合科创板或创业板上市条件的企业可以申请转板，因此，有转板预期的企业具备一定的投资机会。

此外，北交所给投资者提供了打新与战略配售的机会。科创板与创业板在网下投资者询价环节最高价剔除比例已由此前的10%调整为1%~3%，而北交所在网下投资者询价环节最高价剔除比例为5%，超额申购15倍以上时为10%，在剔除机制上存在博弈空间，具备较高的打新收益率。

三　北交所进一步提升服务的建议

（一）更顺畅的转板机制

2022年1月，中国证监会发布《关于北京证券交易所上市公司转板的指导意见》，明确北交所上市公司可以转板至科创板或者创业板上市。2022年3月，上交所发布《北京证券交易所上市公司向上海证券交易所科创板转板办法（试行）》，深交所发布《深圳证券交易所关于北京证券交易所上市公司向创业板转板办法（试行）》。北交所成为多层次资本市场体系中转板的核心板块，在资本市场中承担着承上启下的作用。

对于北交所而言，因为企业转板上市不具备融资功能，所以以北交所作为跳板吸引优质企业在北交所挂牌行不通。但是，上市企业转板溢价具有不确定性。虽然不同市场的滚动市盈率中位数有较大差异，例如5月25日，北交所溢价20.14倍，而创业板、科创板分别为32.07倍、36.95倍，但是，

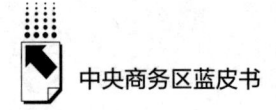

北交所"转板第一股"——国家级专精特新"小巨人"企业观典防务在转板后的首个交易日以23.63%的跌幅收盘,表明转板企业希望的北交所与科创板的流动性溢价并非一成不变。

随着投资者准入门槛降低、参与人数增多、机构增量资金入市、未来或将引入做市商等,北交所的流动性将不断提高。转板制度只是为中小企业上市提供了多样化的选择,而不是为了在板块之间进行流动性溢价套利。北交所简化转板手续,顺畅转板机制,使得北交所的发展不再只是服务企业转板,而是挖掘企业自身价值,帮助并促进企业发展。届时,可进一步优化北交所上市流程,例如将在新三板挂牌的时间要求由一年缩短至六个月,甚至取消在新三板挂牌的前置要求。此外,也可以设置差异化的门槛,对不同成长性的公司设置不同的前置要求,既允许由新三板转至北交所,也允许直接在北交所上市。

(二)更活跃的交易机制

北交所交易制度整体延续精选层相关安排,例如上市首日无涨跌幅限制,此后涨跌幅限制进一步放宽至±30%;对于异常波动的认定,近三个交易日收盘价涨跌幅偏离值累计达到±40%时为异常交易情形,高于其他板块;大宗交易门槛也放宽至单笔成交10万股或100万元,低于其他板块的单笔成交30万股或300万元等。

全国中小企业股份转让系统公司数据显示,2021年,在设立北交所的背景下,新三板做市交易的市场活力显著增强,做市总成交额较上年增长38.30%。这表明在北交所竞价交易时引入做市商机制,形成混合交易制度,将有利于进一步增加交易订单、改善市场流动性。

对于券商来说,由于做市商业务相较于自营业务更加不易受到系统性风险的影响,带来的收益相对更加稳定,因此做市商业务的性价比相对较高,中国券商将更加重视做市商业务。而打造生态闭环和提升综合实力将替代头部个人优势成为券商们的核心竞争力,因此券商主导的做市商市场也将把通道业务模式转变为投资业务模式。

（三）更优质的信息披露

北交所按照注册制逻辑稳步运行，发行上市审核坚持严格的信息披露标准。注册制提高了对科创类企业的包容性，降低了"专精特新"企业进入资本市场的门槛。北交所应该以试点注册制为牵引，坚持以信息披露为核心，以信息真实性为底线，监督中介机构履行调查职责，明确中介机构责任，严防"带兵闯关"。

注册制以信息披露为中心，对北交所信息披露要求将进一步提高，需定期披露详式年报、半年报与季度报，且对业绩快报与业绩预告的披露也做出了详细规定。此外，北交所应优化 ESG 信息披露，推进企业绿色化发展。

虽然北交所上市企业相对"年轻"，可投入 ESG 实践的资源相对有限，过度严格的 ESG 信息披露制度，可能增加企业的信息披露成本，但是绿色低碳也是"专精特新"企业的一个发展方向。因此，北交所引导企业落实环保要求、履行社会责任、健全治理体系，才能吸引更多的机构投资者积极参与市场交易并投资绿色产业。因此，北交所在发行融资与信息披露方面可进行差异化探索，短期内或以鼓励性规定为主，长期来看可建立符合中小企业特点的 ESG 信息披露要求。

（四）更丰富的金融产品

北交所的发展将加速专业人才和金融资源的集聚，从而提供更丰富的金融产品。由此，北交所不仅为"专精特新"企业提供了直接融资渠道，而且大大提升了企业的信贷可得性、信用等级、知名度和商誉等，有助于企业获得多样化的金融产品。

企业定期进行信息披露，可以降低市场上的信息不对称，带动银行等机构更多地参与新一代信息技术、集成电路、高端装备制造、新材料、新能源、医疗健康等高新技术领域企业的融资，降低"专精特新"企业的融资成本。

北交所可在科技金融及投贷联动服务体系的基础上，探索新型的"商业银行+投资银行+交易银行+私人银行"的多维度综合化金融服务体系，为企业信贷业务、发行债券、重组并购业务以及定制化个人金融等提供全方位金融服务。同时，商业银行还可充分整合上下游资源，为"专精特新"企业提供投资机构、律师事务所、会计师事务所等产业链优质资源，有效形成"资源链、服务链、资金链"平台。

北交所可发挥资本市场枢纽功能，为各类资本的合规发展释放更大空间。在投资制度方面，为投资北交所的各类资管产品提供审批备案的绿色通道或税收优惠，鼓励相关产品发行。

（五）更完善的风险管理

"专精特新"企业规模普遍较小，大部分专注细分行业，多处于成长期，上市后的持续创新能力、收入及盈利水平等仍具有较大不确定性；同时涨跌幅限制比例为30%，股价可能波动较大，投资风险不可忽视。北交所共制定了7项基本业务规则、14项配套细则、18件业务指南和12件指引，涉及上市发行、持续监管、证券交易和市场管理四个领域。北交所和新三板还形成了层次递进的全链条监管优势以及"外部协作有力，内部协作有序"的监管范式。

聚焦"关键少数"，对上市公司股东违规行为（如违规减持、违规使用募集资金等行为）实行动态监测，提前采取防范措施，杜绝隐患；对公司实际控制人进行监督管理，并在公司发生短线交易、敏感交易和违规减持等行为时及时发出警示，提醒公司进行合规交易。此外，搭建交易行为与信息披露的监管联动机制，严格监管"蹭热点""炒概念""忽悠式"的信息披露行为，实行多轮问询，维护金融市场有序稳定运行。进一步建立多样化的退市指标体系，优化定期退市和即时退市制度，构建差异化退市安排，让符合条件的北交所退市公司可以退至创新层或基础层，让风险"分类纾解、充分缓释"。

参考文献

［1］《北京：多层次资本市场实现互联互通》，金台资讯，2022年5月26日，https://baijiahao.baidu.com/s?id=1733854802773256616&wfr=spider&for=pc。

［2］田轩：《北交所为资本市场高质量发展开新局》，《审计观察》2022年第4期，第12~15页。

［3］徐蔚：《全力支持"专精特新"企业进入北交所上市》，《上海证券报》2021年10月16日，第3版。

［4］张虹、王潇一、黄贞静：《中小企业"专精特新"发展的价值及实现路径》，《中国市场》2021年第18期，第99~101页。

［5］张弛：《北交所转板科创板、创业板通道正式打通》，《金融时报》2022年3月16日，第7版。

［6］中国科学院大学动善时新经济研究中心主编《中国新经济发展报告（2022~2023）》，中国工信出版集团、电子工业出版社，2022。

［7］祝惠春：《北交所加快培育上市"后备军"》，《经济日报》2022年3月15日，第7版。

区域篇
Regional Reports

B.9
广州天河中央商务区高端专业服务业引领高质量发展

李彦君*

摘　要： 2020年，天河区高端专业服务业规模持续扩大，区域经济贡献能力提升；产业结构不断演进，基本形成了四大年营业收入超百亿元的优势产业集群；空间溢出效应凸显，区域辐射能级日益提高。天河中央商务区在高质量发展方面也取得明显成效，但在发展过程中仍面临产业结构有待优化、企业能级有待提升等瓶颈。对此，天河中央商务区应通过优化城市空间布局、加快发展数字经济、持续优化营商环境等措施提升发展水平。

关键词： 天河中央商务区　高端专业服务业　楼宇经济

---

* 李彦君，广州天河中央商务区管理委员会四级主任科员，主要研究领域为CBD服务业管理。

高端专业服务业是打造现代服务业的新经济增长点，也是支撑实体经济创新发展、提升城市能级的重要抓手。广州市天河中央商务区作为广州城市功能的主要承载区，正积极打造成为综合城市功能、城市文化综合实力、现代服务业、现代化国际化营商环境出新出彩示范区，为广东实施新发展战略贡献力量。

一　天河中央商务区概况

（一）基本情况

天河中央商务区是广州市天河区的核心区域，是广州城市功能的主要承载区，也是华南地区城市化发展水平最高、综合配套设施最全、集聚辐射能力最强、国际影响力最大的商务平台，先后被评为粤港澳服务贸易自由化省级示范基地、中国最具活力中央商务区、国家数字服务出口基地。规划面积20平方公里，包括12平方公里的建成区，以及正在开发建设中的8平方公里的广州国际金融城。其中，建成区位于广州新城市中轴线，北至广州东站，南至珠江，西至广州大道，东至华南快速路，由珠江新城（约6平方公里）、天河北（约6平方公里）组成，产城高度融合，居住人口约35万，就业人口约50万。

（二）发展历程与功能定位

1993年，卡罗尔·托马斯夫人编制第一版珠江新城规划。历经近30年的发展，天河中央商务区功能内涵从传统走向现代，天河中央商务区逐渐演变为融合金融、商业、商务办公、休闲、文化、旅游、高端住宅、专业服务等多种功能的城市核心区域，表现出功能复合化、产业集群化、品牌高端化、环境人本化等特征。其中，天河北片区功能以商业、休闲、高端住宅为主；珠江新城片区以洗村路为界分为东、西两区，东区以居住、休闲功能为主，西区以商务办公、文化、旅游功能为主。

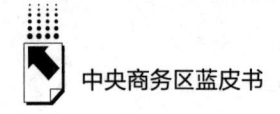

（三）空间布局情况

天河中央商务区（建成区）规划计容建筑面积约2737万平方米，平均毛容积率约为2.5。规划布局突出"功能复合、以人为本"，区内配套齐全、交通便利、环境优美，充分体现了"人民城市人民建，人民城市为人民"的重要理念。交通条件优越，位于粤港澳大湾区"1小时经济圈"，区域内的广州东站是香港直通车到达广州的第一站。公共交通便利，有地铁1号、3号、5号线和APM线。公建配套齐全，规划文化体育等公建配套用地占整个天河中央商务区的7.7%，汇聚了广东省博物馆、广州大剧院、广州图书馆、广州第二少年宫等面积约30万平方米的世界级文化设施，以及面积52万平方米的天河体育中心。生态环境优美，规划绿地和广场用地占整个天河中央商务区的12.2%，建有广州最大的市民广场、广州"城市客厅"——花城广场，以及珠江公园、海心沙公园等近200万平方米的公园绿地和11公里长南向江景的珠江岸线。

二 天河区高端专业服务业发展情况

2018年9月，广州市人民政府办公厅发布《关于加快发展高端专业服务业的意见》，将贸易代理服务、法律服务、会计审计及税务服务、咨询服务、广告服务、人力资源服务、会议展览及相关服务、工程技术与设计服务、工程及专业设计服务、知识产权服务10个细分行业归类为高端专业服务业并重点加快发展。[①]

（一）经济规模持续扩大，区域经济贡献能力提升

2020年，天河区高端专业服务业实现增加值521亿元，占GDP的比重

---

① 《广州市人民政府办公厅关于加快发展高端专业服务业的意见》，广州市人民政府网站，2018年9月27日，https://www.gz.gov.cn/zfjgzy/gzsswj18/ggfw/zsyz/tzzc/content/post_2991927.html。

为9.8%，居五大主导产业第四位，增速连续五年高于全区GDP增速。拥有四上企业749家，实现营收788.46亿元，企业数量和营收分别占广州市的1/3和1/4。拥有35家全市营收排名前100的高端专业服务业企业，13家10亿元以上企业，占全市41%。高端专业服务业对天河区和广州市的经济支撑作用日益增强。

（二）产业结构持续优化，四大百亿集群效应显现

天河区高端专业服务业不断深化，产业结构持续优化。2020年，天河区商务服务业拥有四上企业540家，实现营收514.24亿元；科学研究和技术服务拥有四上企业209家，实现营收274.22亿元。如图1所示，天河区基本形成了工程技术与设计服务、人力资源服务、咨询服务、广告服务四个年营业收入超百亿元的优势细分产业集群，法律服务呈现向百亿级集群发展之势。

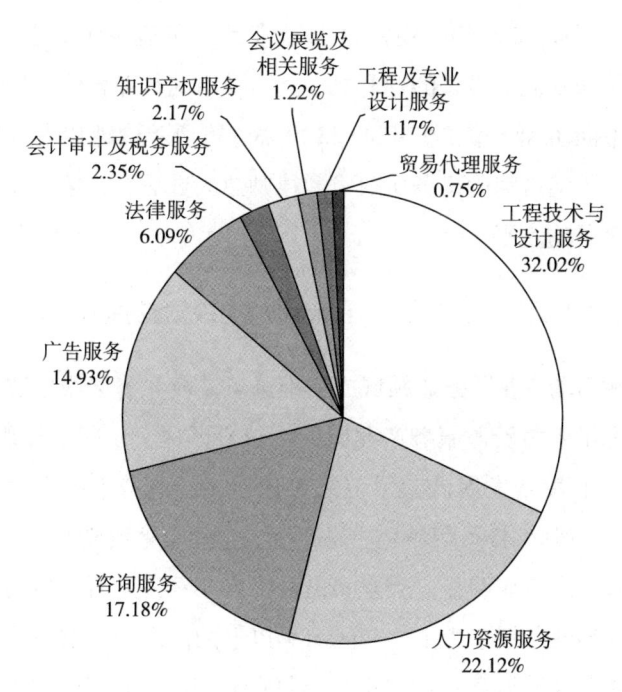

图1　2020年广州市天河区高端专业服务业各细分行业规上企业营收占比

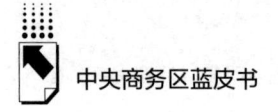

工程技术与设计服务是高端专业服务业中产业规模最大的细分领域，2020年实现营收244.5亿元，占全市同行业营收的30%。

人力资源服务。2020年实现营收168.9亿元，占全市同行业营收的3成。拥有29家营收亿元企业，服务种类包括测评、招聘、租赁、咨询等，主要面向华南地区提供服务，部分机构服务范围拓展至全国和海外，年服务人才总数超300万人，人力资源服务机构约占全市高端服务业市场份额的70%。

咨询服务。2020年实现营收131.3亿元，占全市同行业营收的近5成。拥有28家营收亿元企业，全球四大会计师事务所、五大国际地产行均在区内设有分支机构。

广告服务行业是天河区的传统优势高端专业服务业，2020年实现营收114亿元，约占全市同行业营收的1/4。拥有28家营收亿元企业，奥美、阳狮等全球五大广告传媒集团均在区内设有分支机构。

法律服务行业2020年实现营收46.5亿元，近五年年均增长率超20%，是天河区近年来发展最迅猛的行业之一，占全市同行业营收的近7成。拥有13家营收超亿元企业，位于广东的23家香港律所驻内地代表机构有9家落户于天河区。天河区律师事务所数量和律师总人数居全市第一位，万人律师比远高于全市平均水平。

（三）空间溢出效应凸显，区域辐射能级日益提升

天河区在高端专业服务业领域成功推进粤港澳大湾区服务贸易自由化示范区、中国广州人力资源服务产业园天河核心园区、广州法律服务集聚区、知识产权服务业集聚发展试验示范区等建设，打造若干高产值、高税收的"广告大厦""律师大楼"等特色主题楼宇，空间集聚效应不断强化，对周边地区的带动和溢出效应明显。从空间集聚特点上看，天河区高端专业服务业集聚形态以高端商务楼宇为主，全区65%以上的高端专业服务业企业位于天河中央商务区。这里集聚了全球四大会计师事务所、五大国际地产行、4A广告公司等国内外知名机构，企业服务范围遍及广东乃至港澳地区，部分机构

服务范围拓展至全国和海外，天河区是华南地区高端专业服务业辐射能级最强的区域之一。

三 天河中央商务区高质量发展成效

2021年，天河中央商务区建成区实现生产总值3471.42亿元，增长9.5%，每平方公里GDP达289.3亿元，每万平方米写字楼GDP达2.46亿元，构建了以总部经济为引领，以数字经济和楼宇经济为支撑，以金融业、现代商贸业和高端专业服务业为主导的现代产业体系，现代服务业增加值占GDP的比重达到93.3%。

总部经济方面，该区被认定为广州市总部经济集聚区，拥有总部企业120家，占全市的26%。

楼宇经济方面，2021年获评"中国楼宇经济高质量发展标杆范例"，拥有以广州国际金融中心和广州周大福金融中心为代表的商务楼宇124座，总建筑面积超1400万平方米，300米以上的楼宇8座，是全中国300米以上高楼最集中的区域。税收贡献超1亿元的楼宇86座，每万平方米写字楼GDP达2.46亿元。与香港品质保证局持续合作，引入香港标准，衔接国际规则，建立、完善并持续开展楼宇可持续发展指数评定，应用评定楼宇86座。目前，天河中央商务区共有61座楼宇获得213项奖项或认证，其中LEED金级、LEED铂金级、BOMA中国COE认证等国际认证36项。凯华国际中心以全球第二高分、写字楼项目全球最高分获得LEED铂金级认证。创新楼宇党建，组建"天河中央商务区南区联合党委"，推进楼宇内党的组织和工作覆盖，打造"百楼百站"阵地，构建"10分钟党群服务圈"。

金融业方面，拥有持牌金融机构242家，占全市的70%，其中银行机构78家（外资银行39家）、证券期货基金机构88家、保险公司71家。广东证监局、广东银保监局、上交所南方中心、中证报价南方总部均落户于此。

高端专业服务业方面，集聚了全市1/3的会计师事务所、1/3的律师事务所、1/5的地产中介公司、70%的人力资源机构，以及占华南地区70%以上的外国总领事馆，是华南地区高端专业服务业辐射能级最强的区域之一。

现代商贸业方面，天河路商圈商业面积达240万平方米，日客流量约为150万人次。集聚正佳广场、太古汇等15家大型商业综合体，颐高数码等6家数字消费产品综合体，天河又一城等3家地下商业综合体，天河体育中心等2家文化体育活动载体。珠江新城商圈总面积约6平方公里，商业面积77万平方米，集聚K11、天汇igc等9个大型商业综合体。

此外，在数字经济方面，获评广东省唯一的"国家数字服务出口基地"，拥有数字服务类企业近2万家，其中高新技术企业超700家，上市企业8家；规模以上软件企业295家，其中超十亿元企业13家。

四 天河中央商务区高质量发展举措

（一）创新打造楼宇服务管理"天河标准"，助力楼宇经济高质量发展

一是建立全方位多层次的沟通渠道。天河中央商务区管委会积极对接香港品质保证局，建立穗港两地标杆楼宇及物管专家、国内楼宇经济管理相关标准制定专家共同参与的定期沟通交流机制，按照"立足本地、对标香港、接轨国际"原则，围绕楼宇标准化、智能化、数字化服务管理，进行全方位多层次研究探讨，共召开会议100余场，累计走访楼宇200余座次，为开展楼宇服务管理标准和规则对接提供了坚实基础。

二是完善楼宇服务管理"天河标准"。坚持放眼全球，引入联合国环境规划署可持续建筑促进会的可持续发展评价指标以及多个ISO标准，并充分借鉴香港等国际化大都市在楼宇服务管理方面的成功经验，如引入无障碍设施、社区关怀、废物回收等标准。同时，充分结合天河中央商务区实际，增加智能信息化使用、母婴室建设管理等特色评价指标，创新发布《广州市

天河区中央商务区楼宇可持续发展指数》（以下简称《指数》）。

三是与时俱进，更新拓展《指数》应用。通过对已参评楼宇开展问卷调查、深度回访、专题培训及楼宇间互访交流等方式，定期对前期评定成果进行巩固和提升，适时将公共卫生、垃圾分类、5G应用等重要指标纳入《指数》，并围绕新冠肺炎疫情防控专门增加楼宇使用者安全指标，推动楼宇服务管理提质增效。目前，《指数》已更新至2020版，共包括29项指标和9个加分项目。

（二）优化服务管理模式，激发商务楼宇活力

一是搭建楼宇交流平台。围绕楼宇招商、垃圾分类、提升服务水平等主题，组织天河中央商务区重点楼宇物管代表到中信广场、雅居乐中心等标杆楼宇开展交流互访和专题培训，学习先进经验，搭建政府与企业、楼宇与楼宇沟通互动桥梁，提升楼宇物管服务水平，为完善"天河标准"提供新思路。截至目前，已举办互访及专题培训活动12场，惠及楼宇管理人员2000多人次。

二是打造数字智能楼宇。推动越秀商投上线"6大管家+2大平台"，整合楼宇产业上下游，通过产业互动赋能，打造城市数字化"楼宇生态圈"。平台上线以来新增优质商企伙伴逾50家，促成租户间战略合作8家，引入渣打银行大湾区中心等知名企业195家。率先在商务楼宇投入多类型智能机器人，提供迎宾、导购、配送等服务。目前，天河中央商务区已有15个甲级写字楼试点引进智能配送机器人，覆盖写字楼面积超100万平方米。

三是助力楼宇提档升级。积极支持标杆楼宇塑造品牌、参与绿色建筑等国际标准的认证和评比，并对楼宇获得的国际认证或荣誉进行宣传推广，不断提升商务楼宇的知名度、影响力。目前，天河中央商务区共有61座楼宇获得214项奖项或认证，其中LEED金级、LEED铂金级、BOMA中国COE认证等国际认证36项，其中凯华国际中心以全球第二高分、写字楼项目全球最高分获得LEED铂金级认证；创新打造了中国风投天河大厦（越秀金融

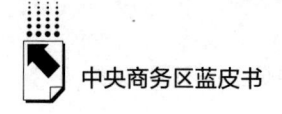

大厦）等一批特色楼宇。

四是组织召开楼宇招商座谈会。邀请主要商业楼宇介绍各楼宇空置率、租金水平、商业主体迁移等情况，探寻新形势下产业转型升级路径及行业优势集聚路径，实现楼宇精准招商。向参加会议的楼宇讲解政策，进一步加大政策对商业载体、高端楼宇的覆盖范围，提升政策影响力与服务效能。强化管委会与主要商业楼宇的联动，定期收集、汇总商业楼宇待出租面积与租金等信息，根据招商线索按需匹配，提供专员无缝衔接服务，提升项目落户效率，加速楼宇"去化"。

（三）提升楼宇发展环境，增强招商引资效能

一是出台楼宇经济政策。制定《广州市天河区推动经济高质量发展的若干政策意见》，对符合条件的亿元楼宇给予最高200万元奖励，对上年度通过天河中央商务区楼宇可持续发展指数评定的楼宇，给予楼宇业主（或合法代理方）一次性5万元奖励，对评分排名前三的楼宇再追加5万元奖励，支持商务楼宇高端化、绿色化、专业化发展，实现楼宇企业数量和质量同步提升，为高端专业服务业提供更多优质载体。

二是深入实施多元招商。创新举办天河中央商务区线上招商会，介绍天河营商环境、投资商机及未来规划。聘请20家信誉良好、专业性强、经验丰富的地产服务中介、会计师事务所、律师事务所、人力资源公司等专业服务机构作为天河区投资促进顾问，进一步发挥招商积极性，吸引优质项目落地。

三是提供贴心企业服务。开展"政策宣讲进楼宇"活动，组织各行业主管部门上门答疑解惑，提高政策兑现便利度。在广州环贸中心重点楼宇设置"现场服务站"，派政府事务专员驻点，配置政务服务机，为楼宇中的企业提供政务咨询、自助办证等点对点服务。发布《天河CBD数字楼书》，展示楼宇服务管理亮点，公布楼宇招商、物管电话及微信公众号，全力推介辖内优质楼宇，激发楼宇经济发展活力。

五　天河中央商务区面临的挑战

天河中央商务区在发展过程中仍存在不少瓶颈，与高质量发展的要求尚存差距。与北京、上海、深圳等地的中央商务区相比，天河中央商务区面临的主要挑战如下。

产业结构有待优化。天河中央商务区服务业占比已超过90%，但服务业内部结构仍有调整空间。天河中央商务区金融业占比低于上海陆家嘴中央商务区和深圳福田中央商务区，且银行等传统金融业占比高，缺少重要的金融交易平台；虽然新一代信息技术产业产值占比高于其他中央商务区，发展数字经济具备良好基础，但企业平均规模较小且创新能力较弱，缺乏千亿级的龙头企业。

企业能级有待提升。天河中央商务区总部企业特别是跨国公司总部数量少于其他三大中央商务区，且总部企业数量占区域企业总数的比重在全国各主要中央商务区中居末位。天河中央商务区的A股上市企业数约为上海陆家嘴中央商务区的1/2；持牌金融机构数不到上海陆家嘴中央商务区的1/4。企业能级有待进一步提升，现代服务业能级和辐射效应有待加强。

创新能力有待增强。天河中央商务区研究与开发经费占比较低，高校、科研机构科技成果本地转化不足，龙头企业带动创新的力度有待强化；新兴产业仍处于起步期，面临较高的不确定性；新一代信息技术企业平均规模较小且创新能力较弱。

六　天河中央商务区未来发展方向及对策

（一）优化城市空间布局，明确各区域发展重点

一是打造天河北高质量生活圈。完善广州火车东站一体化生活服务体系，大力发展数字创意、文化旅游、运动竞技等服务业态，带动传统商务服

务业升级。强化入境服务、外籍人士服务，打造便捷通行、便利生活、健康休闲的国际化、枢纽型生活圈。

二是强化珠江新城核心区建设。进一步发挥花城广场周边金融业集聚优势，助力主导产业加速发展，吸引更多高端企业总部入驻，打造10亿级楼宇群，形成总部经济核心集聚区。持续提升高端服务业发展能级。培育发展一批引领性、根植性强的产业生态主导型、链主型企业。做强国家数字服务出口基地，促进5G、移动互联网、人工智能、物联网、大数据等技术与实体经济融合，推动数字经济创新。

三是高标准建设广州国际金融城。根据国家、省、市战略导向，结合产业发展趋势以及天河区发展基础资源，广州国际金融城以金融业为发展核心，以新一代信息技术为推动产业数字化发展内芯，以现代商贸、高端专业服务业、新兴产业为重点产业，打造"一核一芯三翼"产业体系。产业空间布局上以"各有侧重、内外协同"为原则，以国际金融城起步区为综合金融总部集聚区、东区为科技创新总部集聚区、北区为文化创意发展引领区、西区为产业生态融合发展区。

（二）产业发展提质增效，巩固现代服务业高地

一是扩大总部集聚效应，做优做强楼宇经济。以金融、大宗商品供应链、新一代信息技术等为主攻方向，积极引进具有全球竞争力的企业总部。推动出台楼宇专项政策，优化天河中央商务区写字楼硬件设施，完善公共服务配套，为总部企业提供良好的发展环境。

二是巩固金融业核心地位，构建多元金融发展格局。继续推动银行、保险、证券、资产管理和财富管理等传统金融企业在天河中央商务区集聚，发展金融总部经济，重点吸引现代金融机构总部入驻，鼓励金融机构设立理财子公司、资产管理子公司、风险管理子公司、资金运营中心和科创金融子公司等专营机构。探索开展金融科技融合创新试点，鼓励数字银行、互联网保险、供应链金融、贸易融资等领域的创新发展。充分发挥广州期货交易所核心集聚作用，引导期货交易和资产配置相关金融机构集聚，加大绿色金融产

品创新力度。

三是赋能商务服务业，打造高端服务业集聚区。进一步巩固天河中央商务区商务服务业的规模、质量、标准、品牌优势，推动生产性服务向专业化和价值链高端延伸，打造具有特色的高端服务业集聚区。利用天河中央商务区高端资源集聚的优势，着力提升法律、人力资源、商务咨询、广告等高端专业服务发展能级和国际化水平。吸引具有行业领导地位的世界知名高端服务业企业落户，带动行业内其他企业发展，提升高端服务业发展质量和核心竞争力。

四是支持现代商贸业，建设内外循环战略节点。推进天河路-珠江新城商圈提质升级。鼓励企业建设大规模、高规格的国际购物中心，打造游购娱一体化的体验式消费示范区。支持试点离境退税"即买即退"，在天河路商圈试点小额"即买即退"，创建离境退税示范街区。支持商务服务企业积极开拓跨境业务，开发服务贸易、跨境供应链管理、国际知识产权、科技推广等新业务，提升专业服务业对外开放合作水平，扩大高端服务业的辐射范围。推动大宗商品供应链集聚发展，进一步提升天河区在大宗商品市场的竞争力和话语权，打造华南供应链强区。

（三）加快数字经济发展，培育质效兼优新动能

一是完善数字经济发展的基础设施。加快数字人民币在示范区应用推广，推动更多数字人民币应用场景建设和落地。推动数字赋能城市建设与管理，率先完善移动通信5G基站布局，实现区内5G网络连续覆盖。推动传统基础设施智慧化发展，建设智慧交通、智慧能源、智慧水务和智慧医疗设施。推进智能建筑、市政物联、交通物联、广域物联等应用场景的感知设备部署，加快大功率充电设施布设，建设智路、智杆、智桩等智慧基础设施体系。

二是加快新一代信息技术产业发展。大力推动软件业做优做强，聚焦行业应用软件、5G应用软件等重点领域，促进软件和其他行业深度融合，开拓新应用场景。大力推动数字创意产业发展，全面发展动漫、电子竞技等数

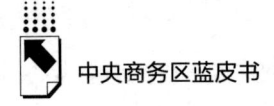

字创意产业，推动数字互动娱乐产业创新发展，鼓励数字内容的开发与传播，提升原创能力。

三是高标准建设国家数字服务出口基地。聚焦数字产业，加大培育孵化和招商引资力度，引育数字服务龙头企业。进一步深化与港澳的交流合作，扩大FT账户等跨境金融业务的应用范围。开展数字贸易规则研究，参与数据跨境流动、数据本地化、数据统计等国际规则制定，探索建立数字贸易"天河规则"。建设企业综合服务平台，构建大数据运行监控体系，衔接服贸数据直报系统，定期开展数据统计分析，提升服务贸易统计质量，及时掌握数字贸易发展情况。

四是加快传统企业数字化转型升级。鼓励传统金融企业进行数字化创新，吸引和培育创新型金融企业，强化金融服务实体经济的功能。重点发展数字金融和金融科技，探索数字技术在金融领域的新应用场景。在供应链金融、资产证券化、跨境支付、智能监管等领域落地一批应用场景，打造标杆性金融科技企业和创新示范，促进政府、市场、机构之间多方互信和高效协同，提升金融服务效能。加快培育以消费者体验为中心的数据驱动型新零售，支持O2O、无人零售等新零售业态发展，促进数字技术和实体经济深度融合，支持商贸企业合法合规应用数字技术，优化产品策略和销售策略，赋能传统商业转型升级。鼓励直播电商等新型商业模式的发展，加大电商企业培育力度，在服装、母婴等领域引进培育一批电商平台，引进一批头部MCN机构，孵化一批网红品牌和带货达人。

（四）坚持创新驱动发展，提升经济发展质量

一是强化企业政策支持。以中国风投天河大厦和广州（国际）科技成果转化天河基地金融集聚区为依托，积极开展上门招商、主动招商，引进国内综合实力强的私募股权及风险投资机构，设立法人实体并成立基金，推动组建天河区风投联盟，吸引风投机构和优质企业加入，形成集聚效应和辐射粤港澳大湾区的影响力。贯彻落实国家对企业研发费用的加计扣除政策和对高新技术企业的税收优惠政策，降低企业研发成本。深化科技创新体制改

革，强化政府对基础性研究项目的支持，有效缓解企业研发的融资约束。

二是壮大科技创新主体。面向国家战略和产业未来发展趋势，研究全球软件产业链和企业分布情况，对软件业龙头企业开展敲门招商、靶向招商，积极引进世界500强IT企业等国内外上市软件企业，鼓励企业设立研发中心和经营总部。加强关键核心技术攻关，重点培育一批国际领先的信创软件、工业软件企业。全面梳理本土龙头企业并形成重点扶持龙头企业清单，从土地、资金、市场、人才配套等各方面加大支持力度，提升龙头企业对产业链的带动和整合能力。

三是加大对高校科技成果转化的吸引力度。利用临近中山大学、华南理工大学、暨南大学、华南师范大学等高等院校的优势，抓住粤港澳大湾区高等教育和科学研究飞速发展的契机，加强天河中央商务区对高等院校科技成果转化的吸引力。鼓励企业加强与高校的合作，加强对高校科技成果转化的政策支持，推动科技中介服务机构的发展。

（五）持续优化营商环境，激发市场主体活力

一是推进营商环境市场化。切实保障市场主体平等进入权利，便利企业开办与注销业务办理，完善企业生命周期服务。全面实施"证照分离""一照通行"，着力打破"准入容易准营难、办照容易办证难"的隐性壁垒，持续提升企业投资项目建设审批便利度，实施企业注销清税"承诺制"，畅通市场退出通道。建立健全产业用地准入退出、盘活利用、绩效评估等机制。支持推进公共数据开放共享，深入开展公共数据资源开发利用试点。严格落实国家各项减税降费政策，及时研究解决政策落实中的具体问题，确保减税降费政策全面、及时惠及市场主体。

二是推进营商环境法治化。依法推动境外知名仲裁及争议解决机构设立业务机构，着力构建与国际接轨的商事争议多元解决机制，探索遵循低价有偿原则的市场化调解服务机制。构建亲清政商关系，建立常态化的政企沟通机制，听取市场主体意见，为市场主体提供政策信息，协调解决市场主体面临的困难和问题。优化一体化政务服务自助机布点，将网上政务服务向银行网点智能自

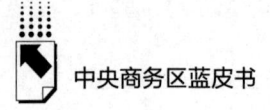

助终端深度延伸，利用党群服务站、政务小屋等载体打造 10 分钟政务服务圈。通过 5G 等新型互联网手段打造全时段、多渠道、全方位、更主动、更高效的智慧政务服务模式。

三是推进营商环境国际化。对标国际一流标准和经贸规则，探索参与可持续发展等国际标准化制定工作，抢抓国家营商环境创新试点城市建设政策红利，积极争取国家支持授权事项在天河中央商务区先行先试。争取将天河中央商务区纳入广东自由贸易试验区或者联动发展区，加快建设粤港澳服务贸易自由化示范区。加快建设粤港澳大湾区国际商务与数字经济仲裁中心，争取亚太经合组织企业间跨境商事争议在线解决机制建设项目落地。

B.10 合肥庐阳CBD高端商贸服务业创新引领城市更新

张 慧*

摘　要： 围绕中央商务区创建工作，庐阳区加强规划引领、统筹要素资源、着力集聚发展、完善功能配套、注重民生特色，在促进商贸服务业发展、提升城市功能、扩大消费等方面发挥了积极的示范作用。目前，庐阳区基本形成了多层级商圈布局，老城保护更新成效显著，特色街区激发城市发展活力，金融业态也不断丰富。未来，庐阳区将聚焦老城更新、金融科技优势打造、商贸业升级，进一步提升辐射带动能力。

关键词： 庐阳中央商务区　高端商贸服务业　城市更新

中央商务区是现代化城市的亮丽名片，是衡量城市发达程度的主要标志之一，承载着对城市未来发展的无限期许。身为合肥"城市更新"的先行者、领跑者，庐阳区通过打造高端化、高品质的中央商务区，促进金融机构、区域总部和新兴金融业态向庐阳聚集，推动区域高质量发展与产业转型、业态升级、服务创新等紧密结合，为城市加装新的发展主引擎，打造城市"磁极"新空间，培育城市发展新动能。

---

* 张慧，合肥市庐阳区商务局局长，主要研究领域为商贸经济、区域消费中心发展。

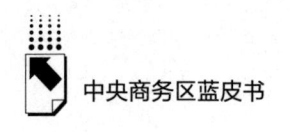

一 基本情况

庐阳区位于合肥市中北部，面积137.6平方公里，辖1乡1镇、9个街道和1个省级开发区，是全市经济、文化、金融中心。作为合肥老城区与主城区，庐阳区商圈密集，银泰中心、鼓楼商厦、百盛广场等知名商业商圈汇集；财富广场、祥源广场、新天地国际广场等商务楼宇密布，书写着安徽版"陆家嘴"的传奇。

2016年以来，庐阳区在南到环城南路、北到京福铁路—清源路、西到董铺路、东到板桥河面积约30平方公里的区域内着力创建合肥中心中央商务区。庐阳区围绕"国家级中央商务区"的建设目标，大力发展特色街区、特色楼宇、特色电商，不断提升城市的核心功能，增强中央商务区的辐射力和影响力，先后荣获中国商业名区、国家级夜间文化和旅游消费集聚区、中国最佳商业环境城区、中国商旅文产业发展示范城区、省级示范中央商务区等称号，跻身长三角中心城区服务业发展俱乐部，淮河路步行街成为中国著名商业街，入选国家级示范步行街试点名单。

二 发展举措及成效

围绕中央商务区创建工作，庐阳区加强规划引领、统筹要素资源、着力集聚发展、完善功能配套、注重民生特色，在促进商贸服务业发展、提升城市功能、扩大消费等方面发挥了积极的示范作用。如今，合肥庐阳CBD已然成为庐阳经济转型发展的新引擎，辐射带动能力进一步提高。

（一）商业布局科学立体

庐阳区突破四牌楼、三孝口两大传统商圈发展局限，积极打造以环城路为核心，以北一环、临泉路、北二环为轴线，包含四牌楼商圈、淮河路商圈、城隍庙商圈、三孝口商圈、濉溪路商圈、四里河商圈、临泉路商圈、五里商圈的"一核三轴八商圈"。目前,"一核"中的淮河路商圈、城隍庙商圈、三孝口商圈、四牌楼商圈已成为全市商贸、金融、文化和旅游集聚区,"三轴"中的濉溪路商圈、四里河商圈、临泉路商圈具有较强产业号召力。

在此基础上,庐阳区基本形成了多层级商圈布局。以长江中路为轴,淮河路街区、四牌楼区域、三孝口区域组团形成全省核心商圈;以万科广场、华润万象汇、恒信汽车城、苏宁广场(在建)、宜家家居(在建)为载体,北部新兴商圈初具规模;以便利店、生鲜店等社区级商业为载体,"一刻钟便民商圈"基本形成。坚持政府引导、市场运作,庐阳区还建成了特色商业街18条,其中国家级1条、省级3条、市级9条,一街一品各具风格。

合肥庐阳CBD内零售企业量多质优,拥有一万平方米以上的商业综合体16家,汇聚国际国内一线品牌428个,国际一线品牌和各级首店90余家,其中四牌楼商圈高端消费占据全省90%以上的市场份额。

(二)新老融合开辟坦途

作为合肥市的老城区,庐阳区深入探索实施老城保护更新,以淮河路步行街创建国家级示范步行街和逍遥津公园提升改造等项目为重点,相继完成天街、鼓楼巷、撮造山巷、拱辰街(一期)等多条街巷改造,有效串联起淮河路步行街主街与周边后街群落的有机生态圈,给市民带来了全新的消费体验。

淮河路步行街实现了街区5G全覆盖,建成"智慧街区"一期工程,搭建信息数据采集和智能监控管理双平台;建成"智慧街区"二期工程,开发"线上淮河路"程序,研发"智慧停车"系统,聚焦游客体验、商户引流和商业管理,打造吃住游购娱一体的线上平台;建成华东地区最大的室外3D裸眼大屏,增设24小时自助服务设施。智能灯杆、智慧厕所、智能垃圾桶等智慧化设施配比超过60%,智慧警车、无人零售车、无人售卖柜等智慧自助服务设施随处可见。

目前,淮河路步行街区联动四牌楼商业圈和三孝口文化圈,正在形成商旅文融合示范带;寿春路—蒙城路—淮河西路以北区域,以拱辰街市井文化

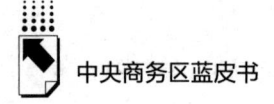

区为枢纽，东接逍遥津公园，西联杏花公园，激活工大北区，一个生态休闲区跃然眼前；长江路以南区域连接红星路文艺街，逐步串联老报馆、女人街等特色街区，激活省政府原办公区、省委原办公区等，打造时尚文创区……围绕把老城区建成全省消费核心枢纽的总要求，庐阳区正逐步建立老城区"一带两区"战略格局，让老城区成为宜购宜游宜居宜业的"宝藏之地"。

（三）金融产业集聚度高

庐阳区形成了"一路一带一城"金融产业布局，即除长江中路沿线外，还逐渐形成了北一环—肥西路—临泉路或阜南路集聚带，同时，金融广场成为金融科技布局的重要载体。

近年来，庐阳区金融业态逐渐丰富，一方面，传统金融保持优势，截至2021年底，拥有银行、保险、证券省级及区域总部47家，占全省的比重近50%；另一方面，新兴金融业态丰富，涵盖消费金融、商业保理、企业金融、融资租赁、融资担保、商业保理、股权投资基金等多种业态。全省首个理财子公司——徽银理财有限责任公司、全省仅有的两家法人信托公司——国元信托和建信信托、全市首家批准设立的商业保理公司——正奇国际商业保理均落户庐阳。

目前，全区金融实力保持领先。2021年，庐阳区金融业增加值为341.9亿元，占全市金融业增加值的比重为32.1%，位居全市各县之首；全区金融业增加值占全区GDP的比重为27.7%，金融业已成为庐阳区第一主导产业。庐阳区荣获全省金融总部集聚区、保险业绿色发展示范区等称号。

（四）特色经济欣欣向荣

积极发展"首店经济"，近两年引入圣罗兰、宝格丽等国际一线品牌和区域首店110余家。传承创新"老店经济"，拥有中华老字号1家（张顺兴号），省级老字号14家，庐阳老字号28家。大力发展"夜间经济"，淮河路步行街是全市夜间经济核心区，老报馆街区被评为合肥最年轻时尚的夜经济打卡地。抢先推广"直播经济"，举办"云购庐阳"官方直播，2020年以来累计开展官方平台直播22场,带动销售额增长超亿元。打造高品质促消费活动,依托"庐阳欢乐购"新零售平台,联合街区和品牌商户举办主题活动。2021年以来,多次依托淮河路步行街承办"皖美消费 乐享江淮""品质生活 徽动消费"等省、市政府主办的高品质促消费活动,均获中央、省市主流媒体点赞。

三 未来发展方向及对策

(一)聚焦老城更新,破解中心城区发展难题

老城更新是破解中心城区发展难题的系统性解决方案,是增强城市辨识度、提升庐阳竞争力的必然选择,是完善城市功能、促进产业升级的关键举措,也是传承历史文化、挖掘城市内涵的重要手段。庐阳区将以创建"国家级中央商务区"为目标,加大老城更新的力度,完善管理体制,实施"放管服"改革,探索下放商演活动、店招标牌审批等权限。提高社会主体的参与力度,定期邀请各级人大代表、政协委员实地调研中央商务区改造情况,听取商户、消费者对中央商务区产业发展的建议。建立新闻发布会制度,及时向媒体和社会公众公布重点项目进展和大型文商旅活动信息。探索多样化资产整合方式。采取租购并举方式,分类分步推动省市区属和私人低效闲置资产整合,探索建立"产权不变,经营管理权移交"的国有资产移交方式。

(二)夯实金融产业,巩固产业首位优势度

金融业是中央商务区建设财力保障的基础,是税源主力军和GDP的最大贡献者。未来,将聚焦打造金融科技示范区,建立与长三角区域核心金融功能区的长期合作机制,积极对接和引入各类金融总部机构、金融科技及关联业态;发挥聚集区的科创资源优势,吸引创投基金、产业投资基金及配套业态入驻。着力构建新兴金融特色先行区,主动对接央企、省属企业及其他

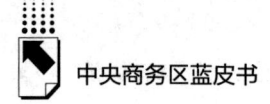

上市公司等大型平台，争取金融租赁、财务公司、QFLP、资信评级等新兴牌照落地；积极引入并发展服务跨境贸易及关联产业的供应链金融、商业保理、国际商业保险等新兴金融业态，推动金融开放与陆港贸易协调发展。探索建设长三角绿色保险发展集聚区，依托北一环—肥西路—临泉路保险业总部集聚区，吸引保险机构总部入驻；以保险资金支持绿色产业发展，为庐阳区大健康、大数据、节能环保、生态农业等绿色产业发展以及环境基础设施建设提供资金支持。

（三）以创新引领商贸业加速升级

将全省消费核心枢纽建设作为商贸业"合肥中心中央商务区"创建工作的核心抓手，在中央商务区建设中体现核心担当、展现核心实力。一是持续推进淮河路国家级步行街改造提升，推动长江中路商业大街建设，打造合肥版"上海淮海路"，加快推动传统商业转型升级，大力发展首店经济、网红经济、老字号经济，构建多元融合的高端商贸商务区。二是依托祥源广场、财富广场、新天地广场和在建的世纪中心项目，形成北一环商圈；依托万科广场、汇银广场、美好荟街区和文一百年街，打造四里河商圈；依托华润万象汇、建华文创园和藕东·塘西街区，推动宜家家居项目建设，打造临泉路商圈；推进苏宁广场建设，完善华孚城隍庙配套设施，加快东五里井地块招商，打造北二环商圈。三是持续优化"线上淮河路"平台，打造"庐阳欢乐购"活动品牌；精准引导传统商贸企业开展数字化转型，争取"十四五"期末培育10家年网络销售额超5亿元的龙头电子商务企业。四是科学制定产业发展规划和政策，加快培育商贸龙头企业。重点支持银泰二期引进国际一线品牌和区域首店；大力推进三孝口建工集团地块的建设和招商，力争引进顶级商业品牌，将其打造成规模超百亿元的超高端商业综合体。

B.11
海南三亚CBD楼宇经济高质量发展研究

尹承玲　王　微　李介博*

摘　要： 经过30多年的发展，三亚写字楼市场已经进入繁荣发展时期，楼宇入驻率开始攀升，租赁需求较活跃。但是，三亚楼宇经济仍处于起步阶段，总部企业数量少，楼宇产业集中度低、能级待提升，相关的扶持政策体系不完善等问题依然存在。未来，三亚将通过实施"能级拓展"计划、"优质供给"计划、"招强选优"计划、"特色培育"计划和"生态提升"计划，实现楼宇高起点规划、高标准建设、高效能招商、高水平集聚和高质量发展。

关键词： 三亚中央商务区　写字楼市场　楼宇经济

海南建设自由贸易港是重大国家战略。4年多来，海南自由贸易港建设"顺利开局""蓬勃展开""进展明显"，政策框架体系基本建立，封关运作准备工作全面启动。2022年4月，习近平总书记到海南考察，提出要加快建设具有世界影响力的中国特色自由贸易港，再次赋予海南更为重要的历史使命。

三亚CBD是海南省11个重点园区之一，也是一个年轻的CBD，承载着

---

*　尹承玲，三亚市副市长、三亚中央商务区管理局局长，研究方向为城市经济管理；王微，三亚中央商务区管理局战略处处长，研究方向为城市经济发展战略、CBD发展；李介博，三亚中央商务区管理局政策研究处干部，研究方向为城市经济与管理、CBD发展。

更新三亚城区形象、推动三亚产业升级的重要使命。在空间有限、资源有限的现实条件下，落实总体要求，找准中央商务区发展定位，实现产业集聚发展，需要一个行之有效的抓手和载体。楼宇经济是近年来我国城市经济发展中出现的一种新型经济形态，业界向来有"每幢楼，都是一条垂直金融街"的说法，作为自由贸易港建设前沿的三亚CBD也在谋划打造"垂直金融街"，以此打造现代服务业创新发展试验区。

一 三亚楼宇发展沿革

1988~2022年，三亚写字楼市场经历了2001年以前空白期、2001~2017年市场萌芽期、2018年至今起步发展期三个时期。2012年以前三亚没有真正现代化的商务楼宇，各类企业大多在住宅楼、公寓楼改造的写字楼内办公，普遍面临办公环境差、停车难、配套不足等问题，让众多希望进入三亚的国内外知名企业望而却步。2012年后先后出现了中铁置业广场、中信南航大厦等高品质商务楼。其中，阳光金融广场入市之后，硬件水平、物业服务有了极大提升，其成为三亚物业全自持经营、第一个符合国际甲级标准的写字楼。2018年以来，三亚写字楼市场真正迎来蓬勃发展期。2022年三亚市政府工作报告显示，2018年4月13日以来新增市场主体15.8万家，98家世界500强企业、34家中国500强企业在三亚注册分支机构，楼宇入驻率攀升。2021年，房地产、零售与贸易、专业服务和金融等行业的租赁需求较旺盛，有多宗大型办公场所租赁成交。例如，卓亚房产在中铁置业广场租用888平方米的办公空间，中国出国人员服务有限公司和金杜律所分别在华夏保险中心租用了1535平方米和794平方米，紫金国际控股有限公司在阳光金融广场租用了702平方米，三亚国际资产交易中心在华夏保险中心租用了607平方米。同时，TMT巨头字节跳动入驻三亚，在华夏保险中心租用335平方米的办公空间（现已迁入阳光金融广场）。

但不可否认的是，目前三亚楼宇经济仍处于起步阶段，据不完全统计，现有15座甲、乙级商务楼宇①，其中甲级8座、乙级7座。截至2021年末，三亚甲级写字楼市场总存量仅为9.7万平方米，全市平均租金为每月每平方米120元至135元。② 三亚市房地产中介协会2020年数据显示，三亚写字楼整体产业布局中占比前三名分别是：批发和零售业（占比34%，共计约2108家企业）；租赁和商务服务业（占比21%，约1335家企业）；房地产业（占比8.25%，约517家企业）。三亚规划的14个重点产业无一上榜。三亚楼宇经济还存在高端楼宇存量小、产业结构不合理的问题。

二 园区楼宇经济发展现状

（一）园区总体情况

园区土地总规划面积450.8公顷（合6762亩），分为凤凰海岸（3057亩）、东岸（1450亩）、月川（747亩）、海罗（1508亩）四大片区，以及阳光金融、中信南航、保利中环等8座楼宇。园区以总部经济、现代商贸、金融服务、邮轮游艇为主导，以专业服务和文化休闲为支撑打造现代服务产业体系（以下简称"4+2"现代服务产业体系），将凤凰海岸单元定位为旅游港自贸服务与邮轮、游艇、文化艺术综合消费区；将月川单元定位为金融产业核心区、综合商务区与国际滨水商业文化步行街；将东岸单元定位为大型综合消费商圈和总部经济核心区；将海罗单元定位为国际人才社区和花园总部。

（二）园区发展楼宇经济的优势

楼宇经济可以突破中心城区土地资源匮乏的限制，是推进第三产业和城市经济做优做强的重要突破口。总的来说，楼宇经济与中央商务区定位高度

---

① 数据来源于三亚市房地产中介协会2020年的调研。
② 数据来源于第一太平戴维斯。

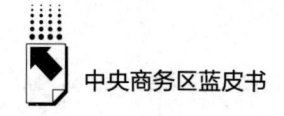

契合，且三亚 CBD 发展楼宇经济具有五个方面的优势。

一是有利于拓展发展空间。园区规划可出让土地2149亩，2019年以来，园区共出让1001亩，约占可出让用地的47%，土地资源逐渐成为三亚 CBD 发展的关键制约因素。发展楼宇经济则可以立体拓展发展空间，几何增值土地潜能。

二是地均效益突出。楼宇经济以现代服务业为核心，集合了高新科技产业与现代化企业，具备较强的集聚效应与经济辐射效应。以园区为例，园区土地6762亩，2021年亩均营收4129.47万元、亩均税收260.9万元、亩均投资量864.46万元，排名均位列全省重点园区前三。随着园区楼宇经济和现代服务业的发展，亩均税收、亩均营收将进一步提升，为三亚带来巨大税收红利的发展，带动城市整体经济发展。

三是壮大总部经济。总部楼宇能够吸引大企业大集团落户，推动实现产业链上下游的集聚，形成总部经济集聚区。以园区企业紫金国际控股有限公司为例，其在园区设立国际运营总部，2021年实现产值237亿元，计划在园区实施黄金进口—精炼深加工—黄金珠宝销售全产业链项目和铜精矿全球配送中心项目，打造集团国际贸易平台、国际投资平台、国际人才服务平台等，将为园区引来大量的人流和资金流。

四是促进现代服务业尤其是集约、集聚、集散式的生产性服务业等新型产业体系不断发展。目前，园区共有建成楼宇5座，2021年实现税收22.78亿元，一批符合园区"4+2"现代服务产业体系要求的高质量公司落地（其中，阳光金融入驻企业165家，实现税收4.975亿元；保利中环入驻企业690家，实现税收7.187亿元；中信南航入驻企业433家，实现税收1.1755亿元；中铁置业入驻企业217家，实现税收9.388亿元；荣耀大厦15家，实现税收591万元），有力支撑了现代服务产业发展。

五是提升城市品位、服务功能、发展氛围和营商环境知名度。目前，园区正加快推动城市地标工程建设。例如，东岸片区中粮大悦城将建设200米高层+10万平方米商业综合体，打造三亚市区新的最高建筑+商办综合体"双地标"。世茂国际金融中心将打造产业与生态相融合的总部办公、商业综合体地标集群，建成琼港合资示范区。中国海南国际文物艺术品交易中心和三亚文化艺术中心共同选址凤凰海岸单元，推进建设三亚文化商务区。海南国际游艇交易中心项目将打造集游艇（含水上用品）展示、销售、设计、教育、培训、文化创意、高端餐饮、商务办公、会议会展等业态于一体的游艇销售综合体，努力建设成为世界级的城市会客厅。同时，紫金国际中心、太平金融产业港等重点项目稳步推进，建成后将极大拓展园区物理空间，提升三亚整体城市形象。

（三）发展楼宇经济存在的问题

一是目前园区企业总数达 5233 家，其中世界 500 强企业（含下属企业）55 家、中国 500 强企业（含下属企业）59 家、上市公司 50 家，但是大部分属于分支机构或职能总部，达到总部企业认定标准的仅有 6 家。与其他成熟 CBD 相比，总部企业数量偏少，与同处海南的海口江东新区比，也有一定差距（2020 年签约落地总部企业 27 家）。

二是园区金融服务、现代商贸、邮轮游艇三大主导产业集聚态势初显，但园区建设发展仍处于起步阶段，经济发展基础较为薄弱，跨国企业、上市公司、创新型企业等市场主体数量明显较少，"4+2"现代服务产业体系尚不完善，创新资源、人才资源等关键要素缺乏。当前条件下如何实现园区产业快速集聚成为亟须解决的课题。

三是目前园区还存在楼宇产业集中度低、能级待提升的问题。以阳光金融广场写字楼为例，入驻企业 79 家，2021 年实现税收 4.975 亿元，楼内入驻恒力国际（海南）有限公司、紫金国际控股有限公司、中国大唐海外控股有限公司、海南华品博睿网络技术有限公司、三亚市凤凰公证处、三亚携程国际旅行社有限公司、阳光人寿保险股份有限公司，涉及的主体包含律所、互联网科技公司、金融机构等。一方面，未充分发挥特色楼宇对金融类产业的吸引能力；另一方面，待紫金、大唐等迁入新办公场所后预计税收将有一定下跌。已交付的中粮大悦城 T1 入驻企业 30 余家，多数为中小型企业，产业没有明确定位。

四是国内已有不少于 200 个城市或城区发布了楼宇经济相关规划或政

策，但目前园区还未出台专项扶持政策，如何发挥好楼宇经济这个"垂直印钞机"的作用，还需要进一步思考。同时，园区已出让商务楼宇面积115万平方米，拟规划建设商务楼宇28座，其中高度超过100米的写字楼22座，预计2022年交付使用24.5万平方米，2023年交付约30万平方米。如何借自由贸易港大势激发市场活力、盘活这个庞大的楼宇资源、驱动产业合理布局，成为摆在园区、开发商面前的一道"烧脑"难题。

三　园区发展楼宇经济五项重点计划

通过借鉴北京、上海、成都等地CBD发展经验，结合三亚和园区楼宇实际，园区应依托三亚区位优势、产业优势和环境优势，把楼宇经济作为促进产业集聚、推动产业升级的抓手，坚持高起点规划、高标准建设、高效能招商、高水平集聚、高质量服务，通过实施"五大计划"，不断提升楼宇资源利用水平、楼宇企业集聚能力、楼宇综合产出效益和楼宇功能形象，形成布局合理、载体丰富、业态高端、特色鲜明的楼宇经济发展格局。

（一）实施"能级拓展"计划，实现楼宇高起点规划

一是高标准制定楼宇产业规划。立足园区楼宇空间布局和业态分布现状，开展楼宇经济发展专项研究，高标准编制园区发展楼宇经济总体规划及配套政策体系，统一布局楼宇经济功能区，合理确定产业定位、整体设计。打造迎宾路楼宇经济发展轴，串联中交海南总部、五矿国际广场、阳光金融广场、紫金矿业等商务载体，打造自由贸易港楼宇经济集聚区。

二是提升园区产业集聚度和融合度。依托楼宇经济，打造具有高能级、高产出的新型产业集群。推动建设旅游消费产业集群、国际贸易产业集群、财富管理产业集群、文化商务产业集群、游艇主题消费集群、科技创新（培育）产业集群等重要产业集群。

三是不断加强总部企业培育。充分发挥总部经济巨大的辐射力和影响

力,不断提升三亚城市化、现代化、国际化程度。明确园区重点楼宇定位,为各类总部型企业落地提供多样选择和一流服务。夯实未来东岸和凤凰海岸单元高端商业商务、国际总部基地的核心地位,引导现代金融、新消费、TMT(未来电信、互联网以及信息技术)等领域的高能级总部企业加速集聚。

(二)实施"优质供给"计划,实现楼宇高标准建设

一是增加优质楼宇供应。调整存量拓展增量,对商务楼宇实行分级分类管理与服务,支持楼宇企业的转化和调整,提高楼宇的入驻率;加快大悦城城市综合体、紫金国际中心等重点楼宇建设,促使项目早出功能、早出效益;储备楼宇经济招商项目,着眼长远,聚力推进一批重点建设项目,确保有足够的高端楼宇支撑和后续项目储备。

二是创新楼宇发展载体。引进经济实力强、管理水平高、规模较大的楼宇开发和运营管理企业,尤其是国内知名新兴创新创业平台。鼓励专业团队运营楼宇,激发园区商务楼宇运营创新活力。依托智慧园区建设行动,建立园区楼宇经济智慧平台。搭建园区楼宇对外展示平台,立体化、全方位展现楼宇地图、招商资源、税收产出等情况,实现"一站式"获取招商信息、"多维度"了解投资环境。鼓励楼宇业主和运营方开展智慧楼宇建设,特别是规划新建打造一批以数据融合、数据运用为依托的"数字化""智能化"新型楼宇。

三是推进楼宇改造升级。根据国际、国内商务楼宇等级划分标准,对符合超甲级、甲级、乙级评定标准的楼宇进行授牌。依据分级精准施策,推动未达级的楼宇依据国标进行改造升级,以点带面,提升园区商务楼宇整体品质,打造高品质楼宇示范区。加大现有楼宇改造政策扶持力度,对部分楼宇建筑外立面、内部环境等实施有机更新,注重变"单一改旧"为"集成更新",既实现现有楼宇的硬件升级改造,更实现楼宇改造后亮点的塑造、发展定位的明确,与新投入运营的高档楼宇形成差异化竞争,真正实现老楼焕新。

四是推进楼宇配套"三圈融合"。梳理协调重点楼宇周边道路整治和停

车设施建设项目，科学规划重点楼宇周边公交、自行车等公共交通线路，完善停车场、加油站、充电桩等交通配套建设，着力解决交通拥堵、停车难等问题，打造"楼宇交通圈"；以重点楼宇为中心，配套商业、交通、医疗、生态等公共服务设施，引入商业零售、餐饮休闲、文化娱乐等服务业项目，满足楼宇入驻企业员工就餐、娱乐、健身等日常生活需求，打造"楼宇生活圈"；注重商务楼宇的业态布局，合理调整周边业态，打造集合办公、休闲于一体的多元化商务空间，配套发展酒店式公寓、商务酒店等商务设施，打造"楼宇商务圈"。

（三）实施"招强选优"计划，实现楼宇高效能招商

一是突出重点领域招商。围绕海南省四大主导产业、三亚市自由贸易港现代服务业聚集区以及园区现代服务产业体系定位，聚焦现代金融、现代商贸、高新技术、邮轮游艇、现代旅游、专业服务、文化休闲、跨境电商、医疗健康、新消费十大重点产业，针对行业龙头和新兴成长型企业，实施总部、区域总部、职能总部招引工程。紧抓RCEP实施机遇，推动跨国公司、国际组织入驻。

二是突出重点楼宇招商。以园区商务楼宇高度集聚单元为核心，着眼于"招商标准提高、承载能力提升、产出贡献提效"，高标准引进开发商、建筑商和运营商，选择财力雄厚、经验丰富、运作规范的投资方，确保楼宇的高品质建设；提前介入在建楼宇，做到精准招引、招大聚强，建成的楼宇做到产业集聚、产出提升；投运楼宇做到提质增效、二次招商，打造5幢以上招商楼宇样板。

三是探索专业招商。对条件成熟、特定产业的楼宇，探索采用市场化、专业化和社会化招商运作方式，聘用专业化招商团队、第三方企业打包服务等，通过购买服务、补助奖励等措施，实行专业招商，实现"以楼招商""以产招商"。加强与楼宇运营企业、行业协会、商业组织的沟通对接，利用园区行业领军人物的业内资源，鼓励已落户企业利用业务合作关系，开展产业链招商，吸引产业链上下游企业入驻。

（四）实施"特色培育"计划，实现楼宇高水平集聚

一是因地制宜推进特色楼宇发展和培育工作。进一步做优、做精保利中环广场、阳光金融广场、中铁置业广场、中信南航大厦等甲级和乙级特色楼宇；提前谋划太平金融产业港、世贸三亚国际金融中心等新增楼宇产业特色，加大宣传推广力度，树立楼宇发展品牌，营造楼宇经济特色化、集聚化发展的浓厚氛围。同时，按照"一楼一特色"的发展思路，建立园区特色楼宇储备库。

二是因产制宜打造产业链特色楼宇。推动重点企业、重点项目带链入驻楼宇，鼓励楼宇经济产业链打造与整合。大力推进同类产业、关联产业集聚，打造上下游产业链企业联动发展的特色示范楼宇。实施"十亿元楼宇""亿元楼宇"梯度培育计划，助推"准十亿元楼宇""准亿元楼宇"加快晋级。

三是因楼制宜引导园区楼宇特色化发展。实现园区楼宇错位发展、特色经营，避免同质化竞争；强化精准培育，实施"以楼聚产"，瞄准楼宇产业方向，利用市场、招商和政策等手段，引导重点业态集聚；制定特色楼宇评选标准，评选一批产业业态鲜明、税收贡献突出的特色楼宇。

（五）开展"生态提升"计划，实现楼宇高质量服务

一是健全服务机制。对符合产业定位和准入条件、税源丰富的重点楼宇，建立重点商务楼宇专班联络联系制度，实行"商代表""楼管家"负责制，提供从项目意向、签约入驻、证照办理到政策咨询和政策兑现等全过程的专人跟踪服务。完善楼宇党建工作机制，积极推进党组织覆盖，不断延伸党建触角。围绕党群服务、政务服务、企业服务"打包进楼宇"，依托党群服务中心，进一步丰富活动载体，为楼宇经济健康快速发展提供坚强组织保障。

二是创新服务载体。推动重点商务楼宇开发商和运营商、知名地产咨询机构、国际行业组织等组建 CBD 楼宇联盟，特邀行业、智库、高校顶级专

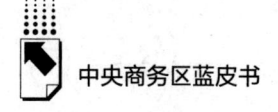

家组建联盟专家团,对联盟及成员单位的发展提供意见和指导。通过参与制定国际化标准、开展人才认定、组织行业交流等活动,全面引领商务楼宇高质量建设,助力行业健康发展。

三是丰富服务内涵。充分利用宣传阵地和网络媒体,向园区楼宇企业、楼宇业主、运营商等广泛宣传推进楼宇经济工作的重要意义,发动各方力量,为加快推进楼宇经济高质量发展营造良好氛围。对楼宇经济发展过程中的新成效、新做法和特色项目及时进行宣传和推广,实现信息互通共享。

后　记

《中央商务区产业发展报告（2022）——高端服务引领城市更新》是"中央商务区蓝皮书"系列的第五本报告。

2021年下半年，课题组开始安排计划、分工调研，编撰人员先后在北京、三亚、广州、合肥等地进行实践调研和学术交流，不仅积累了大量有效资料，而且了解了典型CBD的特色实践情况。虽然由于新冠肺炎疫情影响，调研交流遇到不少现实阻碍，但课题组编撰人员克服主客观困难，多次沟通协调，搜集数据，积极修改完善各篇报告，终于还是如期完成了本年度中央商务区蓝皮书的撰写工作。

需要说明的是，受各地疫情影响，CBD高端服务与城市更新的部分数据难以得到，不少城市中央商务区及其所在城区的产业数据没有公布，这在一定程度上影响了数据测算和内容分析。鉴于此，为提高皮书质量，课题组尽量从多种渠道收集、整理资料和数据，以减少资料和数据缺失造成的客观影响。

本报告由张杰、蒋三庚主持完成。除已标注作者外，蒋三庚负责总体把关，张杰负责对主要报告进行审读并撰写总报告，解永秋负责英文翻译，曾维瑞、王华毅等研究生参加了调研数据收集、资料汇编及撰写相关工作。

我们感谢商务部市场运行和消费促进司、广东省商务厅和广州天河区政府及天河中央商务区管委会、安徽商务厅市场建设处和合肥商务局建设处及合肥市庐阳区商务局、海南三亚中央商务区管理局、北京商务中心区管委会等单位的大力支持。

本报告在撰写过程中，参考并汲取了同行业专家学者的研究成果，我们在此表示谢意和敬意。尽管引用资料已在参考文献中尽数列出，但如有遗漏之处，在此深表歉意。

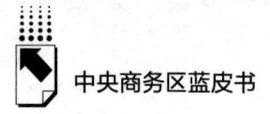

我们非常感谢北京市社会科学界联合会、北京市哲学社会科学规划办公室对我们长期的支持和指导，感谢北京市教育委员会对项目的长期资助和指导。

由于水平所限，加之有些数据很难获得，书中难免存在不足之处，敬请各位专家和读者批评指正。

张杰
于首都经济贸易大学启铸恭温楼
2022 年 9 月 22 日

Abstract

Under the new development philosophy and new development paradigm, China's urban economy is gradually transforming, and urban development is entering the renewal process, with high-end service such as service trade gradually being the source of power for economic development. The status and dynamic effect of upgraded hubs such as Central Business District are prominent.

This report is faced on the theme of "high-end services leading urban renewal", focuses on analyzing the inherent inevitability of CBD high-end services to lead the urban renewal, continues to analyze the data calculation support for the development of the CBD, and comprehensively summarizes the urban renewal dynamics of 7 megacities such as Beijing, Refines and summarizes the development path of the CBD to lead urban renewal, selects and introduces the high-quality development practices of 6 CBD, through index calculation, empirical research, path analysis and practice reference, comprehensively explains the characteristics of high-end services in the CBD to lead urban renewal and orderly proposes specific countermeasures such as open interaction, digital innovation, unified market, high-end consumption, element innovation, and business environment update.

Based on the specific theme, this report measures the development of the CBD where the selected first tier and new first tier cities are located by building the comprehensive development index, regional radiation index, building economy index and business environment index of the CBD, and using the entropy method to determine the weight. Data calculation shows that although affected by the COVID-19, the growth rate of China's typical CBD economy slows down but remains stable. From the perspective of growth rate, the CBD in China shows a trend of "relatively stable growth of first tier cities and strong rise of new first tier cities".

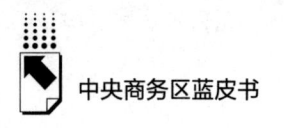

In order to continue the academic research ideas and deepen theoretical thinking, this report conducts a detailed thematic analysis on the three-dimensional innovation form of high-end services leading urban renewal in the CBD, namely, macro service path innovation, medium system channel innovation and micro enterprise innovation of small and medium-sized enterprises, and forms three thematic research reports. The three reports are all refined and upgraded from the previous research foundation. The academic analysis is professional and the theoretical thinking is in-depth, with a high academic level.

It is also an important content and achievement feature of this book to show and learn from the experience of CBD development in various regions and to understand and summarize the actual development of CBD. In the process of compiling this report, those government agencies in Guangzhou Tianhe CBD, Hefei Luyang CBD and Hainan Sanya CBD gave strong support. Tianhe CBD Management Committee, Luyang District Bureau of Commerce and Sanya CBD Management Bureau respectively provided in-depth, highly concise and characteristic thematic analysis reports.

As a blue book mainly studying the development of the CBD industry in China, this report also makes a comprehensive analysis of the recent development of typical domestic CBD industries such as Beijing, Shanghai and Shenzhen, and finds new trends such as Beijing CBD building a new highland for the construction of "double zones", Shanghai Lujiazui Financial City building the core area of an international financial center, and Shenzhen Bay Area CBD upgrading in land space. The above comparative analysis can not only observe the direction and path of high-end CBD services and urban renewal in the future, but also reflect on the characteristics and experience of CBD development in various regions, providing rare reference for future CBD development and management.

Keywords: CBD; High-End Service; Urban Renewal

Contents

I General Report

B.1 Report on CBD High-End Services Leading Urban

Renewal (2022) *Zhang Jie* / 001

Abstract: Under the new development philosophy and new development paradigm, China's urban economy is gradually transforming, and urban development is entering the renewal process, with high-end service such as service trade gradually being the source of power for economic development. The status and dynamic effect of upgraded hubs such as Central Business District are prominent. This report is faced on the theme of "high-end services leading urban renewal", focuses on analyzing the inherent inevitability of CBD high-end services to lead the urban renewal, continues to analyze the data calculation support for the development of the CBD, and comprehensively summarizes the urban renewal dynamics of 7 megacities such as Beijing, refines and summarizes the development path of the CBD to lead urban renewal, selects and introduces the high-quality development practices of 6 CBD, through index calculation, empirical research, path analysis and practice reference, comprehensively explains the characteristics of high-end services in the CBD to lead urban renewal and orderly proposes specific countermeasures such as open interaction, digital innovation, unified market, high-end consumption, element innovation, and business environment update.

Keywords: CBD; High-End Service; Urban Renewal

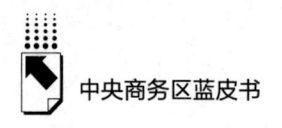

Ⅱ Evaluation Index Reports

B.2 Index Analysis on CBD Comprehensive Development (2022)

Fan Yuting / 060

Abstract: This report selects 13 major CBD in China as research objects, and measures the comprehensive development of CBD. In general, the development of CBD is stable. The index of economic development, scientific and technological innovation and regional radiation are important indicators affecting the development of CBD. However, there is significant heterogeneity in the core influencing factors of CBD development. From 2018 to 2020, Beijing CBD is mainly driven by economy; Shenzhen Futian CBD is mainly driven by science and technology innovation; Shanghai Lujiazui CBD is mainly driven by economic development and economy; Guangzhou Tianhe CBD is mainly driven by science and technology innovation and social development. Based on the above conclusions, this report puts forward suggestions to promote urban renewal, such as promoting the opening up of CBD high-end service industry, enhancing CBD digital technology innovation ability, and increasing CBD high-end service consumption incentive.

Keywords: CBD; the Economic Drivers; Science and Technology Innovation

B.3 Index Analysis on CBD Regional Radiation (2022)

Li Xiaoyan / 090

Abstract: The central business district is a new engine for the development of cities. This report calculates, analyzes and evaluates the regional radiation index of 13 cities in 4 first-tier cities (Beijing, Shanghai, Guangzhou and Shenzhen) and 9 new first-tier cities (Tianjin, Chengdu, Wuhan, Hangzhou, Chongqing, Nanjing, Xi'an, Changsha and Shenyang). The study founds that the radiation indexes of 13 CBD regions are generally unbalanced in 2018~2020, and the regional radiation index of CBD in first-tier cities is still leading, significantly higher than that of the new first-tier cities, and it has a long way to go for being balanced development. Based on this, this report puts forward the following suggestions: to activate the new engine of CBD development with high-end services and lead urban transformation and renewal, to promote the high-level development of CBD with the integration of science, and technology innovation as a growth driver, to empower CBD with "wisdom" and boost local economic development, to enhance supporting services based on people, and optimize the CBD business environment.

Keywords: CBD; Regional Radiation; Radiation Capacity

B.4 Index Analysis on CBD Building Economy (2022)

Cheng Sisi / 121

Abstract: From 2018 to 2020, the CBD of first-tier cities has steadily entered the mature stage, and the new first-tier cities are in the growth stage. First-tier cities are still the first choice of headquarters enterprises. Still, the business environment for new first-tier cities have greatly improvement. In terms of the number of buildings, although the total number of CBD buildings in the new first-tier cities is less than that in the first-tier cities, but most of the new buildings will be delivered during next three years. In 2020, the tax revenue from a single building in many CBD is very considerable, but affected by the epidemic and other uncertain factors, the vacancy rate of office buildings in the core areas of major cities has increased. In the future, the CBD buildings will carry out all-round upgrading from the perspective of intelligent development, personalized software and diversified demands, so as to achieve high-quality development of building economy.

Keywords: CBD; Building Economy; Headquarter Economy

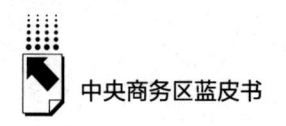

B.5 Index Analysis on CBD Business Environment (2022)

Sun Tao / 144

Abstract: At present, optimizing the business environment has become the key to enhance the enthusiasm of market players and promote the innovation of small and medium-sized enterprises. CBD is located in the city's business center, which requires a stable, open and transparent business environment. The report takes the CBD of China's first-tier cities and new first-tier cities as the research object, and evaluates the business environment of domestic CBD by establishing the business environment index system of central business district. According to the report, most CBD businesses have achieved remarkable results in improving their business environment. Accordingly, the report puts forward relevant suggestions for further optimizing the business environment of CBD in different cities.

Keywords: CBD; Business Environment; Regulation and Service Reform

Ⅲ Special Topics

B.6 Research on the Innovation Development of CBD High-End Service Industry in China

Miao Tingting / 170

Abstract: As the main gathering area of high-end service industry, CBD follows the new development concept, takes supply-side structural reform, and vigorously supports the development of financial services, technology services, information services, business services, cultural and entertainment services and other industries. The open level of the high-end service industry has been continuously improved, and great progress has been made in industrial upgrading, emerging business formats, service models, etc.. However, in the face of the transformation of the international trade pattern and the lag in the construction of the domestic service industry development system, the development and innovation of the CBD high-end service industry also faces many problems and challenges. CBD should increase the opening up of the service industry, optimize the international business environment, and improve the degree of investment and trade facilitation; cultivate a fair domestic service market, explore and improve the factor market allocation mechanism; deepen innovation leadership, focus on shaping new consumer service models, and further release the potential abilities of the high-end service industry.

Keywords: CBD; High-End Service Industry; Innovation and Development

B.7 Institutional Innovation and the Development of High-End Service Industry in Beijing CBD Functional Area *Su Erdou* / 185

Abstract: The development of high-end service industry in the central business district is the key to enhancing the competitiveness of the city and promoting the quality of regional economic development. Starting from the relationship between Institutional innovation and high-end service industry, this report analyzes the development status of four high-end service industries in Beijing CBD functional area: financial industry, business service industry, R&D service industry and information service industry, systematically sorts out the impact and role path of a series of institutional innovations carried out in the context of the construction of Beijing's "two districts" on the development of high-end service industry, screens out the four major impact mechanisms of institutional transaction cost, market competition, human capital and financial support. Finally, it puts forward specific suggestions for promoting the development of high-end service industry in Beijing CBD functional area by further deepening the reform of "delegate power, improve regulation, and upgrade services", relaxing foreign investment access, promoting the construction of high-end service industry talent team, and improving financial support policies.

Keywords: Beijing CBD Functional Area; Institutional Innovation; High-End Service Industry

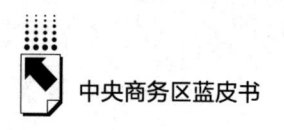

B.8 Beijing Stock Exchange Serves the Innovative Development of "Specialized, Refined, Different and Innovative" Enterprises

Gao Jieying, Huang Suqin and Cao Na / 205

Abstract: Small and medium enterprise of "Specialized, Refined, Different and Innovative" is an important driving force of the innovative economy development. China's multi-level capital market system is constructed by the main board, the science and technology innovation board, the growth enterprise market and other markets, while, the Beijing Stock Exchange focuses on service innovation-oriented enterprise, especially "Specialized, Refined, Different and Innovative" enterprise. By providing progressive financing, docking with private equity, providing innovative achievements transformation services, and providing residents with equity asset allocation options for financial management, the Beijing Stock Exchange strives to solve the problems of financing difficulties, difficulty in withdrawing incubation funds and transforming innovative achievements faced by "Specialized, Refined, Different and Innovative" enterprises. In order to further improve capital market services, this report proposes five suggestions: smoother transfer mechanism, more active trading mechanism, better information disclosure, more abundant financial products, and better risk management.

Keywords: Beijing Stock Exchange; "Specialized, Refined, Different and Innovative" Enterprises; Capital market; Financial Service

Ⅳ Regional Reports

B.9 Guangzhou Tianhe CBD's High-End Professional Service Industry Leads High-Quality Development *Li Yanjun* / 216

Abstract: In 2020, the scale of the high-end professional service industry of Tianhe District continues to expand, and the regional economic contribution ability is greatly improved; the industrial structure continues to evolve, and basically forms four advantageous industrial clusters; the space overflow effect is prominent, and the regional radiation energy level is increasingly improved. Tianhe CBD has also achieved significant results in high-quality development, but in the process of development, it is still facing bottlenecks such as industrial structures to be optimized and enterprise energy levels to be improved. In this regard, Tianhe CBD should improve the development level through optimizing of urban space layout, accelerating the development of the digital economy, and continuous optimizing of the business environment.

Keywords: Tianhe CBD; High-End Professional Service Industry; Building Economy

B.10 Luyang CBD high-End Commercial Service Industry Innovation Leads City Renewal   *Zhang Hui* / 231

Abstract: Focusing on the development of the Central Business District, Luyang District strengthens leadership, coordinates element resources, improves functional facilities, pays attention to the characteristics of people's livelihood, and plays a positive role in promoting the development of business services industry, enhancing urban functions, and expanding consumption. At present, Luyang District has basically formed a multi-level business district layout. The protection and update of the old city have achieved remarkable results. The characteristic neighborhoods have stimulated the development of urban development, and the financial format is continuously enriched. In the future, Luyang District will focus on the renewal of the old city, the advantages of fintech, and the upgrading of the business circulation industry to further enhance the radiation capacity.

Keywords: Luyang CBD; High-End Commercial Service Industry; Urban Renewal

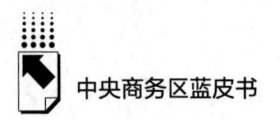

B.11 Strategic Thinking on High Quality Development of Building Economy in Sanya CBD

Yin Chengling, Wang Wei and Li Jiebo / 237

Abstract: Through more than 30 years of development, the Sanya office market has entered a period of prosperity. The entry rate of the building has begun to rise, and leasing demand is more active. However, the building economy in Sanya is still in its infancy, the number of headquarters enterprises is small, the industry concentration is low, the capacity needs to be improved, and the relevant support policy system is incomplete. In the future, Sanya will implement different plans to achieve the goals of better planning, high standard construction, efficient recruiting investment, high-level agglomeration and high-quality development.

Keywords: Luyang CBD; Office Market; Building Economy

北京市哲学社会科学研究基地智库报告系列丛书

推动智库成果深度转化

打造首都新型智库拳头产品

为贯彻落实中共中央和北京市委关于繁荣发展哲学社会科学的指示精神，北京市社科规划办和北京市教委自2004年以来，依托首都高校、科研机构的优势学科和研究特色，建设了一批北京市哲学社会科学研究基地。研究基地在优化整合社科资源、资政育人、体制创新、服务首都改革发展等方面发挥了重要作用，为首都新型智库建设进行了积极探索，成为首都新型智库的重要力量。

围绕新时期首都改革发展的重点热点难点问题，北京市社科联、北京市社科规划办、北京市教委与社会科学文献出版社联合推出"北京市哲学社会科学研究基地智库报告系列丛书"。

北京市哲学社会科学研究基地智库报告系列丛书
（按照丛书名拼音排列）

·北京产业蓝皮书：北京产业发展报告

·北京人口蓝皮书：北京人口发展研究报告

·城市管理蓝皮书：中国城市管理报告

·法治政府蓝皮书：中国法治政府发展报告

·健康城市蓝皮书：北京健康城市建设研究报告

·京津冀蓝皮书：京津冀发展报告

·平安中国蓝皮书：平安北京建设发展报告

·企业海外发展蓝皮书：中国企业海外发展报告

·首都文化贸易蓝皮书：首都文化贸易发展报告

·中央商务区蓝皮书：中央商务区产业发展报告

权威报告・连续出版・独家资源

皮书数据库
ANNUAL REPORT(YEARBOOK) DATABASE

分析解读当下中国发展变迁的高端智库平台

所获荣誉
- 2020年，入选全国新闻出版深度融合发展创新案例
- 2019年，入选国家新闻出版署数字出版精品遴选推荐计划
- 2016年，入选"十三五"国家重点电子出版物出版规划骨干工程
- 2013年，荣获"中国出版政府奖・网络出版物奖"提名奖
- 连续多年荣获中国数字出版博览会"数字出版・优秀品牌"奖

皮书数据库　　"社科数托邦"微信公众号

成为会员

登录网址www.pishu.com.cn访问皮书数据库网站或下载皮书数据库APP，通过手机号码验证或邮箱验证即可成为皮书数据库会员。

会员福利
- 已注册用户购书后可免费获赠100元皮书数据库充值卡。刮开充值卡涂层获取充值密码，登录并进入"会员中心"—"在线充值"—"充值卡充值"，充值成功即可购买和查看数据库内容。
- 会员福利最终解释权归社会科学文献出版社所有。

数据库服务热线：400-008-6695
数据库服务QQ：2475522410
数据库服务邮箱：database@ssap.cn
图书销售热线：010-59367070/7028
图书服务QQ：1265056568
图书服务邮箱：duzhe@ssap.cn

社会科学文献出版社　皮书系列
卡号：213295761866
密码：

S 基本子库
SUB DATABASE

中国社会发展数据库（下设12个专题子库）

紧扣人口、政治、外交、法律、教育、医疗卫生、资源环境等12个社会发展领域的前沿和热点，全面整合专业著作、智库报告、学术资讯、调研数据等类型资源，帮助用户追踪中国社会发展动态、研究社会发展战略与政策、了解社会热点问题、分析社会发展趋势。

中国经济发展数据库（下设12专题子库）

内容涵盖宏观经济、产业经济、工业经济、农业经济、财政金融、房地产经济、城市经济、商业贸易等12个重点经济领域，为把握经济运行态势、洞察经济发展规律、研判经济发展趋势、进行经济调控决策提供参考和依据。

中国行业发展数据库（下设17个专题子库）

以中国国民经济行业分类为依据，覆盖金融业、旅游业、交通运输业、能源矿产业、制造业等100多个行业，跟踪分析国民经济相关行业市场运行状况和政策导向，汇集行业发展前沿资讯，为投资、从业及各种经济决策提供理论支撑和实践指导。

中国区域发展数据库（下设4个专题子库）

对中国特定区域内的经济、社会、文化等领域现状与发展情况进行深度分析和预测，涉及省级行政区、城市群、城市、农村等不同维度，研究层级至县及县以下行政区，为学者研究地方经济社会宏观态势、经验模式、发展案例提供支撑，为地方政府决策提供参考。

中国文化传媒数据库（下设18个专题子库）

内容覆盖文化产业、新闻传播、电影娱乐、文学艺术、群众文化、图书情报等18个重点研究领域，聚焦文化传媒领域发展前沿、热点话题、行业实践，服务用户的教学科研、文化投资、企业规划等需要。

世界经济与国际关系数据库（下设6个专题子库）

整合世界经济、国际政治、世界文化与科技、全球性问题、国际组织与国际法、区域研究6大领域研究成果，对世界经济形势、国际形势进行连续性深度分析，对年度热点问题进行专题解读，为研判全球发展趋势提供事实和数据支持。

法律声明

"皮书系列"(含蓝皮书、绿皮书、黄皮书)之品牌由社会科学文献出版社最早使用并持续至今,现已被中国图书行业所熟知。"皮书系列"的相关商标已在国家商标管理部门商标局注册,包括但不限于LOGO( )、皮书、Pishu、经济蓝皮书、社会蓝皮书等。"皮书系列"图书的注册商标专用权及封面设计、版式设计的著作权均为社会科学文献出版社所有。未经社会科学文献出版社书面授权许可,任何使用与"皮书系列"图书注册商标、封面设计、版式设计相同或者近似的文字、图形或其组合的行为均系侵权行为。

经作者授权,本书的专有出版权及信息网络传播权等为社会科学文献出版社享有。未经社会科学文献出版社书面授权许可,任何就本书内容的复制、发行或以数字形式进行网络传播的行为均系侵权行为。

社会科学文献出版社将通过法律途径追究上述侵权行为的法律责任,维护自身合法权益。

欢迎社会各界人士对侵犯社会科学文献出版社上述权利的侵权行为进行举报。电话:010-59367121,电子邮箱:fawubu@ssap.cn。

社会科学文献出版社